나눔의집 사회복지사1급

강의로 복습하는
기출회독

3영역

사회복지실천론

사회복지교육연구센터 편저

사회복지
전문출판 나눔의집

사회복지사1급, 이보다 완벽한 기출문제 분석은 없다!

1회 시험부터 함께해온 도서출판 나눔의집에서는 23회 시험까지의 기출문제를 모두 분석, 그동안 출제된 키워드를 정리하여 키워드별로 복습할 수 있도록 『기출회독』을 마련하였다.

최근 10년간 출제빈도를 중심으로 자주 출제된 키워드는 좀 더 집중력 있게 공부할 수 있도록 '**빈출**' 표시를 하였으며, 자주 출제되지는 않지만 언제든 출제될 가능성이 있는 키워드도 놓치지 않고 공부할 수 있도록 하였다.

10년간 출제되지 않았더라도 향후 출제가능성이 있다고 판단되거나 다른 키워드와 연계하여 봐둘 필요가 있다고 생각되는 경우에는 본 책에 포함하여 소개하였다.

기출문제를 풀어보는 것으로 그치는 것이 아니라 기출문제를 통해 24회 합격이 가능한 학습이 될 것이다.

키워드별 '3단계 복습'으로 효율적으로 공부하자!

『기출회독』은 키워드별 **3단계 복습** 과정을 제시하여 1회독만으로도 3회독의 효과를 누릴 수 있도록 구성하였다.

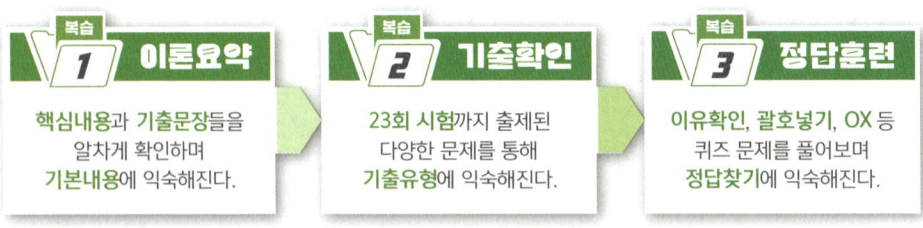

복습 1 이론요약
핵심내용과 기출문장들을 알차게 확인하며 **기본내용**에 익숙해진다.

복습 2 기출확인
23회 시험까지 출제된 다양한 문제를 통해 **기출유형**에 익숙해진다.

복습 3 정답훈련
이유확인, 괄호넣기, OX 등 퀴즈 문제를 풀어보며 **정답찾기**에 익숙해진다.

알림
- 이 책은 '나눔의집'에서 발간한 2026년 24회 대비 『기본개념』(2025년 3월 31일 펴냄)을 바탕으로 한다.
- 8회 이전 기출문제는 공개되지 않은 관계로 당시 응시생들의 기억을 바탕으로 검수 과정을 거쳐 기출문제를 복원하였다.
- <사회복지법제론>을 비롯해 법·제도의 변화와 관련된 기출문제의 경우 현재의 법·제도 내용이 반영될 수 있도록 수정하였다.
- 이 책에서 발생할 수 있는 오류 및 정정사항은 아임패스 내 '정오표' 게시판을 통해 확인할 수 있도록 게시할 예정이다.

강의로 복습하는 기출회독 **사회복지실천론**

10년간 데이터로 찾아낸 핵심키워드

여기에서 **98.0%** 출제

■ 빈출

장		키워드	출제문항수	23회 기출	3회독 체크
1장	058	사회복지 전문직의 정체성 논란	4		✔✔✔
	059	사회복지실천방법의 분류	3		✔✔✔
	060	사회복지실천의 목적 및 기능	3	🏆	✔✔✔
	061	사회복지실천의 이념과 철학적 배경	5		✔✔✔
2장	062	한국사회복지사 윤리강령	9	🏆	✔✔✔
	063	사회복지실천현장에서의 갈등	4		✔✔✔
	064	윤리원칙의 우선순위	4		✔✔✔
	065	사회복지실천의 가치 기반	6	🏆	✔✔✔
3장	066	서구 사회복지실천의 역사	14	🏆	✔✔✔
	067	우리나라 사회복지실천의 역사	4		✔✔✔
4장	068	실천현장의 분류	11	🏆	✔✔✔
	069	사회복지사의 역할	4	🏆	✔✔✔
5장	070	통합적 접근의 등장배경 및 특징	8	🏆	✔✔✔
	071	강점관점 및 역량강화모델	16	🏆	✔✔✔
	072	4체계모델 및 6체계모델	9	🏆	✔✔✔
	073	체계이론 및 사회체계이론	2		✔✔✔
	074	생태체계관점	2	🏆	✔✔✔
	075	다문화 사회복지실천	3		✔✔✔
	076	문제해결모델	2		✔✔✔
6장	077	사례관리의 등장배경 및 주요 특징	13	🏆	✔✔✔
	078	사례관리의 과정	9	🏆	✔✔✔
	079	사례관리자의 역할	7	🏆	✔✔✔
7장	080	관계형성의 7대 원칙(Biestek)	11	🏆	✔✔✔
	081	전문적 관계형성의 요소	10	🏆	✔✔✔
	082	전문적 관계의 특징	6		✔✔✔
	083	관계형성의 장애요인 및 사회복지사의 대처	6		✔✔✔
8장	084	다양한 면접 기술 및 유의할 점	15	🏆	✔✔✔
	085	면접의 특징 및 유형	4		✔✔✔
9장	086	접수단계의 주요 과업	8	🏆	✔✔✔
	087	자료수집	6		✔✔✔
10장	088	사정도구	9	🏆	✔✔✔
	089	사정의 특징 및 내용	4	🏆	✔✔✔
11장	090	표적문제 선정 및 개입목표 설정	2		✔✔✔
	091	계획수립의 과정 및 과업	4		✔✔✔
12장	092	다양한 개입기법	11	🏆	✔✔✔
	093	개입단계에서 사회복지사의 과업	1		✔✔✔
13장	094	종결단계에서 사회복지사의 과업	6		✔✔✔

들어가기 전에

이 장에서는
각 장마다 학습할 내용을 간략히 소개하였다.

10년간 출제분포도
이 책에서 키워드에 따라 분석한 기출문제 중 10년간 출제문항 수를 그래프로 구성하여 각 장의 출제비중이 얼마나 되는지, 어떻게 변화하고 있는지 등을 확인할 수 있다.

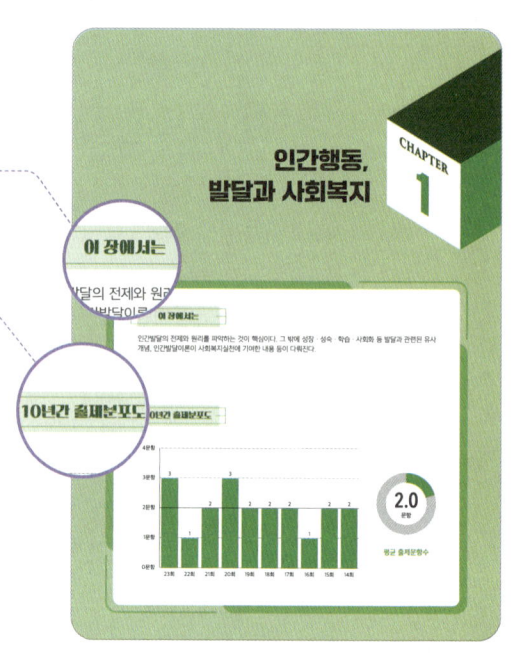

기출 키워드 확인

이 책은 기출 키워드에 따라 학습하도록 구성하였다. 특히 자주 출제된 키워드나 앞으로도 출제 가능성이 높은 키워드는 따로 '빈출' 표시를 하여 우선 배치하였다. 빈출 키워드는 전체 출제율과 최근 10개년간의 출제율을 중심으로 하되 내용 자체의 어려움, 다른 과목과의 연계성 등을 고려하여 선정하였다.

강의 QR코드
모바일을 통해 해당 키워드의 동영상 강의를 바로 볼 수 있다.

10년간 출제문항수
각 키워드에서 최근 10년간 출제된 문항수를 안내하여 출제빈도를 확인할 수 있도록 하였다.

5개년 기출회차
최근 5개년 기출회차를 표시하였다.

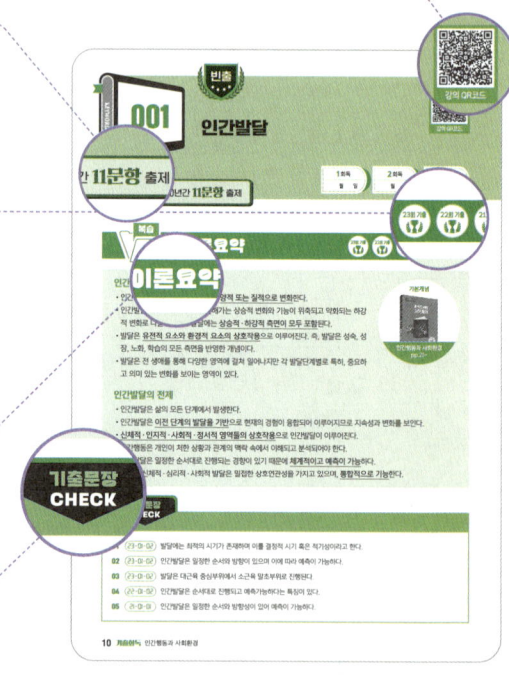

복습 1. 이론요약

요약 내용과 기출문장을 함께 담아 이론을 정답으로 연결하도록 구성하였다.

이론요약
주요 내용을 간략히 정리하였으며 부족한 내용을 보충할 수 있도록 기본개념서의 쪽수를 표시하였다.

기출문장 CHECK
그동안 출제되었던 기출문제의 문장들 중 꼭 알아두어야 할 문장들을 선별하여 제시하였다.

복습 2. 기출확인

바로 기출문제를 풀어보며 학습한 이론을 되짚어보도록 구성하였다.

기출문제 풀기
다양한 유형의 문제를 최대한 접해볼 수 있도록 선정하였다.

알짜확인
해당 기워드에서 살펴봐야 할 내용들, 주의해야 할 사항들을 짚어주었다.

난이도
정답률, 내용의 어려움, 출제빈도, 정답의 혼란 정도 등을 고려하여 3단계로 구분하였다.

응시생들의 선택
5개의 선택지에 대한 마킹률을 표시하여 응시생들이 어떤 선택지들을 헷갈려했는지 등을 참고해볼 수 있도록 하였다.

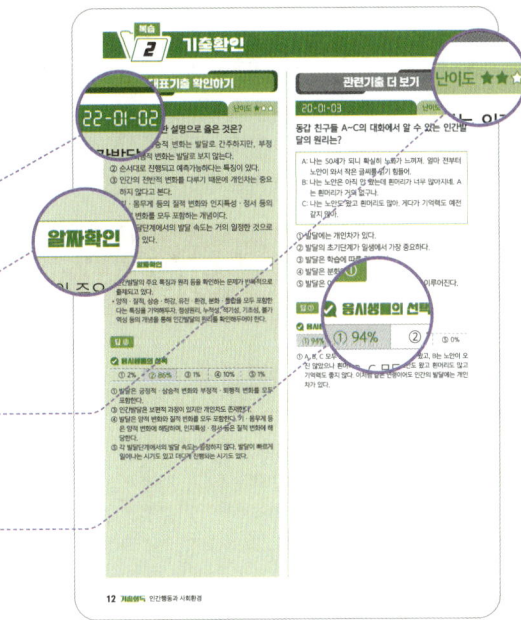

복습 3. 정답훈련

출제빈도와 난이도 등을 고려하여 정답찾기에 능숙해지도록 구성하였다.

이유확인 문제
제시된 문장에서 잘못된 부분을 확인함으로써 헷갈릴 수 있는 부분들을 짚어준다.

괄호넣기 문제
정답률이 낮게 나타나는 단답형 문제에 대비할 수 있다.

OX 문제
제시된 문장이 옳은 내용인지, 틀린 내용인지를 빠르게 판단해보는 훈련이다.

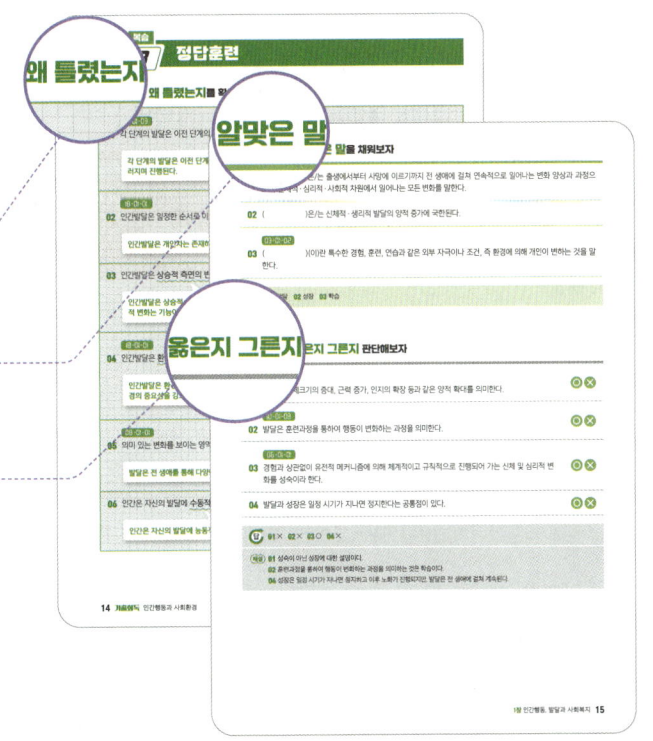

아임패스와 함께하는 4단계 합격전략

나눔의집은 '진심'을 다해 오직 사회복지사1급 시험만을 연구한다.
나눔의집의 온라인 강의 사이트인 아임패스를 통해 단계별로 전문적이고 체계적인 학습을 시작해 보자. 아임패스는 강의 제공뿐만 아니라 문제은행, 학습자료, 보충자료, 과목별 질문 등 사회복지사1급 시험에 관한 다양한 자료를 제공하고 있다.

1단계   기본개념 과정

강의로 쌓는 기본개념

다양한 유형의 문제에서 명확하게 답을 찾기 위해서는 기본개념이 탄탄하게 잡혀있어야 한다. 기본개념 학습은 말 그대로 1급 시험에 출제되는 총 8영역의 기본적인 개념들을 정리하는 학습이다. 즉, 1급 시험을 위해 가장 기초적이고 중요한 첫 단계로서 집을 짓기 위해 바닥을 단단하게 다지는 과정이다. 그만큼 학습해야 할 양도 많고 오랜 시간이 걸리는 과정이지만 바닥이 단단하지 않으면 그 위에 아무리 멋진 집을 쌓아도 무너질 수 있듯이 기본개념 학습은 반드시 탄탄하게 학습해야 한다.

핵심을 바로 체크하는 개념노트

개념노트 왼쪽 페이지에는 장별로 학습한 기본개념을 바로바로 확인할 수 있는 빈칸 넣기 퀴즈가 수록되어 있고, 오른쪽 페이지에는 학습한 내용을 정리할 수 있는 노트 형태로 구성되어 있다.
장별로 표시된 학습 중요도와 기출포인트를 통해 핵심요약집과 연계하여 학습할 수 있으며, QR코드를 통해 기출회독과도 연계하여 학습할 수 있다.

2단계   기출회독 과정

강의로 복습하는 기출회독

기출문제는 결국 또다시 기출문제가 된다. 따라서 기출문제를 분석하고 반복하여 풀어보는 것은 합격을 위한 가장 기본적이고 필수적인 과정이다. 기출회독은 1회 시험부터 가장 최근 시험까지 모든 기출문제를 분석하여 가장 출제가 많이 된 총 250개의 기출 키워드를 '1단계 이론요약 정리', '2단계 기출문제 풀이', '3단계 정답훈련 퀴즈 풀이'라는 3단계의 복습 시스템으로 학습한다. '데이터 기반 학습법'과 '3단계 복습 시스템'의 결합을 통해 기출 개념들을 힘들게 노력하여 외우지 않아도 저절로 이해할 수 있는 마법을 경험하게 된다.

기출문제 번호 보는 법

23 - 01 - 25
기출회차 영역 문제번호

'기출회차-영역-문제번호'의 순으로 기출문제의 번호 표기를 제시하여 어느 책에서든 쉽게 해당 문제를 찾아볼 수 있도록 통일하였다.

3단계 핵심요약 과정

사회복지사1급 핵심요약집

반드시 출제되는 핵심내용을 '데이터 기반 학습전략'으로 공부한다.
최근 5개년 기출데이터 분석을 통해 8개 영역의 각 장을 목표 점수별로 구분(130점 목표 빨간색, 160점 목표 파란색, 200점 목표 초록색)하여 효율적이고 전략적으로 학습할 수 있다. QR코드를 통해 기출회독과 연계하여 학습할 수 있으며, 아임패스의 다양한 문제와 퀴즈도 풀 수 있다.

4단계 실전대비 과정

강의로 잡는 장별 기출문제집

최근 5개년 기출문제를 기본개념서에서 제시된 장별로 구성하였다. 기출문제를 장별 내용에 따라 구성하였기 때문에 문제를 풀다가 모르는 개념이 나오면 기본개념서에서 바로 해당 장의 내용을 찾아서 보다 쉽게 다시 정리할 수 있다. 또한 모든 문제에 해당 기출회독 키워드를 표시하였기에 기출회독과도 연계하여 학습할 수 있다.

강의로 풀이하는 합격예상문제집

최근 시험에서는 새로운 유형의 문제가 출제되는 비중이 점점 높아지고 있다. 따라서 기출문제를 기반으로 한 다양한 유형의 응용문제를 풀어보는 것이 매우 중요하다. 최신 기출문제의 내용과 유형을 분석하여 출제한 2,000개의 예상문제를 풀어봄으로써 어떠한 유형의 문제가 출제되어도 자신 있게 해결할 수 있는 훈련을 한다.

강의로 완성하는 FINAL 모의고사

길고 길었던 학습을 마무리하면서 자신의 실력을 최종 점검해 볼 수 있다. 모의고사는 총 3회분으로 구성되어 있는데, 난이도를 구분하여 1회가 가장 쉽고 3회가 가장 어렵다. 실제 시험지 구성과 동일하게 세삭뇌었기 내문에 실전처럼 시간을 정해놓고 함께 들어있는 답안카드에 직접 마킹을 해보면서 자신의 실력을 최종적으로 확인할 수 있다.

아임패스 앱 출시

당신이 있는 곳이 바로 강의실입니다.

아임패스 앱을 지금 다운로드 받으세요.
※ QR스캔 기능제공

합격자 수
9,980명

합격률
39.4%

사회복지사1급 출제경향

23회 시험 결과

23회 필기시험의 합격률은 지난 22회 합격률 29.7%보다 10%가량 상승한 39.4%로 나타났다. 2교시 4영역 사회복지실천기술론의 난이도가 높게 출제되었으나, 많은 수험생들이 어려워하는 1교시 2영역 사회복지조사론과 3교시 8영역 사회복지법제론이 평이하게 출제되어 전반적인 점수가 상승하였고, 이로 인해 합격률이 높게 나타난 것으로 보인다.

23회 기출 분석 및 24회 합격 대책

23회   기출 분석

전체적으로 예년과 유사한 기출분포와 반복적으로 등장했던 내용이 무난한 수준으로 출제되었다. 2장의 인권에 관한 문제, 한국 사회복지사 윤리강령에서 '클라이언트에 대한 윤리기준'의 하위영역을 묻는 문제가 2년 연속 출제되었으며, 5장의 콤튼과 갤러웨이 6체계를 적용한 사례분석 문제가 나왔다는 점, 12장에서 간접적 개입방법의 환경조정에 관한 예제문제가 나왔다는 점 등이 특이점이라고 할 수 있다.

24회   합격 대책

사회복지실천론은 다른 영역들에 비해 난이도가 낮고 흥미롭게 학습할 수 있다. 통합방법론, 관계론, 면접론, 사례관리, 가치와 윤리 영역은 시험에서 기출빈도가 높을 뿐만 아니라 현장 사회복지사에게 실전의 필수지식인 만큼 충실하게 정리해야 한다. 앞서 언급한 것처럼 비교적 난이도가 낮은 영역이기 때문에 총점 확보를 위한 전략 영역으로 사회복지실천론을 활용한다면 보다 효율적으로 전체 득점을 상승시킬 수 있을 것이다.

23회 출제 문항수 및 키워드

장	23회	키워드
1	2	사회복지실천의 목적(핀커스와 미나한), 인도주의와 박애사상
2	2	한국 사회복지사 윤리강령(클라이언트에 대한 윤리기준), 인권
3	1	사회복지실천의 역사적 발달과정(기능주의 학파와 진단주의 학파, 밀포드 회의, 사회진단 출간, 통합적 방법론 등장)
4	2	사회복지 실천현장의 예와 분류, 사회복지사의 역할
5	5	임파워먼트모델에서 클라이언트와 사회복지사의 관계, 임파워먼트모델의 단계별 실천과업, 생태체계 관점의 주요 개념, 통합적 접근방법의 등장배경, 콤튼과 갤러웨이의 사회적 체계
6	4	사례관리에서 사정 영역, 사례관리 과정별 수행업무, 사례관리의 등장배경, 사례관리자가 수행하는 직접실천기술
7	3	관계형성을 위한 면담기술(자기노출), 비스텍의 관계형성 원칙, 전문적 관계의 기본 요소(공감)
8	1	관찰기술
9	1	접수 단계에서의 과업
10	2	사정의 특성, 생태도
11	0	–
12	2	의사소통기술(일반화), 간접개입기법 중 환경조정이 필요한 상황
13	0	–

CHAPTER 1

사회복지실천의 개념 및 정의

이 장에서는

사회복지실천의 개념, 목적 및 기능, 이념적 배경, 학문적 성격, 실천방법의 분류, 사회복지 전문직에 대한 정체성 논란 등의 내용을 학습한다. 그린우드가 제시한 전문직의 속성(이-권-승-윤-문)을 파악해두어야 하며, 미시/중시/거시적 실천 및 직접/간접적 실천을 구분할 수 있어야 한다.

10년간 출제분포도

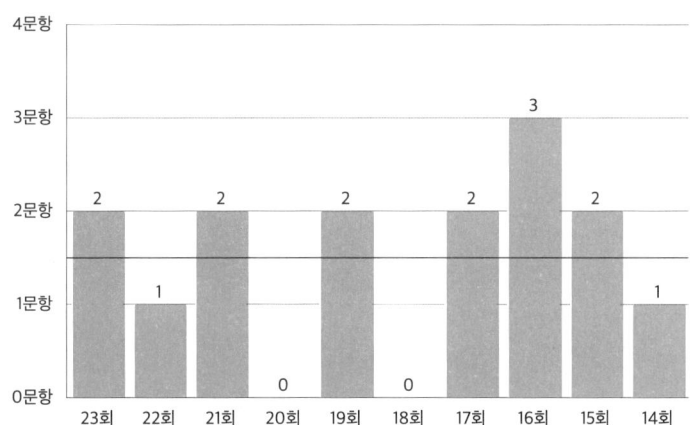

1.5 문항

평균 출제문항수

사회복지 전문직의 정체성 논란

강의 QR코드

1 회독	2 회독	3 회독
월 일	월 일	월 일

최근 10년간 **4문항** 출제

복습 **1** 이론요약

19회 기출

플렉스너 비판과 이후 사회복지계 반응

기본개념

사회복지실천론
pp.31~

- 1915년 플렉스너(Flexner)는 사회복지는 전문직으로서 다음 5가지 특성이 결여되어 있다고 주장
  - 사회과학적 기초 결여
  - 독자적이고 명확한 지식체계 및 전수할 만한 전문기술의 결여
  - 정부의 책임 아래 실시되는 교육 및 전문적 자격제도의 부재
  - 전문적 조직체의 부재
  - 전문적 실천과 관련된 강령의 부재
- 플렉스너의 비판 이후 사회복지직을 하나의 전문직으로 정립하기 위해 전문가 조직의 건설, 사회복지교육의 강화, 사회사업가 자격조건의 엄격화, 사회복지 지식과 기술의 정교화 등의 노력이 진행됨
  - 전문사회복지학교의 설립 확대
  - 1917년 리치몬드의 『사회진단』 출간
  - 1921년 미국사회복지사협회(American Association of Social Workers) 설립
  - 정신분석을 바탕으로 전문적 치료자로서의 위상을 높이고자 함 (→ 이후 정신분석학적 치료가 아닌 사회복지 전문직으로서 구분될 수 있는 정체성 확립의 필요성이 제기됨)

그린우드가 제시한 전문직의 속성

- 1957년 그린우드(Greenwood)는 사회복지직은 다음과 같은 속성을 갖고 있으며, 이미 전문직이자 전문직화를 계속적으로 추구해가는 과정에 있다고 주장
- 5가지 전문직 속성
  - **체계적인 이론**: 전문직만의 체계화된 지식기반과 기술
  - **전문적인 권위**: 클라이언트와의 관계에서 사회복지사에게 부여된 권위와 신뢰
  - **사회적 승인(인가)**: 사회적으로 전문직에게 부여된 권한과 특권
  - **윤리강령**: 전문직의 특권이 오용되는 것을 방지하고 규제하기 위한 윤리강령
  - **전문직 문화**: 전문적 가치와 규범의 공유

01 (19-03-02) 그린우드가 제시한 전문직 속성 중 윤리강령은 전문가가 지켜야 할 전문적 행동기준과 원칙을 기술해 놓은 것으로, 전문직은 윤리강령에 따라 자기규제를 통해 클라이언트를 보호할 수 있다.

02 (17-03-03) 사회복지전문직은 전문적 이론체계를 갖고 있으며, 고유한 정체성을 발전시켜야 한다. 또한 개인의 변화와 사회적 변혁에 관심을 두며, 미시 및 거시적 개입방법을 모두 이해하여야 한다.

03 (17-03-08) 플렉스너의 비판(1915년) 이후 리치몬드의 『사회진단』(1917년)이 출간되었다.

04 (16-03-10) 플렉스너(Flexner)는 사회복지는 전문직으로서 갖추어야 할 특성들이 결여되어 있다고 주장한 학자이다.

05 (15-03-04) 사회복지 전문직에 대한 플렉스너의 비판 이후 이에 대한 대응으로 리치몬드는 『사회진단』을 출간하였다.

06 (11-03-24) 그린우드(Greenwood)는 체계적 이론, 전문적 권위, 사회적 인가, 전문직 문화, 윤리강령 등을 사회복지 전문직의 속성으로 꼽았다.

대표기출 확인하기

19-03-02　　난이도 ★★☆

그린우드(E. Greenwood)가 제시한 전문직의 속성 중 다음 설명에 해당하는 것은?

- 자기규제를 통해 클라이언트를 보호한다.
- 전문가가 지켜야 할 전문적 행동기준과 원칙을 기술해 놓은 것이다.

① 윤리강령　　　　② 전문직 문화
③ 사회적인 인가　　④ 전문적인 권위
⑤ 체계적인 이론

 알짜확인

- 사회복지 전문직에 관한 논란 및 발전과 관련하여 플렉스너의 비판과 그린우드가 제시한 전문직의 속성 등에 대해 정리해두어야 한다.
- 플렉스너의 비판 및 이후 사회복지계의 반응 등에 관한 내용은 발전사 문제에서도 종종 등장하고 있으므로 잘 정리해두기 바란다.

답 ①

✔ 응시생들의 선택

① 78%	② 5%	③ 1%	④ 15%	⑤ 1%

그린우드가 제시한 전문직의 속성은 제시된 선택지와 같이 5가지가 있다.
① 윤리강령: 전문직의 특권이 오용되는 것을 방지하고 규제하기 위한 윤리강령
② 전문직 문화: 전문적 가치와 규범의 공유
③ 사회적 인가(승인): 사회적으로 전문직에게 부여된 권한과 특권
④ 전문적인 권위: 클라이언트와의 관계에서 사회복지사에게 부여된 권위와 신뢰
⑤ 체계적인 이론: 전문직만의 체계화된 지식기반과 기술

관련기출 더 보기

16-03-10　　난이도 ★★★

사회복지 전문직에 관한 설명으로 옳지 않은 것은?

① 서구에서 전문직 교육과정이 시작된 것은 19세기 후반이다.
② 실천의 가치와 지식은 방법(methods)을 통해 현장에서 구현된다.
③ 한국 사회복지사의 자격 및 처우에 관한 사항은 사회복지사업법에 근거한다.
④ 플렉스너(A. Flexner)는 체계적 이론과 전문적 권위, 윤리강령 등을 전문직의 속성으로 꼽았다.
⑤ 밀포드(Milford)회의에서 사회복지실천의 공통요소를 제시하였다.

답 ④

✔ 응시생들의 선택

① 32%	② 17%	③ 20%	④ 24%	⑤ 7%

④ 플렉스너는 사회복지는 전문직으로서 갖추어야 할 특성들이 결여되어 있다고 주장한 학자이다.
체계적 이론, 전문적 권위, 사회적 승인, 윤리강령, 전문직 문화(가치 및 규범) 등을 제시하며 사회복지직은 이미 전문직으로서의 속성을 갖추었다고 본 학자는 그린우드(Greenwood)이다.

11-03-24　　난이도 ★★☆

그린우드(Greenwood)가 제시한 전문직의 속성을 모두 고른 것은?

ㄱ. 체계적 이론	ㄴ. 전문적 권위
ㄷ. 사회적 인가	ㄹ. 전문직 문화

① ㄱ, ㄴ, ㄷ　　　　② ㄱ, ㄷ
③ ㄴ, ㄹ　　　　　　④ ㄹ
⑤ ㄱ, ㄴ, ㄷ, ㄹ

답 ⑤

✔ 응시생들의 선택

① 18%	② 5%	③ 9%	④ 1%	⑤ 67%

모두 그린우드가 제시한 전문직의 속성에 해당한다.

다음 내용이 왜 틀렸는지를 확인해보자

01 그린우드(Greenwood)는 사회복지 전문직이 전문직으로서의 속성을 갖추지 못했기 때문에 전문직으로 볼 수 없다고 주장했다.

> 사회복지 전문직이 전문직으로서의 속성을 갖추지 못했기 때문에 전문직으로 볼 수 없다고 주장한 학자는 플렉스너이다. 그린우드는 사회복지직은 이미 전문직으로서의 속성을 갖추었고 전문직화를 추구해나가는 과정 속에 있다고 주장했다.

16-03-10
02 플렉스너(Flexner)는 체계적 이론과 전문적 권위, 윤리강령 등을 전문직의 속성으로 꼽았다.

> 플렉스너는 사회복지계는 전문직으로서 갖추어야 할 특성들이 결여되어 있다고 주장한 학자이다.

03 플렉스너의 비판에 대한 반응으로 **자선조직협회, 인보관운동 등이 생겨났다.**

> 플렉스너의 비판은 1915년의 일이고, 자선조직협회 및 인보관운동은 19세기 말에 등장했다.

19-03-20
04 그린우드는 전문직의 속성으로 체계화된 이론, 전문적 권위, 사회적 승인, 윤리강령 등 **네 가지**를 제시하였다.

> 그린우드는 전문직의 속성으로 체계화된 이론, 전문적 권위, 사회적 승인, 윤리강령, 전문직 문화 등 다섯 가지를 제시하였다.

15-03-04
05 리치몬드(M. Richmond)의 '**사회진단(Social diagnosis)' 출간 이후** 플렉스너는 사회복지직은 전문직으로서의 요소를 갖추지 못했다는 비판을 제기하였다.

> 사회복지실천 전문직으로의 발전과정에서 플렉스너의 비판(1915년)에 대한 반응으로 리치몬드(M. Richmond)가 '사회진단(Social diagnosis, 1917)'을 출간하였다.

06 플렉스너의 비판 이후 사회복지는 **대상별 세분화가 촉진**되었다.

> 플렉스너의 비판 이후 사회복지의 학술성과 전문성을 확립하려는 노력이 촉진되었다.

빈칸에 들어갈 알맞은 말을 채워보자

01 (   )은/는 1915년 사회복지직은 전문직으로 갖추어야 할 특성이 결여되어 있다고 주장한 학자이다.

02 메리 리치몬드는 미국사회복지사협회(NASW)의 창립 회원으로, (   )년에는 「사회진단」을 출간하면서 사회복지의 학문적 발전을 이끈 학자로 평가되고 있다.

03 그린우드가 제시한 속성 중 (   )은/는 클라이언트가 사회복지사에게 부여한 신뢰와 관련된다.

 답 **01** 플렉스너 **02** 1917 **03** 전문적 권위

다음 내용이 옳은지 그른지 판단해보자

01 플렉스너는 사회복지는 전문직으로서 갖추어야 할 특성들이 결여되어 있다(Flexner, 1915)고 주장하면서 그 근거 중 하나로 공식적인 자격제도가 없음을 지적하였다.

02 그린우드가 제시한 전문직 속성 중 전문직 문화는 다른 분야와 구별되는 사회복지만의 고유한 이론 및 이를 바탕으로 한 기술을 포함한다.

03 그린우드(Greenwood)가 사회복지 전문직에 관한 속성을 제시한 이후 미국사회복지사협회(American Association of Social Workers)가 설립되었다.

> 15-03-04

04 플렉스너의 비판 이후 의료 및 정신보건 분야의 사회복지사들은 프로이트의 정신분석 이론과 기술을 사용하면서 치료자로서의 역할을 강조함으로써 사회복지 전문직으로서의 위상을 높이고자 하였다.

 답 **01** ○ **02** × **03** × **04** ○

해설 **02** 전문직 문화는 사회복지 전문직 사이에 공유되는 규범, 가치 등을 의미한다. 다른 분야와 구별되는 사회복지만의 고유한 이론 및 기술은 체계적 이론에 해당한다.
03 사회복지 전문직에 관한 플렉스너의 비판 이후 1921년 미국사회복지사협회(American Association of Social Workers)가 설립되었다.

059 사회복지실천방법의 분류

강의 QR코드

| 1회독 | 2회독 | 3회독 |
| 월 일 | 월 일 | 월 일 |

최근 10년간 **3문항** 출제

이론요약

21회 기출

클라이언트체계의 규모에 따른 실천방법의 분류

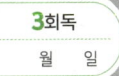
기본개념

- 미시적 실천: 일반적으로 **클라이언트를 직접 만나 이루어지는 활동**을 말한다.
- 중시적 실천: 클라이언트에게 직접적인 영향을 미치는 **학교, 직장, 이웃 등 동료 간 관계의 체계**를 변화시키는 것을 말하며, 집단을 통한 실천을 포함한다.
- 거시적 실천: 클라이언트의 삶에 영향을 미치는 **지역사회나 전체 사회, 혹은 국가의 복지체계를 대상으로 하는 활동**으로, 사회적 정책 개발 및 제안, 취약집단 옹호, 지역사회 자원 개발 등이 이에 해당한다.

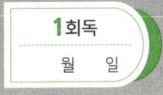
사회복지실천론
pp.27~

클라이언트의 접촉 유무에 따른 분류

- 직접실천: **클라이언트를 직접 변화시킴**으로써 클라이언트의 문제해결을 도모하는 실천방식
- 간접실천: **클라이언트를 둘러싼 환경체계에 개입**하여 환경을 변화시켜 클라이언트의 문제를 해결하는 실천방식

기출문장 CHECK

01 (21-03-10) 거시적 실천의 예: 다문화 청소년을 위한 조례 제정 추진, 피학대 노인 보호를 위한 제도 개선 제안, 장애인복지에 필요한 정부 예산 증액 촉구, 고독사 문제 해결을 위한 정책 토론회 개최

02 (16-03-24) 지역사회보장협의체에서 기관실무자 네트워크 회의를 소집하는 것은 중시적 실천에 해당한다.

03 (15-03-11) 미시적 실천은 개인의 가장 친밀한 상호작용 과정에 개입하는 실천활동으로서, 가정방문, 상담 등이 해당한다.

04 (13-03-01) 모금활동, 후원자 개발 및 관리, 사회복지정책 분석 및 평가는 거시적 수준의 실천에 해당한다.

05 (11-03-25) 정책 개발 등 클라이언트를 둘러싼 환경체계에 개입하는 것은 간접실천에 해당하며, 상담, 가정방문 등 클라이언트를 직접 변화시켜 문제를 해결하는 방식은 직접실천에 해당한다.

06 (10-03-18) 아동학대 예방을 위한 홍보 활동, 학교폭력 예방을 위한 자원봉사자 모집, 희귀질환 아동을 위한 모금 활동 등은 간접 실천에 해당한다.

07 (07-03-22) 전화를 통한 상담은 직접 실천에 해당한다.

21-03-10   난이도 ★☆☆

거시 수준의 사회복지실천에 관한 내용으로 옳지 않은 것은?

① 다문화 청소년을 위한 조례 제정을 추진한다.
② 부모와 자녀의 관계증진을 위한 소집단프로그램을 진행한다.
③ 피학대 노인 보호를 위한 제도 개선을 제안한다.
④ 장애인복지에 필요한 정부 예산 증액을 촉구한다.
⑤ 고독사 문제 해결을 위해 정책 토론회를 개최한다.

 알짜확인

- 사회복지실천을 미시, 중시, 거시적 수준에 따라 구분할 수 있어야 한다.
- 직접실천과 간접실천을 구분할 수 있어야 한다.

답 ②

✔ **응시생들의 선택**

① 2%	② 92%	③ 2%	④ 2%	⑤ 2%

② 집단 프로그램은 대체로 중시 수준의 실천으로 본다.

16-03-24   난이도 ★★★

사회복지실천의 개입수준과 활동이 바르게 연결된 것은?

① 중시적(mezzo) 실천: 사례관리대상자에게 주거환경개선을 위한 청소서비스 제공
② 미시적(micro) 실천: 사회복지관에서 후원자개발을 위한 행사 진행
③ 거시적(macro) 실천: 공공부조서비스의 적격성을 파악하기 위한 욕구사정 실시
④ 중시적(mezzo) 실천: 지역사회보장협의체에서 기관실무자 네트워크 회의 소집
⑤ 미시적(micro) 실천: 지역특성에 맞는 주민대상 프로그램 개발을 위한 지역조사 실시

답 ④

✔ **응시생들의 선택**

① 7%	② 7%	③ 33%	④ 43%	⑤ 10%

① 미시적 실천에 해당한다.
② 거시적 실천에 해당한다.
③ 미시적 실천에 해당한다.
⑤ 거시적 실천에 해당한다.

미시적 실천을 모두 고른 것은?

ㄱ. 위탁가정 아동 방문
ㄴ. 노숙인 보호를 위한 모금 활동
ㄷ. 정신장애인 재활 상담
ㄹ. 직업재활 대상자를 위한 자원 개발

① ㄹ
② ㄱ, ㄷ
③ ㄴ, ㄹ
④ ㄱ, ㄴ, ㄷ
⑤ ㄱ, ㄴ, ㄷ, ㄹ

답 ②

✔ 응시생들의 선택

① 1%	② 85%	③ 3%	④ 6%	⑤ 5%

ㄴ, ㄹ. 거시적 실천에 해당한다.

직접실천에 해당하지 않는 것은?

① 장애인 취업상담
② 독거어르신 재가방문
③ ADHD아동 지원정책 개발
④ 치매어르신 주간보호 제공
⑤ 정신장애인 사회기술훈련 실시

답 ③

✔ 응시생들의 선택

① 1%	② 1%	③ 95%	④ 3%	⑤ 1%

③ 정책개발, 프로그램 개발, 홍보, 옹호, 모금, 후원자 및 자원봉사자 모집, 의뢰, 연계 등은 간접실천에 해당한다.

다음 내용이 **왜 틀렸는지**를 확인해보자

01 사회복지사가 지역사회 내 장애인 이동권 보장을 위해 옹호 활동을 진행한 것은 **중시적 실천에 해당**한다.

> 옹호 활동은 거시적 실천에 해당한다.

`10-03-18`

02 독거어르신 재가방문 서비스는 **직접실천에 해당하지 않는다.**

> 독거어르신 재가방문 서비스는 직접실천에 해당한다.

`11-03-25`

03 치매어르신 주간보호 제공, 정신장애인 사회기술훈련 실시, **ADHD아동 지원정책 개발** 등은 직접실천에 해당한다.

> ADHD아동 지원정책 개발은 간접실천에 해당한다.

04 미시 수준의 실천 활동은 대체로 **간접적 실천**에 해당한다.

> 미시 수준의 실천 활동은 대체로 직접적 실천에 해당한다.

다음 내용이 옳은지 그른지 판단해보자

21-03-10
01 국가적 정책개발, 법안에 대한 분석, 지역사회 자원 개발, 취약집단에 대한 옹호 및 지원 활동, 다양한 집단 간의 교섭과 타협 등이 거시적 실천에 해당한다.

02 클라이언트의 사회성 향상을 위해 진행되는 사회기술훈련은 거시적 실천에 해당한다.

13-03-01
03 급여대상자 사후관리는 미시적 수준의 실천에 해당한다.

04 대면하지 않고 이루어지는 전화 상담이나 이메일 상담, 인터넷 게시판을 통한 상담 등은 간접실천에 해당한다.

05 저소득 독거 어르신들을 지원하기 위해 지역사회 내 자원을 확보하기 위한 활동은 미시적 실천에 해당한다.

15-03-11
06 위탁가정 아동 방문, 정신장애인 재활 상담 등은 미시적 실천에 해당한다.

07 클라이언트의 삶에 영향을 미치는 환경체계에 대한 활동이나 국가의 복지체계를 대상으로 한 사회복지사의 활동은 사회복지실천으로 보지 않는다.

답 01 ○　02 ×　03 ○　04 ×　05 ×　06 ○　07 ×

해설 **02** 클라이언트의 사회성 향상을 위해 진행되는 훈련, 교육, 상담 등은 미시적 실천이다. 집단 활동으로 사회기술훈련이 이루어진다면 중시적 실천으로 볼 수 있다.
04 전화, 이메일, 인터넷 게시판 등은 대면 상담에 어려움을 느끼는 클라이언트들이 이용할 수 있는 다른 수단일 뿐 대면하지 않고 진행된다고 해서 간접실천인 것은 아니다.
05 저소득 독거 어르신들에게 지원 서비스를 제공하는 것은 미시적 실천에 해당하지만, 클라이언트를 지원하기 위해 자원을 개발하고 동원하는 활동들은 거시적 실천에 해당한다.
07 클라이언트의 삶에 영향을 미치는 환경체계에 대한 활동이나 국가의 복지체계를 대상으로 한 사회복지사의 활동 등은 거시 수준의 사회복지실천에 해당한다.

060 사회복지실천의 목적 및 기능

강의 QR코드

1회독	2회독	3회독
월 일	월 일	월 일

최근 10년간 **3문항** 출제

복습 1 이론요약

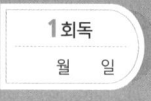

23회 기출

사회복지실천의 목적

- **궁극적 목적은 '인간의 삶의 질 향상'**으로, 이는 시대나 사회가 변해도 달라지지 않는다.
- 세부 목적은 사회·문화, 시대적 배경 등에 따라 달라질 수 있다.

기본개념

사회복지실천론
pp.21~

▶ 미국사회복지사협회(NASW)

사회복지실천의 목적은 모든 개인의 삶의 질 향상을 위해 개인과 환경 간에 상호호혜적 상호작용을 촉진하고 유지시키는 것이다.

▶ 핀커스와 미나한

- 개인의 문제해결 및 대처 능력 향상
- 개인을 자원, 서비스, 기회를 제공해주는 체계와 연결
- 그 체계들이 효과적이고 인도적으로 운영되도록 촉진
- 사회정책의 개발과 발전에 기여

사회복지실천의 기능

▶ 헵워스와 라슨

- 사회적 기능 향상
- 개인의 역기능 치료
- 사회정의 향상

▶ 미국사회복지사협회(NASW)

- 사람들의 역량을 확대하고, 문제해결 능력 및 대처 능력 향상을 지원한다.
- 사람들의 자원 획득을 지원한다.
- 조직이 사람들에게 반응하도록 한다.
- 개인과 환경 내 다른 사람들과의 상호작용을 촉진한다.
- 조직과 제도 간의 상호관계에 영향을 미친다.
- 사회정책 및 환경정책에 영향을 미친다.

01 (23-03-03) 핀커스와 미나한에 의하면 사회복지실천은 개인을 사회자원, 서비스, 기회를 제공해주는 환경체계와 연결한다.

02 (23-03-03) 핀커스와 미나한에 의하면 사회복지실천은 사회정책의 개발과 향상에 기여한다.

03 (14-03-24) 클라이언트의 삶의 질 향상은 사회복지실천의 목표이다.

04 (10-03-07) 사회복지실천은 개인과 환경 간 불균형 발생 시 문제를 감소하도록 돕는다.

05 (10-03-07) 사회복지실천은 개인과 환경 간의 상호 유익한 관계를 증진시킨다.

06 (06-03-20) 사회복지실천은 개인, 지역, 환경 내에 존재하는 자원을 발견하고 활용한다.

07 (05-03-01) 사회복지실천은 서비스, 자원, 기회 등의 체계 간 연결에 초점을 둔다.

08 (04-03-24) 사회복지실천은 사회정책의 개발에 기여한다.

09 (02-03-03) 사회복지실천은 사람들의 문제해결 능력을 향상시키는 데에 목적이 있다.

대표기출 확인하기

23-03-03 　　난이도 ★★★

핀커스와 미나한(A. Pincus & A. Minahan)이 제시한 사회복지실천의 목적을 설명한 것으로 옳지 않은 것은?

① 개인의 문제해결과 대처능력을 향상한다.
② 개인을 사회자원, 서비스, 기회를 제공해주는 환경체계와 연결한다.
③ 다양한 사회복지기관이나 조직의 효과적이고 효율적인 운영을 촉진한다.
④ 개인과 환경 간 불균형 발생 시 문제를 극대화하도록 돕는다.
⑤ 사회정책의 개발과 향상에 기여한다.

 알짜확인

- 사회복지실천의 목표는 사회적, 문화적 영향을 받아 다르게 설정될 수 있다. 하지만 궁극적인 목적은 인간의 삶의 질 향상에 있으며 이는 변하지 않는다는 점 같이 기억해두자.
- 사회복지실천은 개인뿐만 아니라 개인과 환경(자원체계)에 모두 관심을 둔다는 점도 중요하다.

답 ④

✔ **응시생들의 선택**

① 2%	② 1%	③ 4%	④ 85%	⑤ 8%

④ 해당 내용은 핀커스와 미나한이 사회복지실천의 목적으로 언급하지 않았다. 또한 사회복지실천은 개인과 환경 간 불균형 발생 시 양자의 긍정적 상호작용을 촉진하여 클라이언트의 사회적 기능화를 증진하는 데 초점을 두는 것이지 문제를 극대화하는 데 초점을 두는 것은 아니다.

관련기출 더 보기

17-03-01 　　난이도 ★☆☆

사회복지실천의 목적과 기능으로 옳지 않은 것은?

① 사회정의의 증진
② 클라이언트의 삶의 질 증진
③ 클라이언트의 가능성과 잠재력 개발
④ 개인과 사회 간 상호유익한 관계 증진
⑤ 개인이 조직에게 효과적으로 순응하도록 원조

답 ⑤

✔ **응시생들의 선택**

① 5%	② 0%	③ 0%	④ 1%	⑤ 94%

⑤ 개인과 조직 혹은 환경 사이의 상호작용과 균형 있는 관계에 초점을 두고 문제해결을 위해 원조를 하는 것이지 개인이 조직에 순응하도록 하는 데에 초점을 두지는 않는다.

12-03-11 　　난이도 ★★☆

전미사회복지사협회(NASW)가 제시한 사회복지실천의 기능으로 옳지 않은 것은?

① 사회정책과 환경정책에 영향을 미친다.
② 사람들이 자원을 획득하도록 원조한다.
③ 개인이 조직의 요구에 부응하도록 돕는다.
④ 사람들의 역량을 확대하고 대처능력 향상을 돕는다.
⑤ 조직 간의 상호관계에 영향력을 행사한다.

답 ③

✔ **응시생들의 선택**

① 7%	② 2%	③ 67%	④ 2%	⑤ 21%

③ 개인이 조직의 요구에 부응하도록 돕는 것이 아니라 조직이 사람에게 반응하도록 하는 것이다.

다음 내용이 왜 틀렸는지를 확인해보자

01 사회복지실천의 목표는 시대적 상황이나 사회·문화적 배경 등의 영향을 <u>받지 않는다</u>.

> 사회복지실천은 인간의 삶의 질 향상이라는 궁극적인 목적을 추구하지만, 시대적 상황이나 사회·문화적 배경 등의 영향을 받음으로써 그 목표가 달라지기도 한다.

02 사회복지실천활동은 클라이언트 개인의 문제해결 및 욕구충족에 대해 **사회복지사가 전적인 책임을 갖고** 지속적으로 지원함을 원칙으로 한다.

> 문제해결 및 욕구충족을 위한 책임과 노력은 클라이언트에게도 있디.

`05-03-01`

03 사회복지실천은 **사회복지사의 신념과 선의를 실현**시켜나가기 위한 활동이다.

> 전문직으로서의 신념과 선의를 바탕으로 실천활동을 하지만 이것이 목적은 아니다.

04 특정 정당이나 종교의 목표를 달성하고자 하는 활동도 <u>사회복지실천으로 볼 수 있다</u>.

> 특정 정당이나 특정 종교의 목표를 달성하기 위한 활동을 사회복지실천으로 보지는 않는다.

`04-03-01`

05 사회복지실천은 <u>클라이언트의 문제를 대신 해결</u>해주기 위한 활동이다.

> 사회복지실천에서 문제해결의 실질적인 주체는 클라이언트이며, 사회복지사는 클라이언트의 문제가 해결될 수 있도록 돕는다.

06 사회복지실천의 기능은 클라이언트에게 필요한 사회적 기능 및 필요한 자원의 획득을 <u>돕는 것에 한정된다</u>.

> 사회복지실천의 기능은 클라이언트의 사회적 기능 증진을 위한 활동 외에 사회정의를 향상시키는 것도 포함된다.

1회독	2회독	3회독
월 일	월 일	월 일

최근 10년간 **5문항** 출제

복습
1 이론요약

23회 기출 22회 기출 21회 기출 19회 기출

주요 이념

기본개념

사회복지실천론
pp.23~

- **상부상조/상호부조**: 사회복지 발생 이전에 빈곤문제에 대처하는 가장 원초적 제도(품앗이, 두레)
- **자선, 사랑 등 종교적 윤리**: 교회와 수도원을 중심으로 하는 구빈활동
- **인도주의와 박애사상**: 비이기적이고 직접적인 도움의 행위
- **사회진화론**: 사회적합계층은 살아남고, 사회부적합계층은 소멸된다는 이론, 사회통제적 측면
- **민주주의**: 모든 인간은 **평등**하다는 것을 인정, **클라이언트의 자기결정권**에 영향을 미침
- **개인주의**: 빈곤문제에 있어 개인의 의무와 책임을 고려한 '**최소한 수혜자격의 원칙**', '**열등처우의 원칙**'이 만들어진 배경이 됨. 개인의 권리와 자유, 특성을 고려하는 '**개별화 원칙**', '**자기결정의 원칙**'의 바탕이 되기도 함
- **다양화**: 성별, 인종, 문화 등에 관한 상대적 관점

01 (23-03-08) 개인주의 이념은 사회복지실천에 있어서 수혜자격의 축소에 영향을 미쳤다.

02 (22-03-01) 사회진화론은 사회복지실천의 사회통제적 측면과 관련성이 높은 이념이다.

03 (21-03-09) 개인주의는 사회복지실천에서 개별화의 원칙, 개인의 권리와 의무 강조, 최소한의 수혜자격 원칙 등에 영향을 미쳤다.

04 (19-03-03) 인도주의, 민주주의, 개인주의, 문화 다양성 등은 사회복지실천의 이념적 배경이 된다.

05 (16-03-03) 민주주의는 빈곤에 대한 사회적 책임 중시, 대상자의 서비스 선택권 강조, 서비스 이용자의 정책결정 참여, 제공자와 소비자의 동등한 관계 등에 영향을 미쳤다.

06 (11-03-01) 이타주의는 타인을 위하여 봉사하는 정신으로 실천되었다.

07 (11-03-01) 민주주의는 클라이언트의 자기결정권의 강조를 가져왔다.

08 (11-03-01) 사회진화론은 사회통제의 기능을 갖는다.

09 (10-03-04) 다양화 경향은 다양한 계층과 문제를 인정하는 계기가 되었다.

10 (10-03-04) 개인주의 사상은 엄격한 자격요건 하에서 최소한의 서비스만 제공하는 경향을 낳기도 하였다.

11 (09-03-04) 사회복지실천의 이념적 배경 중 사회진화론은 사회통제와 관련이 깊다.

대표기출 확인하기

23-03-08 · 난이도 ★☆☆

인도주의와 박애사상이 사회복지실천에 미친 영향으로 옳은 것을 모두 고른 것은?

> ㄱ. 빈민에 대한 인도주의적 서비스 제공
> ㄴ. 수혜자격의 축소
> ㄷ. 타인을 위하여 봉사하는 정신으로 실천

① ㄱ 　　　　　 ② ㄴ
③ ㄱ, ㄷ 　　　 ④ ㄴ, ㄷ
⑤ ㄱ, ㄴ, ㄷ

▶ **알짜확인**

- 사회복지실천에 영향을 미친 다양한 이념과 철학적 배경들을 살펴보자.

답 ③

✔ **응시생들의 선택**

① 2%	② 1%	③ 85%	④ 1%	⑤ 11%

ㄴ. 수혜자격의 축소는 개인주의 이념의 영향이다. 개인주의는 빈곤의 원인이 개인에게 있다고 보기 때문에 '최소 수혜자격의 원칙'과 '열등처우의 원칙'을 강조한다.

➕ **덧붙임**

간혹 개인주의를 이기주의로 생각하여 사회복지실천과 무관하거나 부정적인 것으로 생각하는 수험생들이 있는데 개인주의는 '최소한 수혜자격의 원칙', '개별화의 원칙' 등에 영향을 준 사회복지실천의 이념적 배경이라는 점 기억해두자.

관련기출 더 보기

21-03-09 · 난이도 ★★☆

개인주의가 사회복지실천에 미친 영향으로 옳은 것을 모두 고른 것은?

> ㄱ. 개별화 　　　　　　 ㄴ. 개인의 권리와 의무 강조
> ㄷ. 최소한의 수혜자격 원칙 ㄹ. 사회적 책임 중시

① ㄱ, ㄴ, ㄷ 　　　 ② ㄱ, ㄴ, ㄹ
③ ㄱ, ㄷ, ㄹ 　　　 ④ ㄴ, ㄷ, ㄹ
⑤ ㄱ, ㄴ, ㄷ, ㄹ

답 ①

✔ **응시생들의 선택**

① 53%	② 11%	③ 2%	④ 2%	⑤ 32%

ㄹ. 개인주의는 빈곤에 대한 사회적 책임보다 개인의 책임을 강조한 이념으로, 최소한 수혜자격 원칙, 열등처우의 원칙 등으로 이어졌다. 개인의 존재와 가치를 중요시하여 사회복지실천에서는 개별화 원칙, 자기결정 원칙 등에 기여한 측면이 있다.

10-03-04 · 난이도 ★★☆

사회복지실천 이념에 관한 설명으로 옳지 않은 것은?

① 사회진화론에 근거한 사회복지실천은 인보관 활동에서 찾아볼 수 있다.
② 다양화 경향은 다양한 계층과 문제를 인정하는 계기가 되었다.
③ 우애방문자들은 취약계층에게 인도주의적 서비스를 제공하고자 하였다.
④ 시민의식의 확산으로 주는 자 중심에서 받는 자 중심의 서비스로 전환되었다.
⑤ 개인주의 사상은 엄격한 자격요건 하에서 최소한의 서비스만 제공하는 경향을 낳기도 하였다.

답 ①

✔ **응시생들의 선택**

① 75%	② 2%	③ 6%	④ 7%	⑤ 10%

① 사회진화론은 자선조직협회 활동의 이념적 바탕이 되었다.

다음 내용이 왜 틀렸는지를 확인해보자

11-03-01

01 인도주의 사상은 <u>빈곤이나 장애를 클라이언트의 책임으로</u> 돌렸다.

> 인도주의는 '타인을 위하여 봉사'하는 정신을 말한다.
> 빈곤이나 장애 등의 문제에 접근함에 있어 개인의 책임을 고려한 것은 개인주의 사상과 관련된다.

10-03-04

02 <u>민주주의 사상</u>은 엄격한 자격요건 하에서 최소한의 서비스만 제공하는 경향을 낳기도 하였다.

> 개인주의 사상은 엄격한 자격요건 하에서 최소한의 서비스만 제공하는 경향을 낳기도 하였다.
> 민주주의 사상은 모든 인간은 평등하다는 것을 인정한 사상이자, 클라이언트의 자기결정권 개념에도 영향을 미쳤다.

10-03-04

03 사회진화론에 근거한 사회복지실천은 <u>인보관 활동</u>에서 찾아볼 수 있다.

> 사회진화론은 자선조직협회의 이념적 배경이 되었다.

빈칸에 들어갈 알맞은 말을 채워보자

16-03-03

01 빈곤에 대한 사회적 책임을 고려하고, 서비스 제공자와 소비자의 동등한 관계 형성을 강조한 것은 (　　　　　　) 사상과 관련이 깊다.

21-03-09

02 (　　　　　　) 사상은 사회복지실천에 있어 개별화 원칙의 바탕이 되었다.

09-03-04

03 (　　　　　　)은/는 사회통제적 측면과 관련이 깊으며, 자선조직협회 활동의 이념적 바탕이 되었다.

답 **01** 민주주의 **02** 개인주의 **03** 사회진화론

다음 내용이 옳은지 그른지 판단해보자

16-03-03

01 민주주의를 바탕으로 사회복지에 있어 최소한의 수혜자격 원칙이 생겨났다. ◎ ✕

10-03-04

02 다양화 경향은 다양한 계층과 문제를 인정하는 계기가 되었다. ◎ ✕

09-03-04

03 사회복지실천의 이념적 배경 중 사회진화론은 사회통제와 관련이 깊다. ◎ ✕

04 민주주의는 사회복지실천에 있어 클라이언트의 자기결정권을 강조하는 바탕이 되었다. ◎ ✕

05 인도주의는 자선조직협회 우애방문원의 활동 철학이기도 했다. ◎ ✕

답 **01** ✕ **02** ○ **03** ○ **04** ○ **05** ○

해설 **01** 최소한의 수혜자격 원칙은 개인주의를 바탕으로 한다.

사회복지실천의 가치와 윤리

이 장에서는

사회복지실천의 가치와 윤리에 대해 학습한다. 한국사회복지사 윤리강령에 관한 문제가 가장 많이 출제되긴 했지만 실천현장에서 발생할 수 있는 다양한 갈등유형이나 로웬버그와 돌고프의 윤리원칙(생-평-자-최-삶-비-공), 최근에는 인권 개념에 관한 문제까지 두루두루 출제되고 있다.

10년간 출제분포도

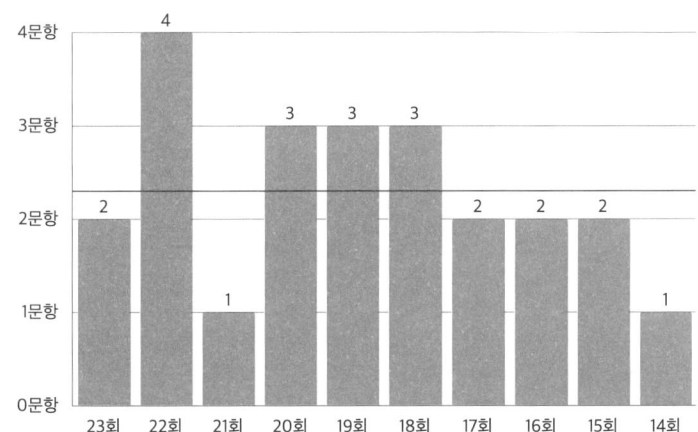

2.3
문항

평균 출제문항수

KEYWORD

062

한국사회복지사 윤리강령

강의 QR코드

1회독 월 일
2회독 월 일
3회독 월 일

최근 10년간 **9문항** 출제

복습 1 이론요약

23회 기출 22회 기출 20회 기출 19회 기출

윤리강령 전문

- 인본주의 · 평등주의 사상에 기초, 모든 인간의 존엄성과 가치를 존중, 천부의 자유권과 생존권 보장
- 사회적 · 경제적 약자들의 편에 서서 사회정의와 평등 · 자유와 민주주의 가치를 실현
- 도움을 필요로 하는 사람들의 사회적 지위와 기능 향상에 노력, 사회제도 개선 등에 참여
- 개인의 주체성과 자기결정권을 보장
- 전문적 지식과 기술 개발, 사회적 가치를 실현하는 전문가로서의 능력과 품위 유지

기본개념
사회복지실천론
pp.46~

윤리강령의 목적

사회복지 전문직의 가치와 윤리적 실천을 위한 기준 안내 및 윤리적 이해가 충돌할 때 고려해야 할 사항을 제시

- 사회복지 <u>전문직의 사명과 사회복지실천의 기반이 되는 핵심가치 제시</u>
- 사회복지 <u>전문직의 핵심가치를 실현하기 위한 윤리적 원칙</u> 제시, <u>사회복지실천의 지침으로 사용될 윤리기준</u> 제시
- 실천현장에서 발생하는 <u>윤리적 갈등 상황</u>에 필요한 윤리기준 제시
- 사회복지사가 <u>전문가로서 품위와 자질을</u> 유지하고, <u>자기관리를 통해 클라이언트를 보호</u>할 수 있도록 안내
- 사회복지의 전문성을 확보하고 <u>외부 통제로부터 전문직을 보호</u>할 수 있는 기준 제공
- <u>시민에게 전문가로서 사회복지사의 역할과 태도를 알리는 수단</u>으로 작용

윤리강령의 가치와 원칙

▶ **핵심가치 1. 인간 존엄성**
- 윤리적 원칙: **사회복지사는 인간의 존엄성과 가치를 인정하고 존중한다.**
- 개인적 · 사회적 · 문화적 · 정치적 · 종교적 다양성 고려, 개인의 인권 보호 · 존중, 클라이언트의 자율성 존중, 자기결정 지원, 클라이언트의 역량강화 및 환경변화 지원, 실천과정에서 클라이언트의 개입과 참여 보장

▶ **핵심가치 2. 사회정의**
- 윤리적 원칙: **사회복지사는 사회정의 실현을 위해 앞장선다.**
- 차별에 도전하고 사회정의를 촉진, 다양성을 존중하는 포용적 지역사회 조성 노력, 불공정한 사회제도와 관행의 변화를 위해 사회의 다양한 구성원들과 협력, 연대 활동

사회복지사의 윤리기준

▶ **기본적 윤리기준**

• **전문가로서의 자세**
 - **인간 존엄성 존중**: 인간 존엄 · 자유 · 평등에 헌신, 사회적 약자 옹호 · 대변. 인간의 존엄성과 가치에 대한 인정 및 존중. 차별 금지. 다양한 문화 인식 및 존중, 문화적 역량 기반 실천. 문화적 민감성 및 자기인식
 - **사회정의 실현**: 사회정의 실현 및 복지 증진에 헌신, 환경변화 노력. 자원에 대한 평등한 접근과 공평한 분배 노력. 차별 · 억압 인식 및 해결 · 예방에 대한 노력

• **전문성 개발을 위한 노력**
 - **직무 능력 개발**: 지식 · 기술 개발 및 이를 공유. 사회적 다양성의 특징, 차별 · 억압 등 이해. 사회복지기술의 향상, 교육 · 훈련 · 슈퍼비전 등. 정보통신 지식 · 기술 습득, 윤리적 문제 인식
 - **지식기반의 실천 증진**: 실천평가와 연구조사 실시, 지식기반 형성. 연구 참여자 안내 및 자발적인 동의. 정보에 대한 비밀보장. 연구 참여자 보호 및 연구윤리 준수

• **전문가로서의 실천**
 - **품위와 자질 유지**: 선문가로서의 품위와 자질 유지, 업무 책임. 전문직의 가치와 권위 훼손 금지. 성실하고 공정한 업무 수행. 부정행위, 범죄행위, 사기, 기만행위, 차별, 학대, 따돌림, 괴롭힘 등의 행동 및 묵인 금지. 자신의 소속, 전문 자격이나 역량 등 고지. 클라이언트 및 동료 등과 성적 관계 금지, 성폭력, 성적 · 인격적 수치심을 주는 행위 금지. 전문가 단체의 활동에 적극 참여
 - **자기 관리**: 정신적 · 신체적 건강 문제, 법적 문제 등에 대한 조치. 자신의 정신적 · 신체적 건강, 안전 유지 · 보호
 - **이해 충돌에 대한 대처**: 클라이언트 이익 우선, 아동 · 소수자 등 우선. 개인적 신념과 직업적 의무가 충돌할 때 동료 및 슈퍼바이저와 논의, 부득이한 경우 의뢰. 기관 내외로부터 부당한 간섭과 압력에 대응
 - **경제적 이득에 대한 실천**: 지불 능력에 상관없이 서비스 제공 및 차별금지, 서비스 이용료 책정 가능, 업무 관련 경제적 이득 취득 금지

▶ **클라이언트에 대한 윤리기준**

• 클라이언트의 **권익옹호**
• 클라이언트의 **자기결정권 존중**
• 클라이언트의 **사생활 보호 및 비밀보장**
• 정보에 입각한 **동의**
• **기록 · 정보 관리**
• **직업적 경계 유지**
• **서비스의 종결**

▶ **사회복지사의 동료에 대한 윤리기준**

• **동료**: 동료에 대한 존중. 동료 및 다른 전문직 동료와 협력 · 협업. 동료의 비윤리적 문제에 대한 대처, 동료와의 비윤리적 관계 금지 및 비윤리적 행동에 가담 또는 용인 금지 등
• **슈퍼바이저**: 슈퍼바이지에 대한 업무지원. 개인의 이익을 위한 지위 이용 금지. 수련생 · 실습생에 대한 인격적 · 성적 수치심 유발 행위 금지 등

▶ **기관에 대한 윤리기준**

• 기관의 사명, 정책과 사업 목표 달성을 위한 노력
• 기관의 성장 · 발전을 위한 노력
• 기관의 부당한 정책이나 요구에 대한 대응

▶ **사회에 대한 윤리기준**
- 지역사회에 대한 이해, 클라이언트의 지역사회와 함께 살아가도록 지원
- 정치적 영역의 영향을 인식하여 사회정의 실현을 위한 정책 수립 및 법령 제 · 개정 지원 · 옹호
- 사회재난 · 국가적 위급상황에 적극적 활동
- 지역사회 및 전체사회의 복지 증진 및 삶의 질 향상 노력
- 인간과 자연, 생명 등 생태에 미칠 영향 고려

기출문장 CHECK

01 (23-03-12) 한국사회복지사 윤리강령에서 '클라이언트에 대한 윤리기준'에는 서비스의 종결, 클라이언트의 자기 결정권 존중, 클라이언트의 권익옹호, 기록 · 정보 관리 등이 있다.

02 (22-03-15) 한국사회복지사 윤리강령 중 '클라이언트에 대한 윤리기준'에서는 서비스의 종결, 기록 · 정보 관리, 직업적 경계 유지, 정보에 입각한 동의 등을 규정하고 있다.

03 (20-03-06) 한국사회복지사 윤리강령은 외부 통제로부터 전문직을 보호할 수 있는 기준 제공, 윤리적 갈등 상황에서 의사결정에 필요한 윤리기준 제시, 사회복지사가 자기관리를 통해 클라이언트를 보호할 수 있도록 안내, 시민에게 전문가로서 사회복지사의 역할과 태도를 알리는 수단 등의 목적을 갖는다.

04 (19-03-07) 동료의 클라이언트를 의뢰받을 때는 기관 및 슈퍼바이저와 논의하는 과정을 거쳐야 하며, 클라이언트에게 설명하고 동의를 얻은 후 서비스를 제공한다. – 클라이언트에 대한 윤리기준 > 직업적 경계 유지

05 (18-03-03) 사회복지사는 자신이 일하는 지역사회를 이해하고, 클라이언트가 지역사회에서 서로 도우며 함께 살아가도록 지원해야 한다. – 사회에 대한 윤리기준

06 (17-03-05) 윤리강령은 윤리적 갈등이 생겼을 때 법적 제재의 근거가 되는 것은 아니다.

07 (16-03-02) 사회복지사는 존중과 신뢰를 기반으로 동료를 대하며, 전문가로서의 지위와 인격을 훼손하는 언행을 하지 않는다. 사회복지사는 사회복지 전문직의 권익 증진을 위해 동료와 다른 전문직 동료와도 협력하고 협업한다. – 동료에 대한 윤리기준 > 동료

08 (16-03-02) 슈퍼바이저는 전문적 기준에 따라 슈퍼비전을 수행하며, 공정하게 평가하고 평가 결과를 슈퍼바이지와 공유한다. 슈퍼바이저는 개인적인 이익 추구를 위해 자신의 지위를 이용해서는 안 된다. – 동료에 대한 윤리기준 > 슈퍼바이저

09 (15-03-03) 사회복지사는 정치적 영역이 클라이언트의 권익과 사회복지실천에 미치는 영향을 인식하여 사회정의 실현을 위한 사회정책의 수립과 법령 제 · 개정을 지원 · 옹호해야 한다. – 사회에 대한 윤리기준

10 (15-03-03) 사회복지사는 평가나 연구조사를 할 때, 연구 참여자의 권리를 보장하기 위해, 연구 관련 사항을 충분히 안내하고 자발적인 동의를 얻어야 한다. – 기본적 윤리기준 > 전문성 개발을 위한 노력 > 지식기반의 실천 증진

11 (15-03-03) 사회복지사는 클라이언트의 지불 능력에 상관없이 복지 서비스를 제공해야 하며, 이를 이유로 차별해서는 안 된다. – 기본적 윤리기준 > 전문가로서의 실천 > 경제적 이득에 대한 실천

12 (15-03-03) 사회복지사는 어떠한 상황에서도 클라이언트와 사적 금전 거래, 성적 관계 등 부적절한 행동을 해서는 안 된다. – 클라이언트에 대한 기준 > 직업적 경계 유지

대표기출 확인하기

23-03-12 난이도 ★★☆

한국사회복지사 윤리강령에서 '클라이언트에 대한 윤리기준'에 해당하지 않는 것은?

① 서비스의 종결
② 클라이언트의 자기 결정권 존중
③ 클라이언트의 권익옹호
④ 인간 존엄성 존중
⑤ 기록 · 정보 관리

 알짜확인

- 윤리강령의 목적을 확인하는 문제, 윤리기준의 규정으로 옳은 것을 가려내는 문제, 특정 기준에 어떤 내용이 규정되었는지를 파악하는 문제, 제시된 내용이 어느 규정에 해당하는지를 찾는 문제 등 다양한 유형으로 세세하게 출제되어 왔다.
- 윤리강령은 법률이 아니기 때문에 법적 구속력이나 강제성이 있는 것은 아니며, 윤리강령 자체가 법적 제재나 처벌의 근거가 되지 않는다는 점도 종종 등장했으므로 꼭 기억해두자.

답 ④

✅ 응시생들의 선택

① 31%	② 0%	③ 5%	④ 45%	⑤ 19%

④ 한국사회복지사 윤리강령에서 '클라이언트에 대한 윤리기준'은 총 7개의 하위영역이 있다. 그 하위영역에는 1) 클라이언트의 권익옹호, 2) 클라이언트의 자기결정권 존중, 3) 클라이언트의 사생활 보호 및 비밀보장, 4) 정보에 입각한 동의, 5) 기록 · 정보 관리, 6) 직업적 경계 유지, 7) 서비스의 종결이다.
④에서 인간 존엄성 존중의 내용은 한국사회복지사 윤리강령에서 2가지 핵심가치(인간 존엄성, 사회정의) 중 하나이고, 기본적 윤리기준에서 전문가로서의 자세에 속하는 2가지 내용(인간 존엄성 존중, 사회정의 실현) 중 하나이다.

관련기출 더 보기

20-03-06 난이도 ★★☆

한국사회복지사 윤리강령의 목적으로 옳은 것을 모두 고른 것은?

ㄱ. 사회복지의 전문성을 확보하고 외부 통제로부터 전문직을 보호할 수 있는 기준을 제공한다.
ㄴ. 윤리적 갈등 상황에서 의사결정에 필요한 사항을 확인하고 판단하는 데 필요한 윤리기준을 제시한다.
ㄷ. 사회복지사가 전문가로서 품위와 자질을 유지하고, 자기관리를 통해 클라이언트를 보호할 수 있도록 안내한다.
ㄹ. 시민에게 전문가로서 사회복지사의 역할과 태도를 알리는 수단으로 작용한다.

① ㄱ, ㄷ
② ㄱ, ㄹ
③ ㄱ, ㄴ, ㄹ
④ ㄴ, ㄷ, ㄹ
⑤ ㄱ, ㄴ, ㄷ, ㄹ

답 ⑤

✅ 응시생들의 선택

① 1%	② 2%	③ 7%	④ 28%	⑤ 62%

한국사회복지사 윤리강령의 목적
1. 윤리강령은 사회복지 전문직의 사명과 사회복지실천의 기반이 되는 핵심가치를 제시한다.
2. 윤리강령은 사회복지 전문직의 핵심가치를 실현하기 위한 윤리적 원칙을 제시하고, 사회복지실천의 지침으로 사용될 윤리기준을 제시한다.
3. 윤리강령은 사회복지 실천현장에서 발생하는 윤리적 갈등 상황에서 의사결정에 필요한 사항을 확인하고 판단하는 데 필요한 윤리기준을 제시한다.
4. 윤리강령은 사회복지사가 전문가로서 품위와 자질을 유지하고, 자기관리를 통해 클라이언트를 보호할 수 있도록 안내한다.
5. 윤리강령은 사회복지의 전문성을 확보하고 외부 통제로부터 전문직을 보호할 수 있는 기준을 제공한다.
6. 윤리강령은 시민에게 전문가로서 사회복지사의 역할과 태도를 알리는 수단으로 작용한다.

한국사회복지사 윤리강령 중 다음 내용이 제시되어 있는 윤리기준은?

> 동료의 클라이언트를 의뢰받을 때는 기관 및 슈퍼바이저와 논의하는 과정을 거쳐야 하며, 클라이언트에게 설명하고 동의를 얻은 후 서비스를 제공한다.

① 기본적 윤리기준
② 클라이언트에 대한 윤리기준
③ 사회복지사의 동료에 대한 윤리기준
④ 사회에 대한 윤리기준
⑤ 기관에 대한 윤리기준

답②

✔ 응시생들의 선택

① 9%	② 49%	③ 39%	④ 0%	⑤ 3%

클라이언트에 대한 윤리기준 중 직업적 경계 유지
- 사회복지사는 클라이언트와의 전문적 관계를 자신의 개인적 이익을 위해 이용해서는 안 된다.
- 사회복지사는 업무 외의 목적으로 정보통신기술을 사용해 클라이언트와 의사소통을 해서는 안 된다.
- 사회복지사는 어떠한 상황에서도 클라이언트와 사적 금전 거래, 성적 관계 등 부적절한 행동을 해서는 안 된다.
- 동료의 클라이언트를 의뢰받을 때는 기관 및 슈퍼바이저와 논의하는 과정을 거쳐야 하며, 클라이언트에게 설명하고 동의를 얻은 후 서비스를 제공한다.
- 사회복지사는 정보처리기술을 이용하는 것이 클라이언트의 권리를 침해할 위험성이 있다는 사실을 인식하고 직업적 범위 안에서 활용한다.

사회복지사 윤리에 관한 설명으로 옳은 것을 모두 고른 것은?

> ㄱ. 사회복지사는 원조과정에서 자신의 이익을 위해 행동해서는 안 됨
> ㄴ. 로웬버그와 돌고프의 윤리원칙 준거틀은 생명보호를 최우선으로 함
> ㄷ. 윤리강령은 윤리적 갈등이 생겼을 때 법적 제재의 근거를 제공함
> ㄹ. 사회복지사는 국가자격이므로 사회복지사 윤리강령은 국가가 채택함

① ㄱ, ㄴ   ② ㄱ, ㄷ
③ ㄱ, ㄴ, ㄷ   ④ ㄱ, ㄴ, ㄹ
⑤ ㄴ, ㄷ, ㄹ

답①

✔ 응시생들의 선택

① 65%	② 3%	③ 20%	④ 11%	⑤ 1%

윤리강령은 법적 제재의 근거가 되는 것도 아니며 국가적으로 채택된 것도 아니다.

한국사회복지사 윤리강령에서 사회복지사의 동료에 대한 윤리기준으로 옳지 않은 것은?

① 슈퍼바이저는 사회복지사의 개인적 문제가 클라이언트에게 부정적 영향을 미칠 경우 그를 직접 치료하여 해결해야 한다.
② 슈퍼바이저는 전문적 기준에 따라 슈퍼비전을 수행하며, 공정하게 평가하고 평가 결과를 슈퍼바이지와 공유한다.
③ 슈퍼바이저는 개인적인 이익 추구를 위해 자신의 지위를 이용해서는 안 된다.
④ 사회복지사는 존중과 신뢰를 기반으로 동료를 대하며, 전문가로서의 지위와 인격을 훼손하는 언행을 하지 않는다.
⑤ 사회복지사는 사회복지 전문직의 권익 증진을 위해 동료와 다른 전문직 동료와도 협력하고 협업한다.

답①

✔ 응시생들의 선택

① 75%	② 7%	③ 9%	④ 6%	⑤ 3%

①에 해당하는 규정은 없으며, 슈퍼바이저가 슈퍼바이지나 클라이언트의 문제를 직접 치료하여 해결해야 하는 것은 아니다.

다음 내용이 왜 틀렸는지를 확인해보자

II-03-02

01 윤리강령은 전문직의 행동기준과 원칙을 제시하여 **법적 제재의 힘을 갖는다.**

> 윤리강령이 법률과 같은 지위를 갖는 것은 아니기 때문에 법적인 효력을 갖지는 못한다.

02 '**사회복지사는 사회정의 실현을 위해 앞장선다**'는 윤리적 원칙을 위해 클라이언트의 자율성을 존중하고, 자기결정을 지원한다.

> 클라이언트의 자율성을 존중하고, 자기결정을 지원한다는 것은 '인간의 존엄성과 가치를 인정하고 존중한다'는 윤리적 원칙과 관련된다.

03 사회복지사의 기본적 윤리기준에서는 '전문가로서의 실천'과 관련하여 품위와 자질 유지, 자기 관리, 이해 충돌에 대한 대처, **클라이언트의 권익옹호** 등을 제시하고 있다.

> '전문가로서의 실천'과 관련하여 품위와 자질 유지, 자기 관리, 이해 충돌에 대한 대처, 경제적 이득에 대한 실천 등을 제시하고 있다.
> 클라이언트의 권익옹호는 클라이언트에 대한 윤리기준에 해당한다.

04 윤리강령에서는 클라이언트에 대한 사회복지실천 기록을 작성함에 있어 **개별성과 주관성**을 지킬 것을 규정하고 있다.

> 기록은 사회복지사의 윤리적 실천의 근거이자 평가·점검의 도구이기 때문에 중립적이고 객관적으로 작성해야 한다고 규정하고 있다.

05 사회복지사는 클라이언트가 악의적으로 민원 제기를 할 경우에도 **서비스를 중단하거나 거부권을 행사할 수 없다.**

> 클라이언트에 대한 윤리기준 중 서비스의 종결에 관하여 '사회복지사는 클라이언트의 고의적·악의적·상습적 민원 제기에 대해 소속 기관, 슈퍼바이저, 전문가 자문 등의 논의 과정을 거쳐 서비스를 중단하거나 거부권을 행사할 수 있다.'고 규정하고 있다.

빈칸에 들어갈 알맞은 말을 채워보자

01 한국사회복지사 윤리강령에서는 핵심가치로 (①   ), (②   ) 등 두 가지를 제시하고 있다.

22-03-15

02 (   )에 대한 윤리기준으로서 정보에 입각한 동의, 기록·정보 관리, 직업적 경계 유지, 서비스의 종결 등과 관련해 규정하고 있다.

03 (   )에 대한 윤리기준으로서 사회복지사는 자신이 일하는 지역사회를 이해하고, 클라이언트가 지역사회에서 서로 도우며 함께 살아가도록 지원해야 한다.

04 동료의 클라이언트를 의뢰받을 때는 기관 및 슈퍼바이저와 논의하는 과정을 거쳐야 하며, 클라이언트에게 설명하고 (   )을/를 얻은 후 서비스를 제공한다.

05 '사회복지사는 다양한 문화의 강점을 인식하고 존중하며, 문화적 역량을 바탕으로 사회복지를 실천한다'는 규정은 기본적 윤리기준 중 (   )에 해당한다.

06 클라이언트의 (   ) 존중과 관련하여, 사회복지사는 의사결정이 어려운 클라이언트에 대해서는 클라이언트의 이익과 권리를 보장하기 위한 적절한 조치를 취해야 한다.

07 사회복지사는 (   )의 사명과 비전을 확인하고, 정책과 사업 목표를 달성하기 위해 노력해야 한다.

답 **01** ① 인간 존엄성 ② 사회정의 **02** 클라이언트 **03** 사회 **04** 동의 **05** 전문가로서의 자세 **06** 자기결정권 **07** 기관

다음 내용이 **옳은지 그른지** 판단해보자

01 한국사회복지사 윤리강령에서는 사회복지사가 다양한 문화의 강점을 인식하고 존중하며, 문화적 역량을 바탕으로 사회복지를 실천할 것을 규정하고 있다.

02 한국사회복지사 윤리강령은 실천현장에서 발생할 수 있는 윤리적 갈등 상황에 대한 윤리기준을 제시하기 위한 목적을 담고 있다.

03 윤리강령에서는 클라이언트가 지불 능력이 있을 때와 그렇지 않을 때에 해당하는 윤리기준을 각각 제시하고 있다.

`06-03-11`

04 윤리강령에서는 사회복지사로 하여금 존중과 신뢰를 기반으로 동료를 대하며, 전문가로서의 지위와 인격을 훼손하는 언행을 하지 않도록 규정하고 있다.

05 윤리강령에서는 사회복지사의 개인적 신념과 사회복지사로서 직업적 의무 사이에 이해 충돌이 발생할 때에는 슈퍼바이저의 의견을 따라야 하며, 부득이한 경우에는 클라이언트를 다른 사회복지사에게 의뢰할 것을 규정하고 있다.

06 윤리강령에서는 최상의 서비스를 제공하기 위해 사회복지사가 자신의 정신적 · 신체적 건강, 안전의 유지 · 보호 · 관리에 노력할 것을 규정하고 있다.

`10-03-24`

07 "사회복지사는 클라이언트의 성, 연령, 정신 · 신체적 장애, 경제적 지위, 정치적 신념, 종교, 인종, 국적, 결혼상태, 임신 또는 출산, 가족 형태 또는 가족 상황, 성적 지향, 젠더 정체성, 기타 개인적 선호 · 특징 · 조건 · 지위 등을 이유로 차별을 하지 않는다."는 윤리강령의 규정은 클라이언트에 대한 윤리기준에 해당한다.

08 기본적 윤리기준에서는 클라이언트에게 제공되는 서비스가 더 이상 클라이언트의 이해나 욕구에 부합하지 않으면 업무상 관계와 서비스를 종결할 것을 규정하고 있다.

 답 **01** ○ **02** ○ **03** × **04** ○ **05** × **06** ○ **07** × **08** ×

해설 **03** 클라이언트의 지불 능력에 상관없이 복지 서비스를 제공해야 하며, 이를 이유로 차별해서는 안 된다고 규정하고 있다.
05 동료 및 슈퍼바이저와 논의할 것을 규정하고 있을 뿐 슈퍼바이저의 의견을 반드시 따라야 하는 것은 아니다.
07 기본적 윤리기준 중 전문가로서의 자세에 해당한다. 전문가로서의 자세 중에서도 인간 존엄성 존중과 관련한 사항이다.
08 기본적 윤리기준이 아닌 클라이언트에 대한 윤리기준에서 규정하고 있는 내용이다.

KEYWORD

063

사회복지실천현장에서의
갈등

강의 QR코드

| 1회독 | 2회독 | 3회독 |
| 월 일 | 월 일 | 월 일 |

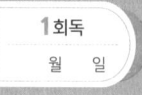
최근 10년간 **4문항** 출제

복습
1
이론요약

22회 기출 19회 기출

사회복지실천에서의 가치 갈등

- **가치상충**: 두 가지 이상의 가치가 상충할 때 발생
- **의무상충**: 사회복지사의 기관에 대한 의무와 클라이언트에 대한 의무 사이에서 느끼게 되는 윤리적 갈등
- 클라이언트체계의 다중성: 클라이언트가 다수인 경우 누구의 이익을 최우선적으로 고려해야 할 것인가
- 결과의 모호성: 사회복지사가 내릴 결정에 따른 결과가 불투명할 때 느끼게 되는 갈등
- 권력의 불균형: 사회복지사와 클라이언트 간 관계가 권력적으로 평등하지 않기 때문에 발생하게 되는 갈등

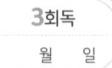
기본개념

사회복지실천론
pp.55~

사회복지실천에서의 윤리적 갈등(윤리적 딜레마)

- 윤리적 딜레마는 사회복지사가 전문가로서 지켜야 하는 윤리적 의무와 책무가 서로 충돌하고 있어 어떠한 실천행동을 선택하는 것이 윤리적으로 올바른 것인지 판단하기 힘든 상태를 말한다.
- 윤리적 갈등의 3가지 범주
  - 직접 실천에서 발생할 수 있는 윤리적 갈등
  - 사회복지정책 및 프로그램 차원에서의 갈등
  - 기관 및 동료와의 윤리적 갈등
- 주요 쟁점
  - 클라이언트의 자기결정권
  - 클라이언트의 비밀보장
  - 진실성의 의무
  - 기타: 공정한 분배, 상충된 기대, 동료와의 관계, 규칙과 정책 준수, 개인적 가치와 전문적 가치, 전문적 관계 유지 등에 있어서 나타날 수 있는 갈등

01 (22-03-03) 특정 문제에 대해 어떠한 서비스를 제공할 것인가를 결정할 때 클라이언트의 의사를 존중해 주는 것을 의미하는 윤리적 쟁점은 클라이언트의 자기결정권이다.

02 (19-03-06) 소속기관의 예산 절감 요구로 클라이언트에게 필요한 서비스를 제공하지 못할 때, 사회복지사가 겪게 되는 가치갈등의 유형은 의무상충에 해당한다.

03 (18-03-06) 실천 결과가 모호할 때, 사회복지사와 클라이언트 간에 힘이 불균형할 때, 클라이언트 체계가 여럿일 때, 기관에 대한 의무와 클라이언트에 대한 의무가 상충할 때 등에 사회복지사는 윤리적 딜레마를 경험할 수 있다.

04 (17-03-04) 윤리적 갈등 상황에서 적용되는 윤리기준은 지속적으로 변화한다.

05 (17-03-04) 사회복지사가 가치갈등에 대응하는 첫 단계는 가치갈등의 존재를 인식하는 것이다.

06 (17-03-04) 윤리적 결정에 따른 결과의 모호성으로 윤리적 딜레마가 발생할 수 있다.

07 (13-03-04) 보호시설 입소를 원하지 않는 클라이언트와 시설 입소가 필요하다고 생각하는 사회복지사 간에는 자기결정과 온정주의 가치가 상충하고 있다

08 (09-03-07) 사회복지관에서 기존의 여성취업준비 프로그램을 축소하고, 새로운 결혼이주여성 한글교실 프로그램을 기획하고자 할 때 행정적인 측면에서 '제한된 자원의 공정한 분배'에 관한 윤리적 쟁점이 발생하게 된다.

09 (08-03-05) 가치상충의 예: 자녀를 갖기 원하는 지적장애여성 클라이언트의 자기결정권에 대해, 사회복지사 P씨는 자녀양육 등의 생활상 어려움을 염려하고 있다.

10 (05-03-05) 가치갈등의 상황에서 사회복지사는 개인적 가치, 기관의 가치, 사회적 가치 및 클라이언트의 가치 등을 모두 고려할 수 있어야 한다.

11 (02-03-24) 아동상담 과정에서 클라이언트 아동이 아버지로부터 성폭행 당한 사실을 알게 되었을 때에는 비밀보장의 원칙을 따르지 않을 수 있다.

12 (01-03-02) 사회복지사가 윤리적 딜레마에 직면했을 때에는 슈퍼바이저와 상의하고 클라이언트와 함께 결정하는 것이 필요하다.

대표기출 확인하기

19-03-06 · 난이도 ★★☆

소속기관의 예산 절감 요구로 클라이언트에게 필요한 서비스를 제공하지 못할 때, 사회복지사가 겪게 되는 가치갈등은?

① 가치상충
② 의무상충
③ 결과의 모호성
④ 힘 또는 권력의 불균형
⑤ 클라이언트 체계의 다중성

 알짜확인

• 실천과정에서 발생할 수 있는 가치 갈등, 윤리적 갈등 상황을 생각해보고 사회복지사로서 어떤 기준에 따라 어떤 선택을 해야 할지에 대해서도 생각해보아야 한다.

답 ②

응시생들의 선택

① 11%	② 71%	③ 3%	④ 14%	⑤ 1%

② 사회복지사는 클라이언트에게 필요한 서비스를 제공해야 할 의무와 동시에 기관의 직원으로서의 의무를 가지게 되며 이러한 의무들 사이에서 느끼게 되는 갈등을 의무상충이라고 한다.

덧붙임

의무상충과 가치상충을 헷갈려하는 수험생들이 종종 있다. 가치상충의 상황은 두 개 혹은 그 이상의 가치 중에 어떤 것을 우선해야 하는가를 판단해야 할 경우를 의미한다. 이를 테면 클라이언트의 자기결정권과 생명보호라는 가치가 충돌할 때를 예로 들 수 있다.

관련기출 더 보기

13-03-04 · 난이도 ★★☆

보호시설 입소를 원하지 않는 클라이언트와 시설 입소가 클라이언트에게 도움이 된다고 여기는 사회복지사 간에 상충되는 가치의 연결로 옳은 것은?

① 자기결정 – 사생활보호
② 비밀보장 – 진실성 고수
③ 자기결정 – 온정주의
④ 사생활보호 – 평등주의
⑤ 진실성 고수 – 온정주의

답 ③

응시생들의 선택

① 23%	② 2%	③ 68%	④ 1%	⑤ 6%

③ 문제에서는 보호시설 입소를 원하지 않는 클라이언트의 자기결정권과 전문가의 입장에서 클라이언트에게 도움이 된다고 생각하는 시설 입소를 권하는 사회복지사의 온정주의적 태도가 상충되고 있다.

11-03-03 · 난이도 ★★☆

장애인복지관의 사회복지사에게 사회복지사의 이모가 지적장애를 가진 자신의 딸을 클라이언트로 개입해줄 것을 요청하였다. 이때 발생할 수 있는 윤리적 쟁점은?

① 진실성 고수
② 전문적 관계 유지
③ 클라이언트의 알 권리
④ 규칙과 정책의 준수
⑤ 제한된 자원의 공정한 분배

답 ②

응시생들의 선택

① 1%	② 74%	③ 2%	④ 7%	⑤ 16%

② 이모의 자녀는 사회복지사에게 조카이며 이는 전문적 관계 이전에 사적 관계가 형성되어 있기 때문에 이중관계가 형성된다. 이럴 경우 이 관계는 사적인 관계가 바탕이 되어 있기 때문에 전문적 관계 형성에 방해가 될 수 있다.

복습 3 정답훈련

빈칸에 들어갈 알맞은 말을 채워보자

01 (　　　　　　　)상충은 사회복지사가 기관에 대한 의무와 클라이언트에 대한 의무 사이에 갈등하게 되는 경우를 말한다.

02 (　　　　　　　)상충은 두 가지 이상의 가치가 상충함에 따라 윤리적 갈등이 발생하는 상황을 말한다.

답 **01** 의무　**02** 가치

다음 내용이 옳은지 그른지 판단해보자

`01-03-02`

01 사회복지사가 윤리적 딜레마에 직면했을 때에는 슈퍼바이저와 상의하고 클라이언트와 함께 결정하는 것이 필요하다.　◎⊗

02 윤리적 갈등은 클라이언트에 대한 직접실천 과정에서만 특수하게 발생한다.　◎⊗

`08-03-05`

03 자녀를 갖기 원하는 지적장애여성 클라이언트의 자기결정권에 대해, 사회복지사 P씨는 자녀양육 등의 생활상 어려움을 염려하고 있다. 이 상황에서 의무상충이 일어나고 있다.　◎⊗

04 사회복지사가 가치상충을 느낄 때 이를 클라이언트에게 구체적으로 알려야 할 의무는 없다.　◎⊗

`17-03-04`

05 기관의 목표가 클라이언트의 이익에 위배될 때 가치상충으로 윤리적 딜레마가 발생할 수 있다.　◎⊗

답 **01**○　**02**×　**03**×　**04**○　**05**×

해설 **02** 윤리적 갈등은 클라이언트에 대한 직접실천의 과정에서도 발생하며, 그밖에 동료와의 관계나 간접실천의 과정에서도 발생할 수 있다.
03 이 상황에서는 클라이언트의 자기결정권과 생활상의 어려움에 따른 아이의 생명보호라는 두 가지 가치 사이에 가치상충이 일어나고 있다.
05 사회복지사는 기관의 일원으로서 기관의 목표를 달성해야 하는 의무를 갖는 동시에 클라이언트의 이익을 위해 노력해야 한다는 의무를 갖는다. 이러한 상황에서 이 두 가지 의무 중 어느 하나를 우선시해야 하는 상황이 발생할 수 있으며 이를 의무상충이라고 한다.

064 윤리원칙의 우선순위

강의 QR코드

1 회독	2 회독	3 회독
월 일	월 일	월 일

최근 10년간 **4문항** 출제

복습 **1** 이론요약

22회 기출   20회 기출

로웬버그와 돌고프의 윤리원칙의 내용과 우선순위

<u>여러 원칙이 충돌하는 경우 상위의 원칙을 우선 적용</u>

- 윤리원칙 1. 생명보호의 원칙
- 윤리원칙 2. 평등과 불평등의 원칙
- 윤리원칙 3. 자율과 자유의 원칙(자기결정의 원칙)
- 윤리원칙 4. 최소 해악의 원칙(혹은 최소 손실의 원칙)
- 윤리원칙 5. 삶의 질 향상의 원칙
- 윤리원칙 6. 사생활 보호와 비밀보장의 원칙
- 윤리원칙 7. 진실성과 정보공개의 원칙(혹은 성실의 원칙)

기본개념

사회복지실천론
pp.60~

윤리적 의사결정과정

- 1단계: 문제가 무엇인지, 문제를 야기하는 요인은 무엇인지를 확인
- 2단계: 누가 클라이언트이고 피해자인지를 비롯해 해당 문제와 관련된 사람과 집단을 확인
- 3단계: 2단계에서 확인된 다양한 주체들이 주어진 문제와 관련해서 어떤 가치가 있는지 확인
- 4단계: 문제의 해결 혹은 경감 등을 위한 개입목표의 명확화
- 5단계: 개입 대상 및 수단 확인
- 6단계: 확정된 목표에 따라 설정된 각각의 개입 방안의 효과성과 효율성을 평가
- 7단계: 누가 의사결정에 참여할 것인가를 결정
- 8단계: 개입방법 선택
- 9단계: 선택된 개입방법의 수행
- 10단계: 수행에 대한 점검
- 11단계: 수행에 따른 결과 평가 및 추가 문제 확인

01 (20-03-04) 로웬버그와 돌고프의 윤리적 원칙 심사표에서 '도움을 요청해 온 클라이언트의 의사를 존중해 주는 것'은 자율성과 자유의 원칙에 해당한다.

02 (18-03-08) 윤리적 의사결정과정: 문제확인 → 문제와 관련된 사람 확인 → 문제와 관련된 사람들이 갖는 가치 확인 → 개입목표의 명확화 → 대상 및 수단 확인 → 개입방안 평가 → 의사결정자 선정 → 개입방법 선택 → 실행 → 점검 → 결과평가

03 (14-03-01) 윤리결정의 원칙 나열: ① 생명보호의 원칙, ② 평등과 불평등의 원칙, ③ 자율과 자유의 원칙, ④ 최소 해악의 원칙, ⑤ 삶의 질 향상의 원칙, ⑥ 사생활 보호와 비밀보장의 원칙, ⑦ 성실의 원칙

04 (09-03-06) 암에 걸린 클라이언트가 자살을 원할 때 사회복지사는 생명보호의 원칙을 가장 우선시해야 한다.

05 (07-03-28) 자살을 하려는 클라이언트에 대해 가장 우선적으로 적용해야 하는 윤리적 원칙은 생명보호의 원칙이다.

06 (04-03-12) 윤리적 의사결정 가장 우선적으로 고려해야 할 원칙은 생명보호의 원칙이다.

대표기출 확인하기

22-03-05 난이도 ★★☆

로웬버그와 돌고프(F. Loewenberg & R. Dolgoff)의 윤리적 원칙 중 다음 사례에서 아동학대전담공무원이 결정을 할 때 최우선적으로 고려해야 할 원칙은?

아동학대가 발생한 가정의 학대피해아동을 원가정에서 생활하도록 할 것인가 또는 학대피해아동쉼터에서 생활하도록 할 것인가에 대해 1차 결정을 해야 한다.

① 평등과 불평등의 원칙
② 최소 손실의 원칙
③ 사회정의 실현의 원칙
④ 진실성과 정보 개방의 원칙
⑤ 사생활보호와 비밀보장의 원칙

 알짜확인

- 로웬버그와 돌고프가 제시한 윤리원칙, '생평자최삶비공'은 우선순위에 따라 제시된 것이므로 순서대로 암기해야 한다.
- 이 7가지 윤리원칙은 사례제시형 문제로 출제되어 사례에서 가장 우선하는 원칙이 무엇인지를 살펴보는 문제로 출제될 수 있음에 주의해야 한다.

답 ②

✅ **응시생들의 선택**

| ① 16% | ② 60% | ③ 13% | ④ 2% | ⑤ 9% |

② 제시된 사례는 원가정에서의 생활과 쉼터에서의 생활 중 어떤 결정이 학대피해아동에게 가장 덜 유해한 결과를 가져올 것인가가 쟁점이 되기 때문에 최소 손실의 원칙에 해당한다.

관련기출 더 보기

20-03-04 난이도 ★★☆

로웬버그와 돌고프(F. Loewenberg & R. Dolgoff)의 윤리적 원칙 심사표에서 '도움을 요청해 온 클라이언트의 의사를 존중해 주는 것'에 해당하는 윤리적 원칙은?

① 자율성과 자유의 원칙
② 평등과 불평등의 원칙
③ 최소 손실의 원칙
④ 사생활과 비밀보장의 원칙
⑤ 진실성과 정보개방의 원칙

답 ①

✅ **응시생들의 선택**

| ① 73% | ② 6% | ③ 2% | ④ 12% | ⑤ 7% |

① 자율성과 자유의 원칙은 자기결정의 원칙을 의미한다. 실천과정에 있어 클라이언트의 독립성, 자율성, 자유가 중요하게 고려되어야 함을 의미한다.

돌고프, 로웬버그와 해링턴(R. Dolgoff, F. Loewenberg & D. Harrington)의 윤리적 의사결정과정의 순서로 옳은 것은?

> ㄱ. 가장 적절한 전략이나 개입방법을 선택한다.
> ㄴ. 해당문제와 관련된 사람과 제도를 확인한다.
> ㄷ. 확인된 목표에 따라 설정된 개입방안의 효과성과 효율성을 평가한다.
> ㄹ. 문제를 해결하거나 문제의 정도를 경감할 수 있는 개입목표를 명확히 한다.

① ㄴ - ㄱ - ㄹ - ㄷ
② ㄴ - ㄹ - ㄱ - ㄷ
③ ㄴ - ㄹ - ㄷ - ㄱ
④ ㄹ - ㄴ - ㅣ - ㄴ
⑤ ㄹ - ㄷ - ㄴ - ㄱ

답 ③

✅ **응시생들의 선택**

① 13%	② 58%	③ 14%	④ 13%	⑤ 2%

ㄱ. 8단계, ㄴ. 2단계, ㄷ. 6단계, ㄹ. 4단계

➕ **덧붙임**

'평가'라고 해서 무조건 마지막 단계라고 생각해서는 안 된다. 6단계에서 목표를 달성할 수 있는 여러 개입방안들에 대한 효율성과 효과성을 평가하며, 그 결과는 이후 8단계에서 개입방안을 선택할 때 근거가 된다.

로웬버그와 돌고프(Lowenberg & Dolgoff)가 제시한 윤리적 의사결정의 우선순위를 순서대로 바르게 나열한 것은?

> ㄱ. 생명보호의 원칙
> ㄴ. 자기결정의 원칙
> ㄷ. 삶의 질 향상의 원칙
> ㄹ. 정보개방의 원칙

① ㄱ → ㄴ → ㄷ → ㄹ
② ㄱ → ㄷ → ㄹ → ㄴ
③ ㄴ → ㄱ → ㄹ → ㄷ
④ ㄷ → ㄴ → ㄱ → ㄹ
⑤ ㄹ → ㄱ → ㄷ → ㄴ

답 ①

✅ **응시생들의 선택**

① 79%	② 19%	③ 1%	④ 1%	⑤ 0%

윤리원칙의 우선순위

생명보호의 원칙 → 평등과 불평등의 원칙 → 자기결정의 원칙 → 최소해악의 원칙 → 삶의 질 향상의 원칙 → 사생활 보호와 비밀보장의 원칙 → 정보공개의 원칙

윤리적 의사결정에 있어 가장 우선적으로 고려할 것은?

① 최소손실의 원칙
② 자율과 자유의 원칙
③ 생명보호의 원칙
④ 사생활 보호 및 비밀보장의 원칙
⑤ 성실의 원칙

답 ③

✅ **응시생들의 선택**

① 0%	② 1%	③ 97%	④ 1%	⑤ 1%

③ 로웬버그와 돌고프는 윤리원칙의 준거틀을 제시하면서 인간의 생명보호가 모든 다른 것에 우선한다고 하였다.

다음 내용이 왜 틀렸는지를 확인해보자

01 로웬버그와 돌고프가 제시한 윤리원칙은 <u>어떤 원칙이 더 우선시되어야 하는가를 규정하기 위한 것은 아니다</u>.

> 윤리원칙은 여러 원칙이 상충하는 경우 상위의 원칙을 우선 적용할 것을 제시하고자 한 것이다.

`07-03-28`

02 클라이언트가 자살 계획에 대해 이야기하는 경우라도 **비밀보장의 원칙은 적용**되어야 한다.

> 생명보호의 원칙이 더 우선하기 때문에 비밀보장 원칙 적용의 예외 상황이 된다.

`22-03-05`

03 최소 해악의 원칙은 선택 가능한 대안들 중에서 **클라이언트에게 가장 큰 이익이 되도록 선택해야** 함을 의미한다.

> 최소 해악의 원칙(최소 손실의 원칙)은 가장 최소한으로 유해한 것을 선택해야 함을 의미한다.

`18-03-08`

04 윤리적 의사결정과정에 따르면, **개입의 대상과 수단을 확인한 후 개입의 목표를 분명히 설정**해야 한다.

> 개입목표를 명확히 설정(4단계)한 후 그에 따라 개입의 대상과 수단을 확인(5단계)한다.

`04-03-12`

05 윤리적 의사결정에서 가장 최우선적으로 고려해야 할 원칙은 <u>삶의 질 향상</u>의 원칙이다.

> 최우선하는 원칙은 생명보호의 원칙이다.

`14-03-01`

06 윤리원칙의 우선순위: 생명보호의 원칙 → 평등과 불평등의 원칙 → <u>삶의 질 향상의 원칙 → 자기결정의 원칙</u> → <u>최소 해악의 원칙</u> → 비밀보장의 원칙 → 정보개방의 원칙

> 윤리원칙의 우선순위: 생명보호의 원칙 → 평등과 불평등의 원칙 → 자기결정의 원칙 → 최소 해악의 원칙 → 삶의 질 향상의 원칙 → 비밀보장의 원칙 → 정보개방의 원칙

KEYWORD

065 사회복지실천의 가치 기반

강의 QR코드

1회독	2회독	3회독
월 일	월 일	월 일

최근 10년간 **6문항** 출제

복습

1 이론요약

 23회 기출 22회 기출 21회 기출 20회 기출 19회 기출

사회복지실천의 주요 가치

- 사회복지실천의 본질적 가치: 인간의 존엄성 존중, 분배정의
- 인간의 존엄성, 인간의 자율성, 기회의 균등성, 사회적 책임성, 개인의 가치와 존엄성, 개인에 대한 존경, 개인의 변화가능성, 클라이언트의 자기결정권, 비밀보장, 사생활보장, 적절한 자원과 서비스 제공, 역량강화, 동등한 기회보장, 비차별성, 다양성 존중 등
- 개인이 선호하는 가치, 기관이 추구하는 가치, 전문직으로서의 가치, 사회적으로 더 중요시되는 가치 등이 충돌할 수 있다.

기본개념

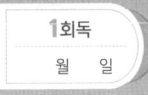

사회복지실천론
pp.36~

상대적 중요성에 따른 가치체계(펌프리)

- 궁극적 가치: 자유, 인간의 존엄성, 사회정의 등 가장 추상적인 수준의 가치
- 차등적 가치: 낙태, 동성애 등과 같이 사회문화적 차이에 따라 찬반이 가능한 가치
- 수단적 가치: 자기결정, 비밀보장 등 궁극적 가치를 달성하기 위한 수단이 되는 가치

사회복지 전문직의 가치(레비)

▶ **사람우선 가치**
- 인간에 대한 바람직한 개념
- 인간이 가진 타고난 가치 및 존엄성 존중, 개별성에 대한 인정, 상호책임성과 소속의 욕구, 일반적인 욕구 존중 등

▶ **결과우선 가치**
- 목표로 하는 결과에 대한 개념
- 성장·발전의 기회 제공, 서비스 제공에 따른 결과 성취, 문제 예방·해결에 대한 사회적 책임 등

▶ **수단우선 가치**
- 인간을 대하는 바람직한 방법
- 서비스를 수행하는 방법과 수단, 도구에 대한 가치
- 실천에 있어 클라이언트의 자기결정권을 인정하고 비심판적 태도를 가져야 한다는 것

인권과 사회복지실천

▶ 인권의 특징

- 보편적 권리, 천부적 권리
- 불가분적 권리, 불가양적 권리
- 상호의존적 권리, 공동체적 권리

▶ 사회복지실천에서의 인권 가치

- 인간의 존엄성
- 자유
- 평등
- 사회적 연대

가치와 윤리

가치	윤리
• 무엇이 좋고 바람직한가와 관련 • 행동의 방향성 • 일반적으로 선호하는 더 폭 넓은 사회의 가치를 반영	• 마땅히 따라야 할 규범 • 어떤 행동의 옳고 그름에 대한 판단 • 가치를 기반으로 하여 구현된 행동지침, 규범

기출문장 CHECK

01 (23-03-14) 평등권은 국가의 적극적 책임과 의무를 강조하는 것으로 사회보장의 권리를 의미한다.

02 (23-03-14) 자유권은 국가의 통치와 간섭으로부터 자유를 보장하기 위한 권리이다.

03 (23-03-14) 평화권은 국가들 간의 연대와 단결의 권리이다.

04 (22-03-04) 인권의 천부성은 인간이 세상에 태어나면서부터 존엄성을 가지고 태어났다는 의미이다.

05 (21-03-20) 동등한 사회 참여 기회 제공은 레비가 제시한 사회복지전문직의 가치 중 결과우선 가치에 해당한다.

06 (20-03-19) '양로시설에서 생활하는 노인의 의사결정을 사회복지사가 대신할 수 없다'는 의미의 인권 특성은 불가양성·불가분성이다.

07 (19-03-11) 인권은 모든 인간에게 해당되는 보편적 권리이다. 개인, 집단, 국가가 상호 간에 책임을 동반하는 권리이다. 사회적 약자를 위하여 지켜지고 확보되어야 하는 권리이다. 법이 보장하고 있지 않다 해도 인간의 존엄성 보장에 필요한 권리이다.

08 (15-03-06) 자기결정권 존중은 레비가 제시한 사회복지전문직의 가치 중 수단에 관한 가치에 해당한다.

09 (14-03-02) 가치는 신념과 관련이 있고, 윤리는 행동과 관련이 있다.

10 (13-03-03) 레비는 사회복지 전문직의 가치를 사람우선 가치, 결과우선 가치, 수단우선 가치 등으로 구분하여 제시했다.

11 (09-03-05) 가치가 좋고 바람직한 것에 대한 지침이라면, 윤리는 옳고 그름에 대한 판단기준이다.

12 (07-03-17) 사회복지실천은 각 개인이 지닌 고유성을 존중하고, 개인의 잠재능력을 실현시킬 기회를 제공하는 데에 가치를 둔다.

13 (04-03-25) 인간의 존엄성 가치는 클라이언트의 개별화, 자기결정권 존중의 토대가 된다.

14 (02-03-04) 인간존엄성, 배분적 사회정의, 자기결정권, 비밀보장 등은 사회복지실천의 가치 기반이 된다.

대표기출 확인하기

23-03-14 | 난이도 ★★★

인권에 관한 설명으로 옳지 않은 것은?

① 평등권은 국가의 적극적 책임과 의무를 강조하는 것으로 사회보장의 권리를 의미한다.
② 자유권은 국가의 통치와 간섭으로부터 자유를 보장하기 위한 권리이다.
③ 평화권은 국가들 간의 연대와 단결의 권리이다.
④ 자유권은 국가가 반드시 보호해 주어야 하는 권리이다.
⑤ 평등권은 구속 및 인신매매로부터의 보호를 의미한다.

> **알짜확인**
> • 사회복지실천의 가치와 관련하여 가치체계 및 주요 가치, 사회복지전문직의 가치 등에 대해 정리해두자.
> • 인권의 특징과 함께 사회복지실천에서 인권이 갖는 의미도 생각해볼 필요가 있다.

답 ⑤

응시생들의 선택

① 3%	② 5%	③ 4%	④ 8%	⑤ 80%

⑤ 구속 및 인신매매로부터의 보호를 의미하는 것은 자유권에 속한 권리로서 부당한 구속, 감금, 납치, 인신매매 등으로부터의 보호를 말한다. 자유권은 개인이 국가나 타인의 간섭 없이 자유롭게 행동하고 생활할 수 있는 권리로서 신체의 사유, 정신의 자유, 생활의 자유 등이 있다.

관련기출 더 보기

21-03-20 | 난이도 ★★☆

레비(C. Levy)가 제시한 사회복지전문직의 가치 중 결과우선가치에 해당하는 것은?

① 자기 결정권 존중
② 인간 존엄성에 대한 믿음
③ 비심판적 태도
④ 동등한 사회 참여 기회 제공
⑤ 개별성에 대한 인정

답 ④

응시생들의 선택

① 23%	② 9%	③ 9%	④ 54%	⑤ 5%

①③ 수단우선 가치에 해당한다.
②⑤ 사람우선 가치에 해당한다.

14-03-02 | 난이도 ★★☆

가치와 윤리에 관한 설명으로 옳지 않은 것은?

① 가치는 좋고 바람직한 것에 대한 믿음이다.
② 윤리는 옳고 그름을 판단하는 도덕적 지침이다.
③ 가치와 윤리는 불변의 특징을 지닌다.
④ 가치는 신념과 관련이 있고, 윤리는 행동과 관련이 있다.
⑤ 사회복지사 윤리강령은 법적 구속력을 가지지 않는 특징이 있다.

답 ③

응시생들의 선택

① 1%	② 1%	③ 84%	④ 3%	⑤ 11%

③ 가치는 무엇이 더 좋은가, 더 나은가와 관련된 개념이라면, 윤리는 따라야 할 규범적 차원이라고 말할 수 있다. 가치와 윤리는 사회문화적 상황에 영향을 받아 형성되기 때문에 변화할 수 있다.

다음 내용이 **옳은지 그른지** 판단해보자

13-03-03
01 레비는 사회복지 전문직의 가치를 사람우선 가치, 결과우선 가치, 평가우선 가치 등 3가지로 구분하여 제시하였다.

02 클라이언트에 대한 자기결정권 존중 및 비밀보장 등은 사회복지의 궁극적 가치를 달성하기 위한 수단적 가치이다.

15-03-06
03 레비가 제시한 사회복지 전문직의 가치 중 상호책임성은 수단우선 가치에 해당한다.

04-03-25
04 인간존엄의 가치를 바탕으로 클라이언트의 개별화, 자기결정권, 열등처우의 원칙 등이 발달되었다.

05 가치는 사회문화적 차이에 따라 찬반 논란이 일어날 수 있으며 이를 차등적 가치라고 한다.

22-03-04
06 인권의 보편성은 모든 인간이 누리는 권리라는 의미이다.

19-03-11
07 인권은 법이 보장하고 있지 않다 해도 인간의 존엄성 보장에 필요한 권리이다.

08 인권은 누구나 갖고 태어나는 것으로 자유의지에 따라 다른 사람에게 나누어줄 수 있다.

 답 01× 02○ 03× 04× 05○ 06○ 07○ 08×

해설 **01** 사람우선 가치, 결과우선 가치, 수단우선 가치 등으로 구분하여 제시하였다.
03 레비가 제시한 사회복지 전문직의 가치 중 상호책임성은 사람우선 가치에 해당한다.
04 인간존엄의 가치를 바탕으로 클라이언트의 개별화, 자기결정권, 비밀보장의 원칙 등이 발달되었다. 영국 신구빈법의 운영원칙 중 하나인 열등처우의 원칙은 구제를 받는 빈민의 처우는 최하급의 독립노동자의 수준보다 낮아야 한다는 것으로 인간존엄의 가치와는 거리가 멀다.
08 인권은 누구나 갖고 태어나는 천부적 권리이며, 다른 사람에게 나누어줄 수 없는 불가분적·불가양적 권리이다.

CHAPTER 3

사회복지실천의
역사적 발달과정

이 장에서는

자선조직협회와 인보관운동, 진단주의와 기능주의 등은 단독으로도 출제되곤 하며, 리치몬드의 사회진단, 밀포드회의에서의 공통요소 정리 등은 정확한 연도를 기억해두어야 한다. 서구 역사보다 우리나라 역사의 출제율이 낮기는 하지만 우리나라 역사는 지역사회복지론이나 사회복지행정론 등에서도 비슷한 내용들이 출제되기 때문에 여기에서도 꼼꼼히 봐두자.

10년간 출제분포도

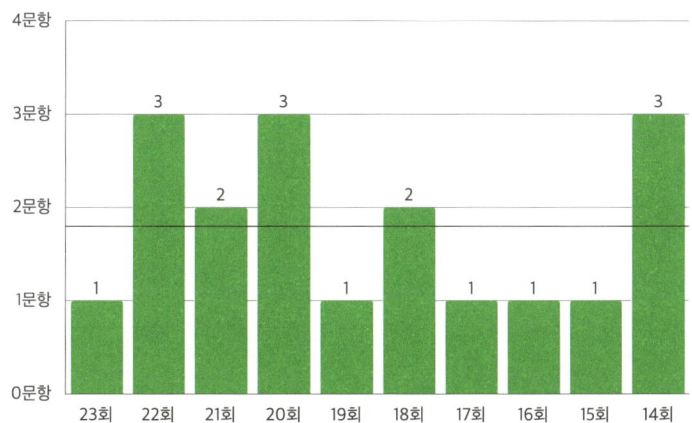

1.8
문항

평균 출제문항수

KEYWORD

066 서구 사회복지실천의 역사

강의 QR코드

1회독	2회독	3회독
월 일	월 일	월 일

최근 10년간 **14문항** 출제

복습 **1** 이론요약

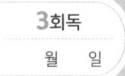

태동기

▶ 자선조직협회

• 영국: 1869년 런던, 미국: 1877년 뉴욕

• <u>빈곤을 개인의 문제로 파악</u>

• <u>가치 있는 빈민과 가치 없는 빈민을 구분</u>하여 선별적 구호활동을 진행

• 기관 간 서비스 조정을 통해 **자선의 오남용 및 의존문화를 근절**하는 데에 초점

• <u>사회진화론, 적자생존의 논리</u>

• <u>기독교적 도덕성</u> 강조

• 중산층 부인이 중심이 된 **우애방문원**의 가정방문

• **지역사회복지, 사회복지조사, 개별사회사업**의 발전에 영향을 줌

기본개념

사회복지실천론
pp.64~

▶ 인보관운동

• 영국: 1884년 런던 토인비홀, 미국: 1886년 뉴욕 근린길드(코이트), 1889년 시카고 헐하우스(제인 아담스)

• <u>빈곤을 사회문제의 산물로 인식</u>

• **빈민지역에 함께 거주**

• 교육시설, 문화 프로그램 등 **다양한 서비스를 직접 개발 · 제공**

• 빈곤문제를 비롯한 노동착취 문제, 주택 문제, 공공위생 문제 등과 관련된 **제도적 개혁을 추구**

• <u>인보관운동의 3R</u>: Residence(거주), Research(연구조사), Reform(개혁)

• **연구와 조사**를 바탕으로 **사회제도를 개혁**해야 하며, **함께 살면서** 같이 생활하지 않으면 빈민을 이해하지 못한다는 전제

• **지역사회복지, 집단사회사업**의 발전에 영향을 줌

전문직 확립기(~1920)

• 교육 및 훈련제도 채택: 우애방문원에 대한 교육 시작, 플렉스너 비판 이후 17개의 전문사회복지학교 설립

• 보수체계 정립: 무급 자원봉사자인 우애방문원에게 보수 지급

• 사회복지전문직협회 설립

• 메리 리치몬드의 『**사회진단**』 **발간(1917년)**을 시작으로 사회복지실천 기초이론 구축

전문직 분화기(~1950)

▶ **사회복지실천 3대 방법론 확립**
- 개별사회사업
- 집단사회사업
- 지역사회조직

▶ **진단주의와 기능주의의 대립**
- 진단주의
  - 프로이트의 **정신분석학을 기반**으로 함
  - 인간은 무의식의 힘에 좌우된다는 기계적·결정론적 관점
  - **병리적 관점**으로 사회복지사가 치료의 중심이 됨
  - **과거 통찰 중심**
- 기능주의
  - 1930년대 **진단주의에 반대**하며 등장
  - 인간에 대한 창의적·의지적·낙관론적 관점
  - **인간의 성장 가능성 강조**
  - 사회복지사는 원조자이며, **변화의 중심과 책임은 클라이언트에게 있음**
  - **'지금-여기'**라는 현재 상황의 현실에 초점
  - 긴급한 문제에 대한 시간제한적 원조

통합기(1950~1970)

※ 1929년 밀포드 회의: 사회복지실천의 공통 요소 정리
- 기존의 전통적 3대 방법론의 한계 대두
- 문제해결모델, 4체계모델, 6체계모델, 단일화모델 등

다양화·확장기(1970년대 이후)

- 1970년대에 들어서면서 다양한 사회복지실천모델에 대한 연구가 활발해짐
- 빈곤뿐 아니라 비행, 장애, 보건, 정신건강 등 다양한 문제에 대한 관심으로 확장
- 병리보다 강점에 초점을 두며 개입전략의 다양성을 강조
- 과제중심모델, 강점관점, 역량강화모델 등의 등장

기출문장 CHECK

01 (23-03-05) 1929년 밀포드(Milford)회의에서 개별사회사업방법론을 기본으로 하는 사회복지실천의 공통 요소가 제시되었다.

02 (23-03-05) 1917년 사회복지실천에 관한 이론과 방법을 최초로 체계화한 사회진단이 출간되었다.

03 (22-03-02) 기능주의에서는 개인의 의지, 전문가와 클라이언트 사이의 원조관계, 기관의 기능 등을 강조하였다.

04 (21-03-01) 1929년 밀포드(Milford) 회의에서 사회복지실천의 공통요소를 발표하였다.

05 (21-03-08) 자선조직협회는 민간 사회복지기관의 활동을 체계적으로 조정하기 위해 등장하였다.

06 (21-03-08) 자선조직협회는 적자생존에 기반한 사회진화론을 구빈의 이론적 기반으로 삼았다.

07 (21-03-08) 자선조직협회는 과학적이고 적절한 자선활동을 수행하기 위해 클라이언트 등록체계를 실시하였다.

08 (21-03-08) 자선조직협회 활동은 개별사회사업의 초석이 되었다.

09 (20-03-01) 인보관운동의 특징: 지역사회에서 함께 살면서 활동함. 지역사회 문제에 관한 연구와 조사를 실시함. 빈민지역의 주택 개선, 공중보건 향상 등에 관심을 둠. 사회문제에 대한 집합적이고 개혁적인 해결을 강조함

10 (20-03-03) 인도주의, 이타주의, 사회진화론 등은 자선조직협회 우애방문자들의 실천이념이었다.

11 (20-03-02) 기능주의 학파의 특징: 개인의 의지 강조. 인간의 성장가능성 중시. '지금-이곳'에 초점. 인간과 환경의 관계 분석

12 (18-03-02) 자선조직협회(COS)는 빈민 지원 시 중복과 누락을 방지하고자 시작되었다.

13 (18-03-07) 우애방문자들의 활동에 보수를 지급하고, 지도·감독에 대한 체계를 마련한 것은 사회복지실천이 봉사활동에서 전문직으로 출발하게 된 계기가 되었다.

14 (17-03-08) 메리 리치몬드의 사회진단은 1917년에 발간되었다.

15 (17-03-08) 1920년대 정신분석학에 기초한 진단주의 학파가 등장하였으며, 이에 대한 대항으로 1930년대 후반 기능주의 학파가 등장하였다.

16 (17-03-08) 전문직 분화기에는 사회복지실천 3대 방법론(개별사회사업, 집단사회사업, 지역사회조직)이 분화되었다.

17 (16-03-01) 기능주의는 시간 제한적이고 과제중심적인 단기개입을 선호한다.

18 (16-03-01) 진단주의는 과거의 심리사회적 문제가 현재의 기능에 영향을 미친다는 관점을 갖는다.

19 (15-03-01) 인보관운동은 빈곤의 원인을 산업화의 결과로 보았다.

20 (14-03-15) 자선조직협회는 빈곤의 원인을 개인의 나태함과 게으름 등으로 보았다.

21 (14-03-15) 자선조직협회는 개별사회사업의 태동에 영향을 주었다.

22 (14-03-15) 인보관은 집단사회사업의 태동에 영향을 주었다.

23 (14-03-19) 1917년 메리 리치몬드의 사회진단이 출간되었다.

24 (14-03-19) 1929년 밀포드 회의를 통해 개별사회복지실천을 위한 공통 요소가 발표되었다.

25 (13-03-06) 자선조직협회는 빈민들에 대해 수혜자격을 심사했다.

26 (13-03-06) 자선조직협회는 우애방문자(friendly visitors)의 활동을 중심으로 하였다.

27 (12-03-18) 기능주의 학파는 현재를, 진단주의 학파는 과거를 중시하였다.

28 (12-03-18) 진단주의 학파는 클라이언트가 과거부터 현재까지 어떻게 살아왔는지, 과거 경험은 어떠했는지 등과 같은 생활력(life history)을 강조하였다.

29 (11-03-13) 인보관운동은 함께 거주, 연구조사, 사회개혁 등을 기반으로 했다.

30 (08-03-06) 인보관운동은 지역주민을 대상으로 사회교육을 진행했다.

31 (08-03-06) 자선조직협회는 중복적인 구제활동을 조정하는 데에 초점을 두었다.

32 (07-03-02) 자선조직협회는 개인주의적 빈곤관을 바탕으로 했다.

33 (04-03-03) 기능주의 학파에서는 치료라는 말을 거부하고 그 대신 원조과정이라는 표현을 사용했다.

34 (02-03-15) 1950년대에는 사회복지실천방법을 통합하려는 움직임이 활발해졌다.

35 (01-03-04) 인보관운동은 클라이언트를 이웃으로 생각하고 그들이 생활하는 곳에서 함께 거주했다.

36 (01-03-04) 인보관운동은 사회환경의 중요성을 강조하였다.

37 (01-03-04) 최초의 인보관은 영국의 토인비홀이다.

대표기출 확인하기

23-03-05 난이도 ★★☆

사회복지실천의 역사적 발달과정을 발생한 순서대로 옳게 나열한 것은?

> ㄱ. 기능주의 학파와 진단주의 학파의 갈등
> ㄴ. 밀포드(Milford)회의에서 개별사회사업방법론을 기본으로 하는 사회복지실천의 공통 요소 제시
> ㄷ. 사회복지실천에 관한 이론과 방법을 최초로 체계화한 「사회진단」 출간
> ㄹ. 사회복지실천방법으로 통합적 방법론 등상

① ㄱ - ㄴ - ㄷ - ㄹ
② ㄴ - ㄱ - ㄹ - ㄷ
③ ㄴ - ㄷ - ㄹ - ㄱ
④ ㄷ - ㄱ - ㄴ - ㄹ
⑤ ㄷ - ㄴ - ㄱ - ㄹ

▶ 알짜확인

• 메리 리치몬드의 사회진단으로 사회복지실천의 이론과 방법의 체계화가 시작된 이후 진단주의와 기능주의 학파의 대립이 있었으며, 분화된 접근방법을 통합하려는 시도가 진행되었다. 이러한 발달 흐름을 전반적으로 이해하면서 주요 사건들에 대해 정리해두어야 한다.
• 사회복지실천의 시작이 되는 COS와 인보관운동의 공통점 및 차이점 등을 살펴보자.

답 ⑤

✔ 응시생들의 선택

① 13%	② 6%	③ 3%	④ 31%	⑤ 47%

ㄷ. 1917년 리치몬드는 사회복지실천과정의 이론을 최초로 정리한 사회진단을 출간하였다.
ㄴ. 1929년 밀포드회의에서는 특정 문제나 세부영역보다 우선하는 사회복지실천의 공통적 요소들이 존재한다고 보았고, 개별사회복지실천(casework)을 기본으로 8개 영역을 공통 요소로 정리하여 발표하였다.
ㄱ. 진단주의 학파는 1920년대에 등장하였고, 기능주의 학파는 진단주의를 비판하면서 1930년대 후반에 등장하였다. 1930년대에 시작된 두 학파 간의 갈등은 1957년 펄만의 문제해결모델(절충주의)이 나올 때까지 이어졌다.
ㄹ. 1950년 전후~1970년 전후에 사회복지사가 수행하는 공통적인 역할과 요소가 있다는 전제를 바탕으로 통합적 방법론이 등장하였다.

관련기출 더 보기

22-03-02 난이도 ★★★

기능주의(functionalism)에서 강조한 내용으로 옳은 것을 모두 고른 것은?

> ㄱ. 개인의 의지
> ㄴ. 개인에 대한 심리 내적 진단
> ㄷ. 전문가와 클라이언트 사이의 원조관계
> ㄹ. 기관의 기능

① ㄱ, ㄴ
② ㄷ, ㄹ
③ ㄱ, ㄷ, ㄹ
④ ㄴ, ㄷ, ㄹ
⑤ ㄱ, ㄴ, ㄷ, ㄹ

답 ③

✔ 응시생들의 선택

① 9%	② 14%	③ 53%	④ 4%	⑤ 20%

ㄴ. 개인에 대한 심리 내적 진단은 프로이트의 정신분석학을 바탕으로 한 진단주의의 특징이다.

인보관운동에 관한 내용으로 옳지 않은 것은?

① 빈민을 통제하는 사회통제적 기능을 담당함
② 인보관에서 일하는 사람은 지역사회에서 함께 살면서 활동함
③ 지역사회 문제에 관한 연구와 조사를 실시함
④ 빈민지역의 주택 개선, 공중보건 향상 등에 관심을 둠
⑤ 사회문제에 대한 집합적이고 개혁적인 해결을 강조함

답 ①

✔ **응시생들의 선택**

① 83%	② 5%	③ 4%	④ 2%	⑤ 6%

① 인보관운동은 빈곤의 원인을 사회적·환경적 문제로 보아 사회개혁 활동을 진행하였고 국가의 적극적인 개입을 요구하기도 했다.
한편, 빈민을 통제하는 사회통제적 기능을 가진 것은 자선조직협회였다. 자선조직협회는 빈곤의 원인을 나태함, 게으름 등과 같은 개인의 결함에 있다고 보았다. 이러한 관점에 따라 자선조직협회의 우애방문원은 수혜자의 집을 방문하여 생활 방식이나 태도를 교육하고 교화하는 데 초점을 두었다. 이를 통해 빈민들이 사회의 불안세력이 되는 것을 막아 사회체계를 유지하려 했다는 점에서 사회통제적 성격이 있었다.

사회복지실천의 전문화 과정에서 기능주의와 진단주의에 관한 설명으로 옳은 것은?

① 기능주의의 대표적인 학자는 메리 리치몬드(M. Richmond)이다.
② 기능주의는 과거의 심리사회적 문제가 현재의 기능에 영향을 미친다는 관점을 갖는다.
③ 기능주의는 인간의 성장가능성과 자유의지를 강조한다.
④ 진단주의는 시간 제한적이고 과제중심적인 단기개입을 선호한다.
⑤ 진단주의는 기관의 기능과 서비스를 최대한 활용하여 문제를 해결하는 것을 선호한다.

답 ③

✔ **응시생들의 선택**

① 6%	② 6%	③ 73%	④ 10%	⑤ 5%

① 메리 리치몬드는 진단주의 학파에 속한다.
② 과거를 현재와 연결하여 살펴보는 것은 정신분석학을 토대로 발달한 진단주의의 특징이다.
④ 시간 제한적이고 과제중심적인 방식은 기능주의 학파의 특징이다.
⑤ 기관의 기능을 활용하는 것은 기능주의의 특징이다.

사회복지실천이 봉사활동에서 전문직으로 출발하게 된 계기가 아닌 것은?

① 우애방문자들의 활동에 보수를 지급하기 시작하였다.
② 우애방문자를 지도·감독하는 체계를 마련하였다.
③ 자선조직협회는 교육 프로그램을 마련하였다.
④ 의사인 카보트(R. Cabot)가 매사추세츠병원에 의료사회복지사를 정식으로 채용하였다.
⑤ 전통적 방법론의 한계로 인하여 통합적 방법론이 등장하였다.

답 ⑤

✔ **응시생들의 선택**

① 11%	② 4%	③ 26%	④ 25%	⑤ 34%

⑤ 통합적 방법론이 등장한 것은 1950년대 이후 '사회복지실천 방법 통합기'의 내용이다.

①②③④ 1900년 전후~ 1920년 전후 무렵 '사회복지실천 전문직 확립기'의 내용이다.

사회복지실천의 발달과정을 순서대로 바르게 나열한 것은?

> ㄱ. 한국의 사회복지사업법이 제정되었다.
> ㄴ. 리치몬드(M. Richmond)의 사회진단이 출간되었다.
> ㄷ. 밀포드(Milford)회의에서 개별사회사업의 공통요소를 정리하였다.
> ㄹ. 펄만(H. Perlman)의 문제해결모델이 등장하였다.

① ㄴ → ㄷ → ㄹ → ㄱ
② ㄴ → ㄹ → ㄱ → ㄷ
③ ㄴ → ㄹ → ㄷ → ㄱ
④ ㄹ → ㄱ → ㄴ → ㄷ
⑤ ㄹ → ㄴ → ㄱ → ㄷ

답 ①

✔ **응시생들의 선택**

① 67%	② 9%	③ 21%	④ 1%	⑤ 2%

ㄴ. 1917년, ㄷ. 1929년, ㄹ. 1957년, ㄱ. 1970년

다음 내용이 왜 틀렸는지를 확인해보자

08-03-06

01 인보관운동은 **수혜자격 심사**를 통해 빈민을 지원했다.

> 수혜자격에 대한 심사를 진행한 것은 자선조직협회의 활동에 해당한다.

16-03-01

02 **기능주의**는 과거의 심리사회적 문제가 현재의 기능에 영향을 미친다고 본다.

> 기능주의가 아닌 진단주의에 해당한다.

21-03-08

03 **자선조직협회**는 빈민지역에 거주하며 지역사회 문제에 대한 집합적이고 개혁적인 해결을 강조하였다.

> 인보관운동의 특징이다.

08-03-07

04 사회복지 전문직의 분화기에는 진단주의 학파와 기능주의 학파 간 **갈등이 해소되었다.**

> 사회복지 전문직의 분화기에는 진단주의 학파와 기능주의 학파 간 갈등이 일었다.

12-03-18

05 진단주의 학파는 **미국의 대공황 이후 등장**하였다.

> 진단주의 학파는 1920년대를 전후로 정신분석학의 영향을 받아 발달하였고, 미국의 대공황을 거치면서 1930년대에 기능주의 학파가 등장하였다.

15-03-01

06 자선조직협회는 **연구와 조사를 통해 사회제도를 개혁해야 한다**는 기본개념을 가졌다.

> 연구와 조사를 통해 사회제도를 개혁해야 한다는 기본개념을 가진 것은 인보관 운동이다.

빈칸에 들어갈 알맞은 말을 채워보자

01 [02-03-15] 1917년에 발간된 메리 리치몬드의 (   )은/는 사회복지실천에 관한 이론과 방법을 체계화시킨 최초의 책이다.

02 [07-03-01] 1929년 (   )회의에서는 개별사회복지실천 방법론을 기본으로 하여 8가지 사회복지실천의 공통요소를 정리하였다.

03 [16-03-01] (①   )주의는 과거의 심리사회적 문제가 현재의 기능에 영향을 미친다고 보았으며, 이에 반해 (②   )주의는 인간의 성장가능성과 자유의지를 강조한다.

04 [01-03-04] 세계 최초의 인보관은 1884년에 설립된 영국 런던의 (   )이다.

05 [14-03-15] 자선조직협회는 (①   )사회사업의 발달에, 인보관운동은 (②   )사회사업의 발달에 영향을 미쳤다.

06 자선조직협회는 (   )의 가정방문 활동을 통해 빈곤자들이 빈곤 상태에서 벗어날 수 있도록 원조하였다.

07 자선조직협회와 달리 (   )은/는 사회환경의 중요성과 사회개혁의 필요성을 강조하며 교육 활동을 진행하였다.

08 [11-03-13] 인보관운동의 3R: 거주(Residence), 연구조사(Research), (   )

09 사회복지실천의 발달 과정에서 개별사회사업, 집단사회사업, 지역사회조직론 등 3대 방법론이 확립된 것은 (   )에 해당한다.

답 **01** 사회진단 **02** 밀포드 **03** ① 진단 ② 기능 **04** 토인비홀 **05** ① 개별 ② 집단 **06** 우애방문원 **07** 인보관운동 **08** 개혁(Reform) **09** 전문직 분화기

다음 내용이 옳은지 그른지 판단해보자

01 `02-03-15` 1950년대에는 사회복지실천방법을 통합하려는 움직임이 활발해졌다. ◎ ✕

02 문제해결모델, 4체계모델, 6체계모델, 단일화모델 등은 사회복지실천의 통합적 방법론으로서 제기된 모델들이다. ◎ ✕

03 `08-03-07` 사회복지 전문직의 분화기에는 진단주의 학파와 기능주의 학파 간 갈등이 해소되었다. ◎ ✕

04 플렉스너는 리치몬드의 『사회진단』을 비판하며 사회복지직은 전문성이 결여되어 있다고 지적했다. ◎ ✕

05 `08-03-06` 자선조직협회는 수혜자격에 대한 심사를 진행하여 자격 있는 빈민에게 서비스를 제공했다. ◎ ✕

06 우애방문원은 지식인층으로 구성되어 빈곤층의 사회문제에 대한 의식화 교육에 힘썼다. ◎ ✕

07 `20-03-03` 자선조직협회의 우애방문원은 사회개혁을 강조하였다. ◎ ✕

08 미국 최초의 인보관은 제인 아담스가 설립한 '헐하우스'이다. ◎ ✕

09 `12-03-18` 진단주의 학파는 과거를, 기능주의 학파는 현재를 중시한다. ◎ ✕

10 `20-03-02` 기능주의학파는 인간과 환경의 관계를 분석하는 데 초점을 두었다. ◎ ✕

답 01 ○ 02 ○ 03 ✕ 04 ✕ 05 ○ 06 ✕ 07 ✕ 08 ✕ 09 ○ 10 ○

해설 **03** 사회복지 전문직의 분화기에는 진단주의 학파와 기능주의 학파 간 갈등이 일었다.
04 플렉스너의 사회복지직 전문성에 대한 비판은 1915년이며, 이에 대한 대응으로 리치몬드의 사회진단이 1917년 출간되었다.
06 우애방문원은 중산층 이상의 부인들로 구성되어 빈곤가정을 방문하면서 생활 전반에 관한 지도 및 기독교적 도덕성에 입각한 교화 등을 진행하였다. 사회문제에 대한 의식화 교육을 진행하지는 않았다.
07 사회개혁은 인보관운동의 특징이다.
08 미국 최초의 인보관은 1886년에 코이트가 설립한 뉴욕의 근린길드이다.

067 우리나라 사회복지실천의 역사

강의 QR코드

1 회독	2 회독	3 회독
월 일	월 일	월 일

최근 10년간 **4문항** 출제

복습 1 이론요약

 22회 기출   21회 기출   19회 기출

주요 역사

기본개념

사회복지실천론 pp.75~

- **1921년**: 태화여자관 설립(현재 태화기독교사회복지관, 최초의 지역사회복지관으로 평가됨)
- **1947년**: 이화여자대학교 기독교 사회사업학과 최초 설립
- **1952년**: 외국 민간원조기관 한국연합회(KAVA) 결성
- 1959년: 국립의료원, 원주기독병원 등에서 의료사회사업 시작
- 1967년 한국사회사업가협회 조직(1985년 한국사회복지사협회로 명칭 변경)
- 1985년부터 시·도 단위로 종합사회복지관이 설립되기 시작
- **1987년**: 사회복지전문요원 공공영역에 배치
- **1989년**: 저소득층 영구임대아파트 건립 시 일정 규모의 **사회복지관 건립 의무화**
- **1992년**: 사회복지사업법 개정을 통해 **사회복지전담공무원에 관한 규정 마련**
- 1996년: 정신보건법 시행(1995년 제정), 1997년부터 정신보건사회복지사(현 정신건강사회복지사) 국가자격 취득을 위한 수련이 시작됨
- 1997년: 한국학교사회복지학회 창립
- 1999년: 시설평가 첫 시행(제도 마련은 1997년)
- 2000년: 별정직 사회복지전문요원 → 일반직 사회복지전담공무원 전환·배치
- 2000년: 한국학교사회사업실천가협회 창립, 매년 9월 7일 사회복지의 날 지정
- **2003년: 제1회 사회복지사 1급 자격시험 제도 시행(1997년 사회복지사업법 개정으로 도입)**
- 2005년: 건강가정기본법 시행에 따라 건강가정지원센터 설립
- 2005년: 1기 지역사회복지계획 수립(2007년 시행)
- 2005년: 학교사회복지사 자격시험 실시
- 2008년: 의료사회복지사 자격시험 실시
- 2017년: 2016년 정신보건법이 정신건강증진 및 정신질환자 복지서비스 지원에 관한 법률로 개정되면서 정신보건사회복지사도 정신건강사회복지사로 변화함
- 2020년: 2018년 개정 사회복지사업법에 따른 의료사회복지사, 학교사회복지사, 정신건강사회복지사 자격 인정

01 (21-03-01) 1987년부터 사회복지전문요원이 국내 행정기관에 배치되었다.

02 (21-03-01) 1983년 사회복지사업법 개정에 따라 국내에서 사회복지사 명칭을 사용하기 시작하였다.

03 (21-03-01) 1921년에는 태화여자관이 설립되었다.

04 (19-03-01) 1947년 이화여자대학교에 기독교 사회사업학과가 최초로 설립되었다.

05 (19-03-01) 1983년 사회복지사업법 개정에서 사회복지사라는 명칭을 사용하기 시작하였다.

06 (19-03-01) 1987년부터 사회복지전문요원(이후 전담공무원)을 행정기관에 배치하기 시작하였다.

07 (17-03-08) 한국의 사회복지사업법은 1970년에 제정되었다.

08 (14-03-23) 1987년부터 사회복지전문요원이 공공영역에 배치되었다.

09 (12-03-06) 건강가정지원센터는 2000년대 중반부터 운영되기 시작하였다.

10 (11-03-14) 한국사회복지사협회는 1967년에 창립되었다.

11 (11-03-14) 정신보건사회복지사(현 정신건강사회복지사) 제도는 1997년부터 시행되었다.

12 (09-03-10) 사회복지사 1급 시험은 2003년에 첫 시행되었다.

13 (09-03-10) 사회복지 시설평가 제도가 법제화된 것은 1997년이다.

대표기출 확인하기

난이도 ★★★

사회복지실천의 역사적 발달과정을 발생한 순서대로 옳게 나열한 것은?

ㄱ. 밀포드(Milford) 회의에서 사회복지실천의 공통요소를 발표하였다.
ㄴ. 사회복지사업법에 따라 국내에서 사회복지사 명칭을 사용하기 시작하였다.
ㄷ. 태화여자관이 설립되었다.
ㄹ. 사회복지전문요원이 국내 행정기관에 배치되었다.

① ㄱ - ㄴ - ㄷ - ㄹ
② ㄱ - ㄷ - ㄴ - ㄹ
③ ㄱ - ㄷ - ㄹ - ㄴ
④ ㄷ - ㄱ - ㄴ - ㄹ
⑤ ㄷ - ㄱ - ㄹ - ㄴ

알짜확인

• 태화여자관 설립, 사회복지사 명칭 사용, 사회복지사 자격제도 도입, 사회복지전문요원 및 사회복지전담공무원 도입 등 주요 사건들을 중심으로 우리나라 사회복지발전의 흐름을 정리해두자.

답 ④

응시생들의 선택

① 2%	② 36%	③ 11%	④ 38%	⑤ 13%

ㄷ. 1921년, ㄱ. 1929년, ㄴ. 1983년, ㄹ. 1987년

덧붙임

간혹 우리나라 역사와 서구 역사가 한 문제에 출제되어 더 헷갈리게 만들곤 한다. 역사는 정확한 연도를 암기하여 순서대로 나열할 수 있도록 해야 하는데 암기가 쉽지는 않다. 우리나라 역사는 실천론 외에 지역사회복지론, 사회복지행정론 등에서도 등장하기 때문에 포기해버리지 말고 '보다 보면 외워지겠지'라는 마음으로 공부할 때마다 눈에 익혀두기 바란다.

관련기출 더 보기

난이도 ★★☆

1960년대와 1970년대 외원단체 활동이 우리나라 사회복지발달에 미친 영향으로 옳지 않은 것은?

① 사회복지가 종교와 밀접한 관련 하에 전개되도록 하였다.
② 전문 사회복지의 시작을 촉발하였다.
③ 시설 중심보다 지역사회 중심의 사회복지가 발전하는 계기를 만들었다.
④ 사회복지가 거시적인 사회정책보다는 미시적인 사회사업 위주로 발전하게 하였다.
⑤ 사람들이 사회복지를 구호사업 또는 자선사업과 같은 것으로 인식하게 하였다.

답 ③

응시생들의 선택

① 11%	② 4%	③ 61%	④ 16%	⑤ 8%

③ 1960년대와 1970년대 외원단체 활동은 한국전쟁 이후 선교적·구호적 활동으로, 물자지원 및 시설수용 등을 위주로 전개되었다. 우리나라의 경제 상황이 좋아지면서 위원기관의 비중이 감소하고 정부가 사회복지사업을 추진하기 시작했으며, 1970년 사회복지사업법 제정 이후 사회복지기관들의 증가 및 지역사회개발사업으로서 새마을운동이 시작되면서 지역사회 중심의 사회복지가 형성되기 시작하였다.

난이도 ★★☆

한국 사회복지실천의 역사적 발달과정을 발생한 순서대로 나열한 것은?

ㄱ. 대학교에서 사회복지 전문 인력의 양성교육을 시작하였다.
ㄴ. 사회복지사업법에 따라 사회복지사 명칭을 사용하기 시작하였다.
ㄷ. 사회복지전문요원(이후 전담공무원)을 행정기관에 배치하기 시작하였다.
ㄹ. 정신건강증진 및 정신질환자 복지서비스 지원에 관한 법률에 따라 정신건강사회복지사 명칭을 사용하기 시작하였다.

① ㄱ - ㄴ - ㄷ - ㄹ
② ㄴ - ㄱ - ㄹ - ㄷ
③ ㄴ - ㄹ - ㄱ - ㄷ
④ ㄷ - ㄴ - ㄹ - ㄱ
⑤ ㄹ - ㄷ - ㄴ - ㄱ

답 ①

✓ 응시생들의 선택

① 72%	② 16%	③ 3%	④ 8%	⑤ 1%

ㄱ. 1947년 이화여자대학교에 기독교 사회사업학과가 최초로 설립되었다.
ㄴ. 1970년 사회복지사업법 제정 당시에는 사회복지사업종사자라는 명칭을 사용하였으며, 이후 1983년 개정에서 사회복지사라는 명칭을 사용하기 시작하였다.
ㄷ. 1987년부터 사회복지전문요원을 행정기관에 배치하기 시작하였다. 이후 2000년에는 사회복지전담공무원으로 전환되었다.
ㄹ. 정신건강사회복지사라는 명칭은 정신건강증진 및 정신질환자 복지서비스 지원에 관한 법률이 2016년 개정, 2017년 시행되면서 사용하기 시작하였다.

난이도 ★★☆

한국의 사회복지실천의 역사에 관한 설명으로 옳은 것은?

① 1987년부터 사회복지전문요원이 공공영역에 배치되었다.
② 2000년에 사회복지사 1급 제1회 국가시험이 시행되었다.
③ 2002년부터 노인장기요양보험제도가 실시되었다.
④ 1975년 한국외원단체협의회(KAVA)가 탄생하였다.
⑤ 1931년 태화여자관이 설립되었다.

답 ①

✓ 응시생들의 선택

① 78%	② 1%	③ 5%	④ 7%	⑤ 9%

② 2003년, ③ 2008년, ④ 1952년, ⑤ 1921년

난이도 ★★☆

한국 사회복지실천의 역사에 관한 설명으로 옳은 것은?

① 한국전쟁 이후 외원단체들의 지원은 재가 중심의 사회복지를 발전시켰다.
② 1997년 사회복지사업법의 개정으로 2001년부터 사회복지사 1급 국가시험이 실시되었다.
③ 1980년대 후반부터 사회복지전담공무원이 배치되었고, 1990년대 후반에 사회복지전문요원으로 명칭이 변경되었다.
④ 1980년대 초반에 개정된 사회복지사업법에서 사회복지관의 설립 · 운영을 지원하는 근거가 마련되었다.
⑤ 정신보건사회복지사와 학교사회복지사는 1990년대 후반부터 법정 국가자격이 되었다.

답 ④

✓ 응시생들의 선택

① 4%	② 2%	③ 16%	④ 69%	⑤ 9%

④ 1983년에 개정된 사회복지사업법을 토대로 사회복지관의 설립 및 운영을 지원하는 근거가 마련되었다.

① 한국전쟁 이후 외원단체들의 지원은 시설 중심의 사회복지를 발전시켰다.
② 1997년 사회복지사업법의 개정으로 2003년부터 사회복지사 1급 국가시험이 실시되었다.
③ 1980년대 후반부터 사회복지전문요원이 배치되었다. 이후 1999년 10월 행정자치부에서 사회복지전문요원의 일반직 전환 및 신규채용 지침을 승인함으로써 공식적으로는 2000년부터 사회복지전담공무원으로 전환되었다.
⑤ 정신보건법 시행에 따라 1997년 정신보건전문요원으로서 정신보건사회복지사 자격이 제정되었고, 학교사회복지사는 2018년 사회복지사업법 개정(2020년 시행)으로 법정 국가자격이 되었다.

빈칸에 들어갈 알맞은 말을 채워보자

09-03-10
01 사회복지 시설평가 제도가 법제화된 것은 (   )년이다.

02 1921년 설립된 (   )은/는 인보관운동의 성격을 가졌으며, 우리나라 지역사회복지사업의 시초로 평가되고 있다.

03 1992년 개정된 (①   )법을 통해 시·군·구 및 읍·면·동 단위에서 사회복지사업에 관한 업무를 담당할 (②   )에 관한 규정이 마련되었다.

14-03-23
04 1987년부터 (   )이/가 별정직 공무원으로 공공영역에 배치되었다.

09-03-10
05 사회복지사 1급 국가자격시험은 (   )년에 첫 시행되었다.

06 2000년대 중반 도입된 (   )을/를 통해 지역 단위의 복지계획이 수립되고 있다.

11-03-14
07 1967년 한국사회사업가협회가 탄생했고, 1985년 (   )(으)로 개칭하였다.

12-03-06
08 (   )년 제정된 정신보건법에 따라 정신보건사회복지사 자격제도가 실시되었으며, 현재는 정신건강사회복지사로 변화하였다.

> **답** **01** 1997 **02** 태화여자관 **03** ① 사회복지사업 ② 사회복지전담공무원 **04** 사회복지전문요원 **05** 2003
> **06** 지역사회복지협의체(현 지역사회보장협의체) **07** 한국사회복지사협회 **08** 1995

사회복지실천현장에 대한 이해

이 장에서는

실천현장을 1차 현장/2차 현장, 이용시설/생활시설, 공공기관/민간기관 등의 기준에 따라 구분할 수 있어야 한다. 사회복지사의 역할을 살펴보는 문제도 간혹 등장하는데 중개자, 중재자, 조정자 등은 헷갈리지 않도록 하자.

10년간 출제분포도

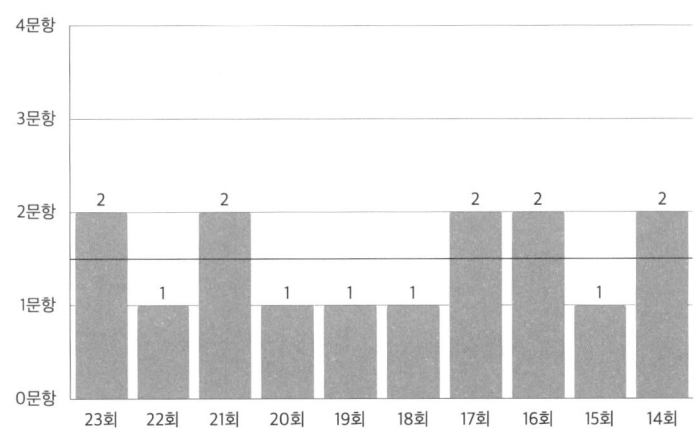

평균 출제문항수

1.5
문항

실천현장의 분류

이론요약

기관의 기능에 따른 분류

▶ **1차 현장**

• 사회복지서비스 제공이 기관의 주된 기능

• 지역사회복지관, 노인복지관, 지역아동센터, 자활지원센터 등

▶ **2차 현장**

• 기관의 일차적인 기능은 따로 있으며, 필요에 의해 사회복지서비스를 제공하는 것

• 의료기관, 교정시설, 학교사회복지, 동주민센터, 어린이집(보육시설) 등

주거서비스 제공 여부

▶ **생활시설**

• 주거서비스를 포함한 사회복지서비스를 제공하는 기관

• 장애인거주시설, 아동양육시설, 청소년쉼터, 치매요양센터, 그룹홈

▶ **이용시설**

• 주거서비스를 제공하지 않음

• 사회복지관, 장애인복지관, 청소년상담센터, 주간보호센터

기관 설립주체 및 재원조달방식

▶ **공공기관**

• 정부 또는 정부 지원에 의해 운영되는 기관

• 행정체계와 집행체계로 나뉨

▶ **민간기관**

• 사회복지 관련 사업을 목적으로 하는 기관

• 기부금이나 후원금·재단 전입금, 기타 서비스 이용료를 재원으로 함

• 사회복지법인이나 재단법인, 사단법인, 종교단체, 시민단체 등

기본개념

사회복지실천론
pp.85~

서비스 제공방식

- 직접서비스기관: 지역사회복지관, 아동양육시설, 지역자활센터 등 클라이언트에게 **사회복지서비스를 직접 제공**하는 기관
- 간접서비스기관: 자원봉사센터, 사회복지공동모금회, 사회복지협의회 등 클라이언트에게 **서비스를 직접 제공하지 않지만** 사회복지서비스와 관련된 기관

기출문장 CHECK

01 (23-03-07) 지역아동센터는 1차 현장이며, 이용시설이다.

02 (22-03-08) 교정시설은 2차 현장이다.

03 (22-03-08) 장애인거주시설, 노인요양원 등은 생활시설이다.

04 (21-03-13) 사회복지관은 1차 현장, 종합병원은 2차 현장이다.

05 (21-03-13) 발달장애인지원센터는 이용시설이다.

06 (20-03-07) 양로시설, 사회복지관, 지역아동센터, 장애인 거주시설 등은 1차 현장에 해당한다.

07 (19-03-05) 재가복지센터, 아동상담소, 주간보호센터, 지역사회복지관 등은 이용시설에 해당한다.

08 (18-03-04) 노인복지관, 지역아동센터는 1차 현장이면서 이용시설이다.

09 (18-03-04) 보건소, 학교 등은 2차 현장이다.

10 (18-03-04) 아동양육시설, 노인요양시설 등은 생활시설이다.

11 (17-03-02) 다문화가족지원센터, 지역아동센터, 장애인복지관, 사회복지관 등은 이용시설이다.

12 (17-03-02) 사회복지공동모금회, 사회복지협의회 등은 간접서비스기관이다.

13 (17-03-02) 사회복지공동모금회, 한국사회복지사협회 등은 민간기관이다.

14 (16-03-11) 노인의료복지시설, 자립지원시설 등을 생활시설이다.

15 (15-03-02) 아동보호치료시설은 생활시설이다.

16 (15-03-02) 어린이집은 이용시설이다.

17 (14-03-17) 보호관찰소는 2차 현장이며, 자활지원센터는 1차 현장이다.

18 (12-03-12) 요양병원은 2차 현장이며 생활시설이다.

19 (12-03-12) 청소년쉼터는 1차 현장이며 생활시설이다.

20 (09-03-02) 노인복지관은 재가노인서비스를 제공하는 이용시설이다.

21 (07-03-07) 장애인 직업재활시설은 이용시설이다.

22 (06-03-23) 사회복지관에서 자원봉사자 교육을 진행하는 것은 1차 현장에서의 실천활동이다.

23 (05-03-09) 종합사회복지관 및 장애인복지관은 모두 1차 현장이다.

24 (04-03-27) 가정폭력피해자 보호시설(쉼터)은 생활시설이다.

25 (03-03-08) 아동양육시설은 1차 현장이다.

26 (02-03-08) 교정시설 및 행정복지센터는 2차 현장에 해당한다.

27 (02-03-08) 가정, 병원, 교회, 사회복지기관 모두 사회복지 실천현장이라고 볼 수 있다.

대표기출 확인하기

23-03-07 난이도 ★★☆

사회복지 실천현장의 예와 분류의 연결로 옳은 것은?

① 지역아동센터 – 1차 현장, 이용시설
② 행정복지센터 – 1차 현장, 생활시설
③ 노인요양공동생활가정 – 1차 현장, 이용시설
④ 아동보호전문기관 – 2차 현장, 생활시설
⑤ 지역자활센터 – 2차 현장, 이용시설

 알짜확인

- 이용시설을 1차 현장, 생활시설을 2차 현장이라고 생각하는 수험생들이 간혹 있는데 절대 아니다. 이용시설과 생활시설은 주거서비스를 제공하는가에 따라, 1차 현장과 2차 현장은 주요 기능이 사회복지인가에 따라 나뉜다.
- 사회복지관처럼 흔히 아는 시설의 경우 판단하기 쉽지만 다소 생소한 시설은 헷갈릴 수 있어 문제에 어떤 시설이 제시되었는가에 따라 정답률이 들쑥날쑥하게 나타나고 있으므로 시설의 사업과 성격을 파악하여 구분할 수 있도록 하는 연습이 필요하다.

답 ①

✅ **응시생들의 선택**

① 82%	② 1%	③ 2%	④ 4%	⑤ 11%

② 행정복지센터는 2차 현장이며, 이용시설이다.
③ 노인요양공동생활가정은 2차 현장이며, 생활시설이다. 노인요양공동생활가정은 「노인복지법」에 의거한 노인의료복지시설로서, 치매 및 중풍 등 노인성 질환이 있는 노인을 대상으로 요양의 기능을 우선하므로 2차 현장이다.
④ 아동보호전문기관은 1차 현장이며, 이용시설이다. 아동보호전문기관은 「아동복지법」에 의거한 시설로서 학대받은 아동의 발견, 보호, 치료에 대한 신속처리 및 학대예방을 담당하는 1차 현장이다. 임상치료전문인력(「아동복지법」 시행령에 1명 배치 명시)도 근무하지만 주된 업무를 하는 다수의 종사인력은 사회복지사이므로 1차 현장이다.
⑤ 지역자활센터는 1차 현장이며, 이용시설이다. 지역자활센터는 「국민기초생활보장법」에 의한 1차 현장으로서 수급자 및 차상위자의 자활촉진에 필요한 교육, 정보제공, 취업알선, 자활기업 설립과 운영지원 등의 업무를 수행한다.

관련기출 더 보기

22-03-08 난이도 ★★☆

사회복지실천현장 분류의 예로 옳지 않은 것은?

① 1차 현장: 노인복지관
② 이용시설: 아동보호치료시설
③ 생활시설: 장애인거주시설
④ 2차 현장: 교정시설
⑤ 생활시설: 노인요양원

답 ②

✅ **응시생들의 선택**

① 3%	② 79%	③ 3%	④ 8%	⑤ 7%

② 아동보호치료시설은 아동이 입소하여 서비스를 받는 시설로 생활시설에 해당한다.

20-03-07 난이도 ★☆☆

사회복지실천현장의 기능과 목적에 따른 분류에서 1차 현장에 해당하지 않는 것은?

① 양로시설
② 교정시설
③ 사회복지관
④ 지역아동센터
⑤ 장애인 거주시설

답 ②

✅ **응시생들의 선택**

① 8%	② 80%	③ 4%	④ 2%	⑤ 6%

② 교정시설은 교도소, 구치소, 보호감호소, 소년원 등을 통칭한다. 교정시설에는 교정 사회복지사가 근무하면서 사회복지 차원의 서비스를 제공하기도 하지만 1차적 목적은 사회복지서비스의 제공이 아닌 교정에 있기 때문에 2차 현장에 해당한다.

이용시설에 해당하지 않는 것은?

① 재가복지센터
② 아동상담소
③ 주간보호센터
④ 아동양육시설
⑤ 지역사회복지관

답 ④

✅ **응시생들의 선택**

① 4%	② 3%	③ 1%	④ 91%	⑤ 1%

④ 주거서비스 제공 여부에 따라 이용시설과 생활시설로 구분되며, 아동양육시설은 생활시설에 해당한다. 아동양육시설은 아동복지법에 따른 아동복지시설 중 하나로, 보호대상아동을 입소시켜 보호, 양육 및 취업훈련, 자립지원 서비스 등을 제공하는 것을 목적으로 하는 시설이다.

사회복지 실천현장 중 생활시설로만 구성된 것은?

① 재가노인복지시설, 장애인지역사회재활시설
② 장애인직업재활시설, 아동보호치료시설
③ 노인의료복지시설, 자립지원시설
④ 정신요양시설, 지역자활센터
⑤ 장애인주간이용시설, 성폭력피해자보호시설

답 ③

✅ **응시생들의 선택**

① 9%	② 14%	③ 45%	④ 10%	⑤ 22%

① 재가노인복지시설, 장애인지역사회재활시설 모두 이용시설이다.
② 장애인직업재활시설은 이용시설에 해당하며, 아동보호치료시설은 생활시설에 해당한다.
④ 정신요양시설은 생활시설, 지역자활센터는 이용시설이다.
⑤ 장애인주간이용시설은 이용시설, 성폭력피해자보호시설은 생활시설이다.

이용시설 – 간접서비스기관 – 민간기관의 예를 순서대로 바르게 나열한 것은?

① 지역아동센터 – 사회복지협의회 – 주민센터
② 장애인복지관 – 주민센터 – 지역사회보장협의체
③ 청소년쉼터 – 사회복지관 – 사회복지공동모금회
④ 사회복지관 – 노인보호전문기관 – 성폭력피해상담소
⑤ 다문화가족지원센터 – 사회복지공동모금회 – 한국사회복지사협회

답 ⑤

✅ **응시생들의 선택**

① 12%	② 21%	③ 5%	④ 12%	⑤ 50%

① 지역아동센터: 이용시설, 사회복지협의회: 간접, 주민센터: 공공
② 장애인복지관: 이용시설, 주민센터: 직접, 지역사회보장협의체: 공공
③ 청소년쉼터: 생활시설, 사회복지관: 직접, 사회복지공동모금회: 민간
④ 사회복지관: 이용시설, 노인보호전문기관: 직접, 성폭력피해상담소: 민간(국가 또는 지자체에서도 설치·운영 가능)

사회복지실천현장 중 1차 현장이면서 동시에 이용시설로만 구성된 것은?

① 노인복지관, 아동상담소, 종합병원
② 보호관찰소, 사회복지관, 정신건강복지센터
③ 학교, 정신건강복지센터, 사회복지관
④ 부랑인시설, 청소년쉼터, 보건소
⑤ 지역자활센터, 지역아동센터, 장애인복지관

답 ⑤

✅ **응시생들의 선택**

① 12%	② 2%	③ 3%	④ 36%	⑤ 47%

① 노인복지관, 아동상담소만 1차 현장이면서 이용시설이다.
② 사회복지관만 1차 현장이면서 이용시설이다. 보호관찰소, 정신건강복지센터는 2차 현장이면서 이용시설이다.
③ 학교는 2차 현장이면서 이용시설이다.
④ 부랑인시설과 청소년쉼터는 1차 현장이지만 생활시설이며, 보건소는 2차 현장이면서 이용시설이다.

다음 내용이 **왜 틀렸는지**를 확인해보자

---

01 공공시설은 1차 현장, 민간시설은 2차 현장으로 구분한다.

> 1차 현장, 2차 현장의 구분은 기관의 기능에 따른 구분이다.

`04-03-27`

02 가정폭력피해자보호시설(쉼터)은 **이용시설**에 해당한다.

> 가정폭력피해자보호시설(쉼터)은 주거 서비스를 제공하기 때문에, 즉 클라이언트가 시설에 입소하여 서비스를 받기 때문에 생활시설에 해당한다.

`12-03-12`

03 정신건강복지센터는 **1차 현장**이며 **이용시설**이다.

> 정신건강복지센터는 2차 현장이며 이용시설이다.

---

04 재가노인복지시설은 이용시설이며, **노인주간보호센터는 생활시설**이다.

> 노인주간보호센터는 이용시설로 재가노인복지시설 중 주간서비스를 제공하는 시설이다. 부득이한 사유로 가족이 보호할 수 없는 낮 시간 동안 시설에서 제공하는 서비스를 받을 수 있다.

---

05 사회복지관은 1차 현장이지만, 노인복지관, 장애인복지관, 아동복지관 등은 **2차 현장**에 해당한다.

> 노인복지관, 장애인복지관, 아동복지관 등은 대상에 따라 특화된 복지관일 뿐 모두 1차 현장에 해당한다.

---

06 사회복지공동모금회, 자원봉사센터, **지역자활센터** 등은 간접서비스기관이다.

> 지역자활센터는 기초생활 수급자 및 차상위계층, 저소득층 주민들에게 직업훈련, 자활교육, 직업알선 등의 서비스를 지원하는 직접서비스기관이다.

빈칸에 들어갈 알맞은 말을 채워보자

01 학교, 보호관찰소, 의료기관 등 기관의 일차적인 기능은 따로 있으며, 필요에 의해 사회복지서비스를 제공하는 기관을 (   )차 현장이라고 한다.

02 사회복지관이나 지역아동센터처럼 주거서비스를 제공하지 않는 시설을 (   )시설이라고 한다.

03 (   )시설은 주거서비스를 포함한 사회복지서비스를 제공하는 시설을 말한다.

`12-03-12`
04 청소년쉼터는 (①   )차 현장이며 (②   )시설이다.

05 아동양육시설은 (①   )차 현장이며, 영유아 어린이집은 (②   )차 현장이다.

`09-03-02`
06 노인복지관은 재가노인서비스를 제공하는 (   )시설이다.

07 이용자에게 사회서비스를 직접 제공하는 기관이 직접 서비스 기관이라면, 사회복지공동모금회나 자원봉사센터와 같이 서비스를 직접 제공하지 않으면서도 사회복지의 실현을 위해 운영되는 기관을 (   ) 서비스 기관이라고 한다.

`17-03-02`
08 기관의 설립주체에 따라 구분할 때 지역사회보장협의체는 공공기관이며, 한국사회복지사협회는 (   ) 기관이다.

`18-03-04`
09 장애인복지관, 노인복지관, 지역아동센터는 (①   )차 현장이면서 (②   )시설이다.

`03-03-08`
10 모자가족복지시설은 (①   )차현장이고, 보건소는 (②   )차현장이다.

답 **01** 2 **02** 이용 **03** 생활 **04** ① 1 ② 생활 **05** ① 1 ② 2 **06** 이용 **07** 간접 **08** 민간 **09** ① 1 ② 이용 **10** ① 1 ② 2

다음 내용이 옳은지 그른지 판단해보자

11-03-27
01 지역아동센터는 민간기관이다. ⓞⓧ

11-03-27
02 보건소는 1차 현장에 해당한다. ⓞⓧ

17-03-02
03 사회복지공동모금회는 공공기관이다. ⓞⓧ

22-03-08
04 노인요양시설은 이용시설이다. ⓞⓧ

14-03-16
05 청소년쉼터는 생활시설이다. ⓞⓧ

21-03-13
06 노인보호전문기관은 생활시설이다. ⓞⓧ

21-03-13
07 발달장애인지원센터는 이용시설이다. ⓞⓧ

답 01 ○ 02 × 03 × 04 × 05 ○ 06 × 07 ○

해설 **02** 보건소는 2차 현장에 해당한다.
03 사회복지공동모금회는 민간기관이다.
04 노인요양시설은 생활시설이다.
06 노인보호전문기관은 노인복지법상 국가 및 지방자치단체가 노인학대 관련 문제에 관한 지역 간 연계체계를 구축하고 노인학대를 예방하기 위해 설치·운영하는 기관이다. 노인학대 신고 전화 운영 및 사례접수, 현장조사, 상담 및 사례관리가 주된 사업이기 때문에 이용시설에 해당한다. 쉼터를 직접 운영하는 기관도 있지만 그렇지 않은 기관도 있어 사례에 따라 쉼터 입소가 필요한 경우 네트워크를 통해 연계·의뢰한다.

069 사회복지사의 역할

강의 QR코드

1회독 월 일 2회독 월 일 3회독 월 일

최근 10년간 **4문항** 출제

복습 1 이론요약

 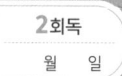 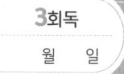
23회 기출 21회 기출

사회복지사의 다양한 역할

- **중개자**: 도움을 필요로 하는 **클라이언트와 자원 및 서비스를 연결**하는 역할
- **중재자**: 양자 간의 논쟁에 개입하여 타협, 차이점 조정 혹은 상호 간 만족스러운 **합의점을 도출**해내는 역할
- **옹호자**: 사회정의를 지키고 유지하려는 목적으로 **표적집단에 대해 개인, 집단, 지역사회의 입장을 직접적으로 대변 · 보호 · 개입 · 지지**
- 조력자: 클라이언트가 스스로 문제를 해결할 수 있도록 역량을 강화하고 자원을 찾을 수 있도록 돕는 역할
- 교사(교육자): 전문적 지식이나 기술, 정확한 정보를 제공
- 행동가(활동가): 사회적 불평등, 차별 등에 맞서 기본적인 제도 변화를 추구
- 협상가: 갈등 상황에 있는 양자 사이에서 합의를 이끌어내는 역할(중재자가 중립적 입장이라면 협상가는 피해집단 등 어느 한편에 선다는 차이가 있음)
- **조징자: 사례관리자로시의 역할**
- 계획가: 클라이언트나 주민의 욕구에 맞는 서비스 및 프로그램 개발, 정책 개발

기본개념

사회복지실천론
pp.90~

기능에 따른 분류

- 직접적 서비스 제공: 상담가, 가족치료사, 집단지도자 등
- 체계와 연결: 중개자, 사례관리자, 중재자, 클라이언트 옹호자 등
- 체계 유지 및 강화: 조직분석가, 촉진자, 팀성원, 자문가 등
- 연구 · 조사자: 프로그램 평가자, 조사자 등
- 체계개발: 프로그램 개발자, 기획가 등

01 (23-03-13) 협상가: 갈등상황에 있는 사람들 간의 합의를 이끌어내기 위해 어느 한쪽과 동맹을 맺고 타협하는 역할

02 (23-03-13) 창시자: 관심을 끌어오지 못한 문제에 대중이 관심을 갖도록 집중시키는 역할

03 (21-03-02) 중재자: 양자 간의 논쟁에 개입하여 중립을 지키면서 상호합의를 이끌어내는 역할

04 (17-03-06) 옹호자: 클라이언트 권익 변호

05 (17-03-06) 계획자: 변화과정 기획

06 (17-03-06) 연구자: 개입효과 평가

07 (17-03-06) 교육자: 지식과 기술 전수

08 (16-03-04) 중개자(broker): 가족이 없는 중증장애인에게 주거시설을 소개해주는 것

09 (16-03-04) 중재자(mediator): 갈등으로 이혼위기에 처한 부부 관계에 개입하여 상호 만족스러운 합의점을 도출하는 것

10 (16-03-04) 옹호자(advocate): 장애학생의 교육권 확보를 위해 학교당국에 편의시설을 요구하는 것

11 (16-03-04) 조력자(enabler): 알코올중독자가 자신의 문제를 깨닫고 금주방법을 찾도록 도와주는 것

12 (13-03-02) 사회복지사는 유용한 자원에 대한 정보나 이용 능력이 부족한 클라이언트를 위해 사례관리자, 옹호자, 조력자, 중개자 등의 역할을 수행할 수 있다.

13 (10-03-29) 학교폭력 가해학생에게 분노조절 프로그램을 소개하는 것은 중개자로서의 역할이다.

14 (10-03-29) 돌봄서비스를 받고 있는 노인과 직원 간 갈등을 해결하는 것은 중재자로서의 역할로 볼 수 있다.

15 (08-03-09) 교사, 상담가 등의 역할은 미시적 수준에서 대면 서비스를 제공하는 사회복지사의 역할이다.

16 (06-03-14) 사회복지사가 타 기관의 요청에 따라 프로그램 개발과 관련된 전문적인 조언을 제공한 경우는 전문가로서의 역할에 해당한다.

17 (05-03-08) 이주노동자의 임금체불 문제를 제기하고 해결하려는 사회복지사의 역할은 옹호자로서의 역할에 해당한다.

18 (02-03-32) 사회복지사는 교육자로서 부모에게 자녀 양육기술을 가르칠 수도 있다.

대표기출 확인하기

23-03-13 난이도 ★★★

사회복지사의 역할에 관한 설명으로 옳은 것은?

① 협상가(negotiator): 갈등상황에 있는 사람들 간의 합의를 이끌어내기 위해 어느 한쪽과 동맹을 맺고 타협하는 역할
② 중개자(broker): 불이익을 받는 집단을 위해 특정 제도를 변화, 개선하는 역할
③ 중재자(mediator): 흩어져 있는 서비스들을 조식석인 형태로 정리하는 역할
④ 조력자(enabler): 관심을 끌어오지 못한 문제에 대중이 관심을 갖도록 집중시키는 역할
⑤ 교육자(educator): 권리침해나 불평등 이슈에 관심을 갖고 연대를 통해 변화를 이끄는 역할

▶ 알짜확인

• 사회복지사는 다양한 역할을 수행하게 되는데, 사회복지사의 실천활동이 어디에 주요 초점을 두고 있느냐에 따라 그 역할을 구분할 수 있다. 각 역할마다 중첩되는 부분도 있지만 주된 내용은 다르므로 이를 잘 파악하여 구분해두도록 하자.
• 사회복지사는 한번에 하나의 역할만 하게 되는 것은 아니기 때문에 다양한 역할을 동시에 수행하게 됨에 따라 역할갈등을 겪을 수 있다는 점도 같이 기억해두자.

답 ①

✔ 응시생들의 선택

① 73%	② 3%	③ 6%	④ 16%	⑤ 2%

② 불이익을 받는 집단을 위해 특정 제도를 변화, 개선하는 역할은 옹호자이며, 이는 집단옹호에 속한다.
③ 흩어져 있는 서비스들을 조직적인 형태로 정리하는 역할은 조정자이다.
④ 관심을 끌어오지 못한 문제에 대중이 관심을 갖도록 집중시키는 역할은 창시자이다.
⑤ 권리침해나 불평등 이슈에 관심을 갖고 연대를 통해 변화를 이끄는 역할은 행동가이다. 행동가는 사회적 불평등에 관심을 가지고 대중의 힘을 동원하기 위해 사람들을 조직하고 연대하여 제도 변화를 추구하는 역할을 한다.

관련기출 더 보기

21-03-02 난이도 ★★★

양자 간의 논쟁에 개입하여 중립을 지키면서 상호 합의를 이끌어내는 사회복지사의 역할은?

① 중개자　　　　② 조정자
③ 중재자　　　　④ 옹호자
⑤ 교육자

답 ③

✔ 응시생들의 선택

① 3%	② 7%	③ 87%	④ 2%	⑤ 1%

① 중개자: 도움을 필요로 하는 클라이언트와 자원 및 서비스를 연결하는 역할
② 조정자: 다양한 기관에서 산발적으로 주어지는 서비스들을 조직적인 형태로 정리하는 역할
④ 옹호자: 불이익을 받는 개인, 집단, 지역사회의 입장을 대변·보호·지지하는 활동
⑤ 교육자: 클라이언트의 사회적 기능이나 문제해결 능력이 향상될 수 있도록 정보·기술 제공

17-03-06 난이도 ★★★

사회복시사의 역할에 관한 설녕으로 옳시 않은 것은?

① 옹호자: 클라이언트 권익 변호
② 계획자: 변화과정 기획
③ 연구자: 개입효과 평가
④ 교육자: 지식과 기술 전수
⑤ 중개자: 조직이나 집단 갈등 해결

답 ⑤

✔ 응시생들의 선택

① 2%	② 3%	③ 10%	④ 2%	⑤ 83%

⑤ 중개자의 역할은 도움을 필요로 하는 클라이언트와 자원 및 서비스를 연결하는 역할이다. 조직이나 집단 간에 일어나는 논쟁, 갈등 상황에 개입하여 합의점을 도출해내는 데 초점을 두는 역할은 중재자의 역할에 해당한다.

다음 내용이 **옳은지 그른지** 판단해보자

01 사회복지사의 다양한 역할은 명확한 구분이 가능하다.

`13-03-02`
02 사회복지사는 유용한 자원에 대한 정보나 이용 능력이 부족한 클라이언트를 위해 중개자, 사례관리
자, 조력자, 조직분석가로서 역할을 수행한다.

`08-03-09`
03 사회복지사가 수행하는 교사, 상담가, 행동가로서의 역할은 미시 수준에서 이루어지는 실천활동이다.

`21-03-02`
04 중재자로서의 역할은 클라이언트나 피해집단의 편에 서서 갈등을 해결하는 데에 초점을 둔다.

`10-03-29`
05 사회복지사는 옹호자로서 미등록 이주노동자 자녀가 교육을 받을 수 있도록 관계법 개정을 제안할
수 있다.

`12-03-24`
06 사회복지사가 수행하는 체계 개발 기능에는 대표적으로 옹호자로서의 역할이 있다.

`01-03-05`
07 거동이 불편한 독거노인에게 병원에 동행할 자원봉사자를 연계해주는 사회복지사의 역할은 중개자
로서의 역할이다.

08 사회복지사는 옹호자로서 표적집단에 대해 클라이언트의 입장을 직접 대변함으로써 클라이언트의
권리를 보호한다.

답 **01** × **02** × **03** × **04** × **05** ○ **06** × **07** ○ **08** ○

해설 **01** 다양한 역할은 사실상 중첩되는 부분들도 있기 때문에 명확한 구분은 어렵지만 각 역할마다 주요 초점은 다르다.
02 조직분석가(analyst)는 서비스 전달 시 효율성을 떨어뜨리는 기관의 정책·기능적 관계를 평가하는 역할로서 체계유지 및 강화의 역할을 한다.
03 기존의 제도 개선을 추진하는 행동가로서의 역할은 거시 수준에서 진행된다.
04 중재자로서의 역할은 어느 한 편에 서기보다는 제3자의 입장에서 객관적으로 양자 간의 타협을 도출해내는 데에 초점을 둔다.
06 옹호자로서의 역할은 체계 연결 기능에 해당한다. 체계 개발 기능은 프로그램 개발자, 기획자 등의 역할이 해당된다.

사회복지실천의 주요 관점 및 이론

이 장에서는

통합적 접근의 등장배경 및 주요 특징을 살펴보고, 통합적 접근과 관련한 체계이론, 생태체계관점, 4체계 및 6체계모델 등을 학습한다. 자주 출제되는 내용들을 잘 정리해두고, 4체계 및 6체계모델은 사례제시형 문제를 훈련해야 한다. 이와 함께 강점관점을 기반으로 한 역량강화모델 및 다문화관점에 대해서도 살펴본다.

10년간 출제분포도

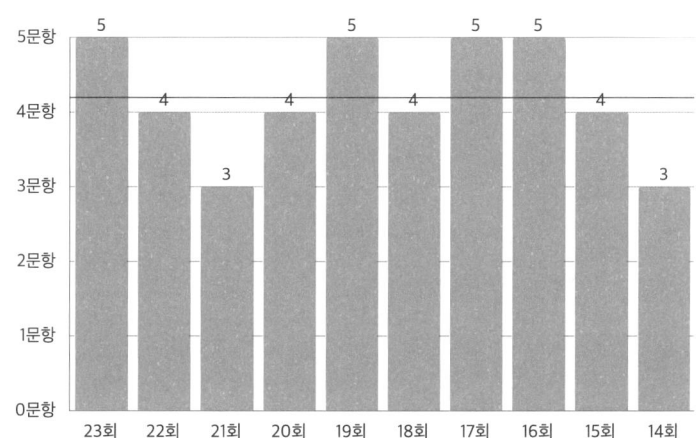

4.2
문항

평균 출제문항수

통합적 접근의 등장배경 및 특징

강의 QR코드

1 회독	2 회독	3 회독
월 일	월 일	월 일

최근 10년간 **8문항** 출제

복습
1 이론요약

23회 기출 22회 기출 21회 기출 20회 기출 19회 기출

통합적 접근의 개념

개인, 집단, 지역사회에서 제기되는 사회문제에 활용할 수 있는 공통된 원리나 개념을 제공하는 방법의 통합화를 의미

기본개념

사회복지실천론
pp.100~

통합적 접근의 등장배경

- 전통적 방법론에 따른 접근은 주로 특정 문제를 중심으로 개입함에 따라 **복합적인 문제에 대해 개입**하기 위한 방법론을 모색하게 되었다.
- 전통적인 방법에서는 문제 중심으로 개입함에 따라 분화와 전문화가 강조되었고 이는 **서비스의 파편화**로 이어졌다. 클라이언트의 문제는 다양한 문제가 복합적으로 얽혀있는 경우가 많은데 어디서 어떤 서비스를 받아야 할지에 대한 혼란과 여러 기관을 찾아 다녀야 하는 불편이 일어났다.
- 공통된 기반 없이 각각의 영역이 분절적으로 발전하면서 각 분야별 사회복지사 간 **의사소통과 협력에 어려움이 발생**하게 되었다.
- 사회복지실천의 공통요소에 대한 필요성이 제기되면서 1929년 밀포드회의에서는 8개 영역의 공통요소를 발표하였다. 이후 1960~70년대에 통합적 방법에 대한 이론과 모델들이 활발하게 제시되었다.

통합적 방법론의 특징

- **일반주의 접근:** 사회복지실천 과정에서 개인, 집단, 지역사회를 대상으로 개입할 때 적용할 수 있는 **원리나 개념 등 공통된 기반이 있음을 전제로 함**
- 인간이나 환경 중심의 접근으로 이분화하는 것이 아니라 이 두 체계 간의 공유영역에 개입함
- **순환적 인과론 적용**
- **경험적으로 검증된 개입방법 선호**
- 특정 이론을 따르지 않으며 전통적 접근도 활용(정신분석이론을 배제하지 않음)
- 클라이언트의 존엄성 존중
- 클라이언트의 참여, 자기결정권, 개별화 강조
- 클라이언트의 잠재성 및 성장가능성을 바탕으로 한 미래지향적 관점

통합적 방법에서 지향하는 실천요소

- 생태체계적 관점
- 광범위하고 포괄적으로 문제를 규정함
- 개인, 가족, 집단, 지역사회 등 다양한 수준에서 접근
- 체계와 환경 간 관계를 중요시함
- 이론과 개입방법을 개방적으로 선택함(다양한 이론과 개입방법을 선택적으로 활용, 특정 이론을 고집하지 않음)
- 사회복지실천과정을 점진적으로 문제를 해결하는 과정, 즉 문제해결 과정으로 봄

'환경 속의 인간(PIE)' 관점

- 개인과 환경 간 상호작용 증진의 책임을 개인, 환경 모두에게 두는 것을 의미
- 인간이 경험하는 각종 사회복지적 문제를 개인 또는 환경 중 어느 한쪽의 결함으로 보기보다는 개인적 요소와 환경적 요소가 서로 어우러져 나타난 결과로 보는 관점
- PIE 분류체계
  - 요소 1. 사회적 기능 수행상 문제: 클라이언트의 사회적 역할문제 확인 및 묘사. 문제의 유형, 문제에 따른 어려움의 정도, 대응능력 등
  - 요소 2. 환경상의 문제: 요소 1에 영향을 주고 있는 환경상의 문제 묘사. 환경조건, 문제의 지속기간 등
  - 요소 3. 정신건강 문제: 클라이언트의 현재 정신적, 성격적 혹은 발달상의 장애 혹은 상태
  - 요소 4. 신체건강 문제: 사회적 역할 수행과 환경에 관한 문제를 살펴보고, 문제를 지속시킬 수 있는 현재의 신체적 장애 혹은 상태를 표시

01 (23-03-15) 전통적 방법이 지나치게 분화되어 서비스의 파편화를 초래하였기에 통합적 접근방법이 등장하였다.

02 (23-03-15) 전통적 방법이 공통기반을 전제하지 않아 정체성 확립에 어려움이 발생하였기에 통합적 접근방법이 등장하였다.

03 (23-03-15) 전통적 방법이 전문화 중심으로 교육되어 사회복지사의 분야별 이동을 어렵게 하였기에 통합적 접근방법이 등장하였다.

04 (22-03-13) 통합적 접근은 클라이언트의 참여와 개별성을 강조한다.

05 (22-03-13) 통합적 접근에서는 클라이언트의 잠재력에 대해 미래지향적 관점을 갖는다.

06 (22-03-13) 통합적 접근은 사회복지실천 과정에서 공통적으로 적용 가능한 개념이나 원리 등이 있음을 전제한다.

07 (21-03-12) 통합적 접근은 생태체계 관점에서 인간과 환경 체계를 고려한다.

08 (21-03-12) 통합적 접근은 미시 수준에서 거시 수준에 이르는 다차원적 접근을 한다.

09 (20-03-09) 통합적 접근은 전통적인 방법론의 한계로 인해 등장했다.

10 (20-03-09) 통합적 접근에서는 인간의 행동은 환경과 연결되어 있다고 전제한다.

11 (20-03-09) 통합적 접근은 클라이언트의 참여와 자기결정권을 강조한다.

12 (20-03-09) 통합적 접근은 궁극적으로 클라이언트의 삶의 질 향상을 돕고자 한다.

13 (19-03-12) 통합적 접근은 생태체계관점을 토대로 한다.

14 (19-03-12) 통합적 접근은 체계와 체계를 둘러싼 환경 간의 관계를 중시한다.

15 (19-03-12) 통합적 접근은 문제에 대해 광범위하고 포괄적으로 접근한다.

16 (19-03-12) 통합적 접근은 사회복지실천과정을 점진적 문제해결과정으로 본다.

17 (18-03-19) 통합적 방법을 통해 다양한 클라이언트 체계와 수준에 접근할 수 있다.

18 (16-03-06) 통합적 방법은 일반주의(generalist) 실천에서 활용하는 접근방법이다.

19 (15-03-09) 통합적 방법에서 사회복지사는 다양한 모델과 기술을 활용한다.

20 (15-03-09) 통합적 방법에서는 경험적으로 검증된 개입방법을 우선적으로 적용한다.

21 (13-03-09) PIE 분류체계: 정신건강상 문제, 신체건강상 문제, 사회기능상 문제, 환경상 문제

22 (12-03-13) 통합적 모델은 서비스 분화 및 파편화 문제의 해결에 초점을 두고 등장했다.

23 (10-03-14) '환경 속 인간' 관점에 따른 실천은 개인과 환경 간 상호작용 증진을 위해 환경변화를 시도하며 개인의 역량을 강화한다.

24 (10-03-19) 통합적 접근에서 사회복지사는 다양한 실천모델을 개방적으로 적용한다.

25 (10-03-22) 클라이언트의 문제는 여러 체계의 상호작용 결과라는 인식이 확산됨에 따라 통합적 접근에 대한 요구도 커졌다.

26 (09-03-11) '환경 속 인간' 관점은 인간과 환경 모두에 초점을 둔다.

27 (09-03-14) 통합적 접근 방법의 등장으로 개인, 가족, 지역사회 등 다양한 체계에 대한 사정과 개입이 가능하게 되었다.

28 (09-03-14) 통합적 접근 방법의 등장으로 클라이언트 욕구에 따른 맞춤형 원조가 가능하게 되었다.

29 (08-03-13) 통합적 접근은 전통적 방법을 활용하기도 한다.

대표기출 확인하기

22-03-13 난이도 ★★★

통합적 접근 방법에 관한 설명으로 옳지 않은 것은?

① 클라이언트의 참여와 개별성을 강조한다.
② 광범위하고 포괄적으로 문제를 규정한다.
③ 클라이언트의 잠재력에 대해 미래지향적 관점을 갖는다.
④ 전통적 접근 방법인 개별사회사업과 집단사회사업을 지역사회조직으로 통합하였다.
⑤ 사회복지실천 과정에서 공통적으로 적용 가능한 개념이나 원리 등이 있음을 전제한다.

 알짜확인

• 사회복지실천에 있어 통합적 방법이 등장하게 된 배경을 살펴봐야 한다.
• 등장배경을 바탕으로 주요 특징을 정리해두어야 한다. 주의할 점은 통합적 방법이 전통적 방법의 한계를 지적하면서 제기되었으나 그렇다고 해서 전통적 방법을 배척하는 것은 아니라는 점이다. 이로 인해 통합적 접근의 실천에서는 필요에 따라 전통적 방법의 개념과 기법들을 활용한다.

답 ④

✓ 응시생들의 선택

① 14%	② 26%	③ 9%	④ 33%	⑤ 18%

④ 통합적 접근은 사회복지실천의 전통적 3대 방법론인 개별사회사업, 집단사회사업, 지역사회조직의 구분에서 벗어나 개인과 집단, 지역사회를 구분하지 않고 포괄적으로 개입할 수 있는 방법론으로서 등장하였다.

관련기출 더 보기

23-03-15 난이도 ★★☆

통합적 접근방법의 등장배경에 관한 설명으로 옳은 것을 모두 고른 것은?

ㄱ. 전통적 방법이 지나치게 분화되어 서비스의 파편화를 초래하였다.
ㄴ. 전통적 방법이 공통기반을 전제하지 않아 정체성 확립에 어려움이 발생하였다.
ㄷ. 전통적 방법이 복잡한 문제에 포괄적으로 개입하여 전문성이 부족하였디.
ㄹ. 전통적 방법이 전문화 중심으로 교육되어 사회복지사의 분야별 이동을 어렵게 하였다.

① ㄱ, ㄴ, ㄷ
② ㄱ, ㄴ, ㄹ
③ ㄱ, ㄷ, ㄹ
④ ㄴ, ㄷ, ㄹ
⑤ ㄱ, ㄴ, ㄷ, ㄹ

답 ②

✓ 응시생들의 선택

① 23%	② 46%	③ 6%	④ 5%	⑤ 20%

ㄷ. 전통 3대 방법론이 클라이언트의 복합적 문제에 대해 개인, 집단, 지역사회 차원에서 각각 전문화하여 분절적으로 개입함으로써 서비스의 산재성 문제가 심화되었기 때문에 이러한 분절성과 산재성의 문제를 극복하기 위해 모든 실천의 공통기반에 근거하여 포괄적 개입을 하고자 통합적 접근법이 등장하였다.

통합적 접근의 특징에 관한 내용으로 옳지 않은 것은?

① 생태체계 관점에서 인간과 환경 체계를 고려한다.
② 미시 수준에서 거시 수준에 이르는 다차원적 접근을 한다.
③ 개입에 적합한 이론과 방법을 폭넓게 활용한다.
④ 다양하고 복합적인 원인으로 발생하는 문제를 해결하기 위한 접근이다.
⑤ 서비스 영역별로 분화되고 전문화된 접근이다.

답 ⑤

✔ **응시생들의 선택**

① 7%	② 3%	③ 4%	④ 6%	⑤ 80%

⑤ 전통적 방법은 특정 문제를 중심으로 분화되고 전문화되었기 때문에 이로 인해 서비스가 파편화됨에 따라 다양한 문제가 뒤엉켜있는 클라이언트는 서비스를 받기 위해 여러 기관들을 찾아다녀야 하는 상황이 되었고 사회복지사는 다양한 문제에 적절히 개입하기 어려워졌다. 이러한 상황을 타개하기 위한 방안으로 사회복지실천의 공통기반을 정리하기 위한 시도와 통합적 방법론이 등장하게 되었다.

통합적 방법의 특징으로 옳지 않은 것은?

① 실천의 유용한 이론적 틀로서 생태체계적 관점에 기초한다.
② 개인과 체계 간의 상호작용에 초점을 둔다.
③ 사회복지사는 미시적 수준에서부터 거시적 수준의 실천까지 다양한 체계에 개입한다.
④ 인간에 초점을 두거나 환경에 초점을 두는 2궤도 접근이다.
⑤ 일반주의(generalist) 실천에서 활용하는 접근방법이다.

답 ④

✔ **응시생들의 선택**

① 3%	② 2%	③ 2%	④ 69%	⑤ 24%

④ 인간 중심의 접근이나 환경 중심의 접근으로 이분화하는 것이 아니라 인간과 환경의 상호작용에 초점을 두기 때문에 두 체계 간의 공유영역에 개입한다.

사회복지실천에서 통합적 접근 방법에 관한 내용으로 옳지 않은 것은?

① 전통적인 방법론의 한계로 인해 등장
② 클라이언트의 참여와 자기결정권 강조
③ 인간의 행동은 환경과 연결되어 있음을 전제
④ 이론이 아닌 상상력에 근거를 둔 해결방법 지향
⑤ 궁극적으로 클라이언트의 삶의 질 향상을 돕고자 함

답 ④

✔ **응시생들의 선택**

① 3%	② 1%	③ 1%	④ 94%	⑤ 1%

④ 통합적 접근 방법에서는 다양한 이론과 개입 방법을 개방적으로 선택한다. 특정 이론에 얽매이지 않는다는 것뿐이지 이론을 배제한 채 해결방법을 찾는다는 의미는 아니다.

통합적 접근 방법에서 사회복지사의 활동 원칙이 아닌 것은?

① 클라이언트와 협동노력 강조
② 병리보다 강점을 강조
③ 다양한 모델과 기술을 활용
④ 경험적으로 검증된 개입방법을 우선 적용
⑤ 이론에 기초한 개입원리와 기법보다 직관과 창의적 방법 중시

답 ⑤

✔ **응시생들의 선택**

① 1%	② 2%	③ 1%	④ 16%	⑤ 80%

⑤ 통합적 접근은 특정 이론적 접근에 얽매이지 않고 다양한 이론과 개입방법을 선택적으로 활용함을 말하는 것이지, 이론을 배제하는 것은 아니다.

상호작용 맥락을 이해하기 위한 PIE(Person-In-Environment) 분류체계에 포함되지 않는 것은?

① 정신건강상 문제
② 신체건강상 문제
③ 사회기능상 문제
④ 가족구조상 문제
⑤ 환경상 문제

답 ④

✓ 응시생들의 선택

① 13%	② 23%	③ 7%	④ 10%	⑤ 47%

④ PIE 분류체계에서는 사회적 기능 수행상 문제, 환경상 문제, 정신건강 문제, 신체건강 문제 등 4가지로 분류하였다.

다음 내용에 적합한 실천모델은?

- 순환적 원인론 적용
- 환경 속의 인간 개념 활용
- 공통의 문제해결 과정의 도출
- 서비스 분화 및 파편화 문제의 해결

① 통합적 모델
② 해결중심모델
③ 기능주의모델
④ 진단주의모델
⑤ 인지행동모델

답 ①

✓ 응시생들의 선택

① 79%	② 13%	③ 4%	④ 1%	⑤ 4%

① 통합적 모델에 관한 내용이다.

통합적 접근의 특성에 해당하는 것을 모두 고른 것은?

ㄱ. 체계론적 관점(systems perspective)
ㄴ. 일반주의 접근(generalist approach)
ㄷ. 다중체계 개입(multi-level intervention)
ㄹ. 단선적 사고(linear thinking)

① ㄱ, ㄴ, ㄷ
② ㄱ, ㄷ
③ ㄴ, ㄹ
④ ㄹ
⑤ ㄱ, ㄴ, ㄷ, ㄹ

답 ①

✓ 응시생들의 선택

① 23%	② 74%	③ 1%	④ 0%	⑤ 2%

ㄹ. 통합적 접근에서는 생태체계적 관점을 취하는데 이는 단선적 사고와는 현격한 차이가 있다. 단선적 사고는 A와 B의 관계를 고려할 때 A가 B의 변화에 기여한 영향만을 살피고 그 과정에서 발생했을지도 모를 A 자신의 변화에는 관심을 보이지 않지만 생태체계적 사고에서는 A와 B 사이에 시간을 두고 지속되는 순환적 교환에 관심을 둔다. 따라서 통합적 접근의 특징은 단선적 사고가 아닌 순환적 사고라고 할 수 있다.

'환경 속의 인간' 관점에 관한 설명으로 옳은 것은?

① 생리학에서 출발한다.
② 인간과 환경에 이중 초점(dual focus)을 둔다.
③ 인간 내부의 심리 역동성에만 초점을 둔다.
④ 인간 문제의 원인을 환경 차원에 한정시킨다.
⑤ 사회적 맥락에 대한 고려 없이 문제 진단에 치중한다.

답 ②

✓ 응시생들의 선택

① 5%	② 64%	③ 9%	④ 21%	⑤ 1%

② 환경 속 인간 관점은 개인의 심리적 특성 외에 환경까지 모두 고려해야 한다는 것이다. 개인과 환경 간 상호작용 증진의 책임을 개인, 환경 모두에게 두는 것을 의미하는 것으로 인간이 경험하는 각종 사회복지적 문제의 원인을 개인 또는 환경 중 어느 한쪽의 결함으로 보기보다는 개인적 요소와 환경적 요소가 서로 어우러져 나타난 결과로 본다.

다음 내용이 **왜 틀렸는지**를 확인해보자

01 통합적 접근은 인간과 환경 간 상호작용을 고려하지는 못한다.

> 인간과 환경의 상호작용에 초점을 두고 두 체계 간의 공유영역에 개입한다.

09-03-14

02 통합적 접근은 기존의 전통적 방법을 해체하고 새로운 실천방법을 제시하였다.

> 통합적 방법은 기존의 전통적 방법론 안에서 발견할 수 있는 사회복지실천의 공통요소를 발견하고 통합한 것이다.

03 통합적 접근에서는 경험적 결과를 중요시하지 않는다.

> 경험적으로 검증된 개입방법을 선호한다.

04 통합적 접근은 클라이언트의 잠재적 능력과 자기결정권을 강조하면서도 **사회복지사의 전문적 판단을 우선시한다.**

> 사회복지사의 전문적 판단을 우선시하지는 않는다.

15-03-09

05 통합적 접근방법을 따르는 사회복지사는 이론에 기초한 개입원리와 기법보다 직관과 창의적 방법을 중심으로 개입해야 한다.

> 통합적 접근은 이론과 직관, 창의성을 모두 고려한다.

06 통합적 접근의 발달에 따라 사회복지실천은 각 분야별 전문화가 급격히 진전되었다.

> 통합적 접근은 전문화에 따른 서비스의 파편화 문제를 해결하기 위해 제시되었다.

07 통합적 접근은 체계론적 관점과 거리가 멀다.

> 통합적 접근은 체계론적 관점을 취하며, 다양한 체계 수준에서 접근한다.

다음 내용이 **옳은지 그른지** 판단해보자

[22-03-13]

01 통합적 접근 방법은 광범위하고 포괄적으로 문제를 규정한다. ◎⊗

[12-03-13]

02 통합적 접근은 서비스의 분화 및 파편화 문제를 해결하기 위한 방법으로서 새롭게 제시된 것이다. ◎⊗

[18-03-19]

03 사회복지실천에서 통합적 방법은 다양한 유형의 클라이언트를 통합한다는 의미를 가진다. ◎⊗

04 1929년 밀포드 회의를 통한 사회복지실천의 공통요소 발견은 통합적 접근을 위한 노력이었다. ◎⊗

[11-03-28]

05 통합적 접근은 일반주의적 접근이며, 다중체계에 개입한다. ◎⊗

[09-03-13]

06 개별이론을 집중적으로 발전시킬 필요성이 제기됨에 따라 통합적 접근방법이 등장하게 되었다. ◎⊗

07 통합적 접근을 따르는 사회복지사는 경험적으로 검증된 개입방법을 우선 적용하며, 다양한 모델과 기술을 활용한다. ◎⊗

[07-03-25]

08 통합적 접근은 클라이언트의 문제에 대해 광범위하고 포괄적으로 접근하며 특정 이론을 적용한다. ◎⊗

[09-03-13]

09 통합적 접근방법이 나타남에 따라 서비스 영역별 분화가 촉진되었다. ◎⊗

답 01 ○ 02 ✕ 03 ✕ 04 ○ 05 ○ 06 ✕ 07 ○ 08 ✕ 09 ✕

해설 **02** 통합적 방법은 기존의 전통적 방법을 부인하는 완전히 새로운 방법이 아니라 기존의 전통적 방법론 안에서 발견할 수 있는 사회복지실천의 공통요소를 발견하고 통합한 것이다.

03 통합적 방법은 비슷한 유형의 클라이언트를 통합한다거나 분류한다거나 유형화한다는 것이 아니라, 다양한 유형의 클라이언트에 개입할 때 적용할 수 있는 공통된 원리나 개념이 있음을 전제로 한다는 것이다.

06 통합적 접근은 사회복지실천에서 공통요소를 모색하기 위해 등장한 것이다.

08 통합적 접근은 다양한 이론과 모델을 클라이언트의 문제, 상황 등에 따라 적절히 선택하여 적용하는 개방적 관점이다.

09 서비스 영역별 분화로 인해 사회복지 전문직 간 의사소통 및 상호협력이 어려워지게 되었고 이는 통합적 접근이 제기된 등장배경이 된다.

강점관점 및 역량강화모델

강의 QR코드

최근 10년간 **16문항** 출제

1 이론요약

강점관점

- 모든 인간은 성장하고 변화할 능력을 이미 내면에 가지고 있다고 보는 관점
- 문제를 **도전의 전환점** 혹은 **성장의 기회**로 봄
- 사회복지사와 클라이언트 간 **협력적 관계** 구축

기본개념

사회복지실천론
pp.128~

▶ 병리관점 vs 강점관점

병리관점	강점관점
클라이언트의 병리성을 진단	현재 상황의 극복에 필요한 힘을 사정
병리적 문제의 치료 중심	재능, 자원, 강점 등 역량강화 중심
전문가의 지식, 기술, 판단에 따른 개입	자기결정권 존중, 협력관계 강조
과거, 무의식 분석	현재와 미래에 초점

임파워먼트모델(역량강화모델)의 특징 및 개입과정

▶ 개념 및 특징

- **생태체계관점**과 **강점관점**을 이론적 기반으로 함
- 클라이언트의 문제를 자원의 부족 내지는 자원을 이용할 수 있는 능력의 부족으로 보고 역량강화를 통해 스스로 삶을 통제할 수 있도록 하는 데 초점을 둠
- 이 모델에서 클라이언트는 수혜자가 아닌 소비자로 위치하며, **주체성과 자기결정권 등을 가짐**
- 역량강화는 개인, 대인관계, 구조적 차원(= 사회·정치적 차원) 등 모든 사회체계 수준에 적용 가능함

▶ 개입과정 및 과업

- **대화단계**: 파트너십의 형성, 현재 상황의 명확화, 방향 설정
- **발견단계**: 강점 확인, 자원의 역량사정, 해결방안 수립
- **발전단계**: 자원 활성화, 기회의 확대, 성공의 확인, 성과의 집대성

01 (23-03-01) 임파워먼트모델에서는 클라이언트를 경험과 역량을 가진 원조과정의 파트너로 본다.

02 (23-03-01) 임파워먼트모델에서 사회복지사는 협력적 동반자이며, 클라이언트는 적극적 권리행사자, 소비자, 서비스 이용자로 인식한다.

03 (23-03-04) 임파워먼트모델에서 '자원역량 사정'이라는 실천과업을 수행하는 단계는 발견(discovery)단계이다.

04 (22-03-09) 강점관점에서 개입의 핵심은 개인과 가족, 지역사회의 참여이다.

05 (22-03-12) 임파워먼트 모델은 클라이언트의 적극적인 참여를 강조한다.

06 (21-03-11) 임파워먼트모델은 비장애인이 대부분인 사회에서 장애인 클라이언트의 취약한 권리에 주목하였다. 사회복지사와 클라이언트 집단은 장애인의 권익을 옹호하는데 협력하였다. 대화, 발견, 발전의 단계를 통해 클라이언트 집단은 주도적으로 불평등한 사회제도를 개선하였다.

07 (20-03-08) 강점 관점에서는 클라이언트를 재능과 자원을 가진 사람으로 규정하고, 개입의 초점을 클라이언트의 가능성에 둔다.

08 (20-03-08) 강점 관점에서 개입의 핵심은 개인, 가속, 시억사회의 참어이다.

09 (20-03-08) 강점 관점에서 돕는 목적은 클라이언트의 삶에 함께 하며 가치를 확고히 하도록 지원하는 것이다.

10 (19-03-04) 임파워먼트모델의 대화단계에서는 방향 설정, 파트너십 형성, 현재 상황의 명확화 등을 진행한다.

11 (19-03-08) 강점관점에서는 모든 개인·집단·가족·지역사회는 강점을 가지고 있다고 보며, 클라이언트의 고난은 상처가 될 수 있지만 동시에 도전과 기회가 될 수 있다고 본다.

12 (19-03-08) 강점관점에서는 클라이언트와 협동 작업을 강조한다.

13 (18-03-18) 임파워먼트 모델은 클라이언트와의 협력을 중요시하며 문제해결 방안을 함께 수립한다.

14 (18-03-18) 임파워먼트 모델은 개입과정은 대화-발견-발달(발전) 단계로 진행된다.

15 (17-03-12) 개인, 대인관계, 제도적 차원에서 임파워먼트가 이루어진다.

16 (17-03-12) 임파워먼트 모델에서는 클라이언트를 위해 자원동원 및 권리옹호를 진행한다.

17 (16-03-12) 강점관점은 외상, 학대, 질병 등과 같은 힘겨운 일들을 도전과 기회로 고려한다.

18 (15-03-07) 강점관점은 사회복지사와 클라이언트의 협동 작업을 강조한다.

19 (15-03-07) 강점관점에서는 개입의 초점이 가능성에 있다.

20 (15-03-07) 역량강화모델에 따른 실천활동에는 클라이언트에 대한 직접적인 개입 외에 사회변화를 위한 행동에의 참여도 포함된다.

21 (14-03-06) 강점관점은 클라이언트의 희망과 용기를 강조한다.

22 (13-03-21) 임파워먼트모델의 대화단계에서 사회복지사는 현재 상황을 명확하게 이해함으로써 방향을 설정해야 한다.

23 (13-03-21) 임파워먼트모델의 발견단계에서 사회복지사는 클라이언트의 강점을 확인하고 구체적인 해결방안을 수립해야 한다.

24 (11-03-12) 권한부여는 클라이언트의 발전가능성에 대한 믿음, 독특성을 인정하는 개별화, 클라이언트의 협력 등을 토대로 이루어진다.

25 (09-03-17) 임파워먼트모델에서는 개인의 강점과 자기결정권을 강조한다.

대표기출 확인하기

23-03-04
난이도 ★★☆

임파워먼트모델의 각 단계와 실천과업을 연결한 것으로 옳은 것을 모두 고른 것은?

ㄱ. 대화(dialogue)단계 – 성공의 확인
ㄴ. 발견(discovery)단계 – 자원역량 사정
ㄷ. 발달(development)단계 – 파트너십 형성
ㄹ. 발달(development)단계 – 강점의 확인

① ㄴ　　　　　　　② ㄹ
③ ㄴ, ㄷ　　　　　④ ㄱ, ㄷ, ㄹ
⑤ ㄴ, ㄷ, ㄹ

 알짜확인

- 임파워먼트 모델의 주요 특징을 그 바탕이 되는 강점 관점과 함께 살펴봐야 한다.
- 임파워먼트 모델은 대화단계, 발견단계, 발전단계로 진행되는데, 이 진행 순서와 함께 각 단계별 실천 과업을 정리해두어야 한다. 특히 발견단계와 발전단계를 헷갈려 하는 경우가 많으므로 잘 구분해두자.

답 ①

✓ **응시생들의 선택**

① 58%	② 6%	③ 20%	④ 2%	⑤ 14%

ㄱ. 성공의 확인이라는 실천과업을 수행하는 단계는 발전(발달)단계이다.
ㄷ. 파트너십 형성이라는 실천과업을 수행하는 단계는 대화단계이다.
ㄹ. 강점의 확인이라는 실천과업을 수행하는 단계는 발견단계이다.

관련기출 더 보기

23-03-01
난이도 ★☆☆

임파워먼트모델에서 클라이언트와 사회복지사에 관한 설명으로 옳지 않은 것은?

① 클라이언트가 원하는 변화를 위해 양자 간 협력적 관계를 형성한다.
② 클라이언트를 서비스에 대한 권리를 가진 소비자로 본다.
③ 클라이언트를 경험과 역량을 가진 원조과정의 파트너로 본다.
④ 클라이언트의 참여를 중시하고 자기결정권을 강조한다.
⑤ 사회복지사는 치료자이고, 클라이언트는 서비스의 수동적 수혜자로 여긴다.

답 ⑤

✓ **응시생들의 선택**

① 1%	② 2%	③ 1%	④ 1%	⑤ 95%

⑤ 임파워먼트(역량강화)모델에서 사회복지사는 협력적 동반자(파트너)이며, 클라이언트는 적극적 권리행사자, 소비자, 서비스 이용자로 인식한다.

강점관점에 관한 설명으로 옳은 것을 모두 고른 것은?

> ㄱ. 개입의 핵심은 개인과 가족, 지역사회의 참여이다.
> ㄴ. 클라이언트의 능력보다 전문가의 지식이 우선시 된다.
> ㄷ. 사회복지사는 클라이언트의 진술을 긍정적으로 재해석하여 활용한다.
> ㄹ. 현재 강점을 갖게 된 어린 시절의 원인 사건에 치료의 초점을 맞춘다.

① ㄱ   ② ㄱ, ㄹ
③ ㄴ, ㄷ   ④ ㄱ, ㄷ, ㄹ
⑤ ㄱ, ㄴ, ㄷ, ㄹ

답 ①

✅ **응시생들의 선택**

① 60%	② 4%	③ 2%	④ 32%	⑤ 2%

ㄴ. 강점관점에서는 클라이언트가 이미 문제해결을 위한 힘과 강점을 가지고 있다고 인정하며 클라이언트를 자기 삶에 대한 전문가로 본다.
ㄷ. 강점관점에서는 클라이언트의 진술을 그 사람에 대해 알기 위한 과정으로 보며, 사회복지사의 관점에서 재해석하지 않는다.
ㄹ. 강점관점에서는 과거의 경험이 꼭 원인이 된다고 보지 않는다.

다음에서 설명하고 있는 사회복지실천모델은?

> • 비장애인이 대부분인 사회에서 장애인 클라이언트가 취약한 권리에 주목하였다.
> • 사회복지사와 클라이언트 집단은 장애인의 권익을 옹호하는데 협력하였다.
> • 대화, 발견, 발전의 단계를 통해 클라이언트 집단은 주도적으로 불평등한 사회제도를 개선하였다.

① 의료모델   ② 임파워먼트모델
③ 사례관리모델   ④ 생활모델
⑤ 문제해결모델

답 ②

✅ **응시생들의 선택**

① 1%	② 62%	③ 5%	④ 1%	⑤ 31%

② 임파워먼트모델은 대화, 발견, 발전의 개입과정을 통해 클라이언트의 역량강화에 초점을 둔다.

임파워먼트모델의 실천단계를 대화단계, 발견단계, 발전단계로 나눌 때, 대화단계에서 실천해야 할 과정을 모두 고른 것은?

> ㄱ. 방향 설정   ㄴ. 자원 활성화
> ㄷ. 강점의 확인   ㄹ. 기회의 확대
> ㅁ. 파트너십 형성   ㅂ. 현재 상황의 명확화

① ㄱ, ㄴ, ㄷ   ② ㄱ, ㄷ, ㄹ
③ ㄱ, ㅁ, ㅂ   ④ ㄴ, ㄷ, ㄹ
⑤ ㄴ, ㄷ, ㄹ, ㅁ, ㅂ

답 ③

✅ **응시생들의 선택**

① 4%	② 5%	③ 83%	④ 1%	⑤ 7%

ㄴ. ㄹ. 자원 활성화 및 기회의 확대는 발전단계에 해당한다.
ㄷ. 강점의 확인은 발견단계에 해당한다.

강점관점에 관한 설명으로 옳지 않은 것은?

① 개인을 진단에 따른 증상을 가진 자로 규정한다.
② 개입의 초점이 가능성에 있다.
③ 외상과 학대 경험은 클라이언트에게 도전과 기회의 원천이 될 수 있다.
④ 모든 환경 속에는 활용 가능한 자원이 있다.
⑤ 사회복지사와 클라이언트의 협동 작업이 이루어질 때 클라이언트에게 최선의 도움이 주어질 수 있다.

답 ①

✅ **응시생들의 선택**

① 48%	② 3%	③ 41%	④ 7%	⑤ 1%

① 개인을 진단에 따른 증상을 가진 자로 규정하는 것은 강점관점이 아닌 병리관점에 해당한다.

다음 내용이 왜 틀렸는지를 확인해보자

01 역량강화모델은 클라이언트를 치료해야 할 대상으로 본다.

> 클라이언트를 치료 대상으로 보는 것은 병리관점에 해당한다.
> 역량강화모델은 강점관점을 기반으로 하기 때문에 클라이언트를 치료 대상으로 보지는 않는다.

02 강점 관점은 모든 인간은 성장하고 변화할 능력과 의지가 부족하기 때문에 이러한 생각을 긍정적으로 전환시킴으로써 문제를 해결해나갈 수 있다고 전제한다.

> 강점 관점은 모든 인간은 성장하고 변화할 능력을 이미 내면에 가지고 있다고 보기 때문에 클라이언트 역시 자신의 문제를 해결할 수 있는 잠재력을 이미 갖고 있다고 본다.

13-03-21

03 역량강화모델에서 성공의 확인, 기회의 확대 등은 발견단계의 과업에 해당한다.

> 발전단계의 과업에 해당한다.

04 역량강화모델은 문제를 병리로 간주하는 의료모델을 토대로 발전하였다.

> 문제를 병리로 간주하는 의료모델에 대항하며 강점관점이 등장했고, 이러한 강점관점은 역량강화모델의 이론적 기반이 되었다.

17-03-10

05 강점관점에서 말하는 클라이언트의 강점은 용기와 낙관주의 같은 개인 내적인 요소로 한정된다.

> 강점은 용기와 낙관주의 같은 개인 내적인 요소뿐만 아니라 타고난 개성이나 재능, 후천적인 노력으로 얻은 자원이나 자산, 환경적 요소, 지지체계 등이 모두 포함된다.

06-03-06

06 강점관점에서는 클라이언트의 진술보다 사회복지사의 전문적 판단을 더 중요하게 여긴다.

> 강점관점에서는 클라이언트의 진술을 중요하게 여긴다.

18-03-18

07 임파워먼트모델은 <u>클라이언트의 문제와 부적응에 대한 개입에 초점을 맞춘다.</u>

> 임파워먼트모델은 클라이언트의 문제와 부적응을 치료하는 것에 초점을 두는 대신, 클라이언트가 가진 가능성과 강점에 초점을 둔다.

08 임파워먼트모델에서는 클라이언트가 가진 개인적 능력과 자원이 부족하다고 보기 때문에 <u>개인의 자기결정권을 인정하지 않는다.</u>

> 임파워먼트모델에서는 클라이언트의 부족한 자원을 개입을 통해 보완함으로써 역량을 강화해나가며, 클라이언트의 자기결정권을 중요시한다.

빈칸에 들어갈 알맞은 말을 채워보자

17-03-10

01 강점관점에서 클라이언트의 삶의 전문가는 (　　　　　　　)이다.

02 역량강화모델은 병리관점이 아닌 (　　　　　　)관점을 바탕으로 한다.

18-03-18

03 역량강화모델의 개입과정: 대화단계 → (①　　　　　　　)단계 → (②　　　　　　)단계

13-03-21

04 임파워먼트모델의 (　　　　　　)단계에서 사회복지사는 현재 상황을 명확하게 이해함으로써 방향을 설정해야 한다.

13-03-21

05 임파워먼트모델의 (　　　　　　)단계에서 사회복지사는 클라이언트의 강점을 확인하고 구체적인 해결방안을 수립해야 한다.

 답 **01** 클라이언트　**02** 강점　**03** ① 발견 ② 발전(발달)　**04** 대화　**05** 발견

다음 내용이 옳은지 그른지 판단해보자

01 `14-03-06` 강점관점을 기반으로 한 역량강화모델에서는 희망과 용기를 강조한다. ◎ ⊗

02 `16-03-12` 강점관점은 외상, 학대, 질병 등과 같은 힘겨운 일들을 도전과 기회로 고려한다. ◎ ⊗

03 `19-03-08` 강점관점은 클라이언트와 협동 작업이 이루어질 때 최선의 도움을 줄 수 있다는 실천원리를 강조한다. ◎ ⊗

04 역량강화모델은 사회복지사와 클라이언트 사이에 협력적 파트너십을 중요시한다. ◎ ⊗

05 `20-03-08` 강점관점에서의 사회복지사는 클라이언트의 진술에 대해 회의적이기 때문에 재해석하여 진단에 활용한다. ◎ ⊗

06 `22-03-12` 임파워먼트 모델은 클라이언트에 대한 정확한 진단을 최우선으로 한다. ◎ ⊗

07 `11-03-12` 역량강화모델에서는 사회복지사의 주도적인 개입을 강조한다. ◎ ⊗

08 역량강화모델은 클라이언트가 경험하는 문제와 관련된 역사적, 사회문화적, 정치적 이해관계에도 관심을 둔다. ◎ ⊗

답 01 ○ 02 ○ 03 ○ 04 ○ 05 × 06 × 07 × 08 ○

해설 **05** 강점관점이 아닌 병리관점에 해당한다. 강점관점에서는 클라이언트의 진술을 클라이언트를 이해하기 위한 필수적인 요소로 본다.
06 임파워먼트 모델은 병리관점이 아닌 강점관점을 기반으로 하기 때문에 진단에 따른 치료에 집중하지 않는다.
07 역량강화모델에서는 사회복지사와 클라이언트의 파트너십, 클라이언트의 자기결정권을 강조한다.

4체계모델 및 6체계모델

강의 QR코드

최근 10년간 **9문항** 출제

 복습 1 이론요약

 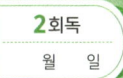

핀커스와 미나한의 4체계모델

- **변화매개체계**: 사회복지사, 사회복지조직 등
- **클라이언트체계**: 서비스나 도움을 필요로 하는 사람
- **표적체계**: 실제 변화시킬 필요가 있는 사람(클라이언트체계와 표적체계는 중복될 수 있음)
- **행동체계**: 변화매개인이 변화노력 과정에서 상호작용하게 되는 이웃, 가족, 전문가들

기본개념

사회복지실천론
pp.123~

콤튼과 갤러웨이의 6체계모델

4체계모델에 전문체계와 의뢰-응답체계를 추가한 모델

- **전문체계**: 전문가를 육성하는 교육체계, 전문가 단체 등
- **의뢰-응답체계**
  - 의뢰체계: 서비스를 요청하는 기관 및 전문가
  - 응답체계: 의뢰체계에 의해 강제로 사회복지기관에 오게 되는 클라이언트

 기출문장 CHECK

01 (21-03-14) 콤튼과 갤러웨이의 사회복지실천 구성체계 중 사회복지사협회는 전문가체계에 해당한다.

02 (18-03-17) 핀커스와 미나한의 4체계모델에서 문제해결을 위해 사회복지사와 상호작용하는 사람들은 행동체계에 해당한다.

03 (16-03-23) 핀커스와 미나한의 4체계모델에서 변화매개체계는 사회복지사와 사회복지사를 고용하고 있는 기관 및 조직을 말한다.

04 (14-03-07) 핀커스와 미나한(Pincus & Minahan)이 제시한 '변화매개체계'는 사회복지사와 사회복지사가 속한 기관을 의미한다.

05 (10-03-20) 콤튼과 갤러웨이의 6체계: 변화매개체계, 클라이언트체계, 표적체계, 행동체계, 전문체계, 의뢰-응답체계

대표기출 확인하기

난이도 ★★☆

콤튼과 갤러웨이(B. Compton & B. Galaway)의 사회복지실천 구성체계 중 '사회복지사협회'가 해당되는 체계는?

① 변화매개체계
② 클라이언트체계
③ 표적체계
④ 행동체계
⑤ 전문가체계

 알짜확인

- 4체계모델과 6체계모델은 각 구성에 대한 설명으로 옳은 것을 고르는 문제로 출제되기도 하며, 사례에 나타난 체계를 확인하는 문제로도 출제되는 만큼 다양한 문제유형을 접해보는 것이 필요하다.
- 의외로 4체계모델과 6체계모델의 구성을 헷갈려 점수를 놓치는 수험생들이 많다. 4체계모델에 의뢰-응답체계 및 전문체계를 더한 것이 6체계모델이라는 점 꼭 기억해두자.

답 ⑤

✅ **응시생들의 선택**

① 25%	② 1%	③ 2%	④ 4%	⑤ 68%

⑤ 사회복지사협회와 같은 전문가 단체나 사회복지 전문직을 육성하기 위한 교육체계 등은 전문(가)체계이다.

관련기출 더 보기

난이도 ★☆☆

다음 사례에서 콤튼과 갤러웨이(B. Compton & B. Galaway)의 사회복지실천대상과 체계의 연결로 옳은 것은?

> 학교사회복지사 A는 학교 징계위원회로부터 상담명령을 받은 학교폭력 가해자인 학생 B를 만났다. B는 비밀보장을 요청하며 상담을 해달라고 하였다. 그러나 담임교사와 학교는 학생과의 면담을 모두 보고하도록 요구하였다. 결국 A는 이 문제를 학교사회복지사협회와 의논하여 학교에 사회복지사의 비밀보장 의무에 대한 공문을 요청하였다. A는 가해자로 지목된 다른 학생 C, D와 B를 대상으로 집단 프로그램을 운영하였다.

① 학교 징계위원회 - 응답체계
② 학교사회복지사협회 - 전문가체계
③ 학교사회복지사 A - 행동체계
④ 담임교사 - 표적체계
⑤ 가해자 학생 C, D - 변화매개체계계

답 ②

✅ **응시생들의 선택**

① 4%	② 76%	③ 13%	④ 2%	⑤ 5%

① 학교 징계위원회는 서비스를 요청했기 때문에 응답체계가 아니고 의뢰체계이다. 의뢰체계는 서비스를 요청하는 사람이다. 또한 응답체계는 의뢰체계에 의해서 오게 된 사람이므로 이 사례에서 응답체계는 학교폭력 가해자 학생 B이다.
③ 학교사회복지사 A는 행동체계가 아니고 변화매개체계이다.
④ 표적체계는 변화가 필요한 대상이므로 이 사례에서 표적체계는 학교폭력 가해자 학생 B이다. 따라서 B는 응답체계이면서 동시에 표적체계이다.
⑤ 학교폭력 가해자 학생 C와 D는 B의 변화과정에서 사회복지사의 변화노력을 달성하기 위해 상호작용하는 사람들이므로 행동체계이고, 동시에 이들 역시 학교폭력 가해자이므로 변화가 필요한 표적체계이기도 하다.

핀커스와 미나한의 4체계 모델을 다음 사례에 적용할 때 대상과 체계의 연결로 옳은 것은?

> 가족센터의 교육 강좌를 수강 중인 결혼이민자 A는 최근 결석이 잦아졌다. A의 이웃에 살며 자매처럼 친하게 지내는 변호사 B에게서 A의 근황을 전해들은 가족센터 소속의 사회복지사 C는 A와 연락 후 가정방문을 하여 A와 남편 D, 시어머니 E를 만나 이야기를 나누었다. C는 가족센터를 이용하면 '바람이 난다'라고 여긴 E가 A를 통제하고 있는 것을 알게 되었다. 또한 D는 A를 지지하고 싶지만 E의 눈치를 보느라 소극적으로 행동하는 것도 파악하였다. A의 도움 요청을 받은 C는 우선 E의 변화를 통해 상황을 개선해보고자 한다.

① 결혼이민자(A): 행동체계
② 변호사(B): 전문가체계
③ 사회복지사(C): 의뢰−응답체계
④ 남편(D): 변화매개체계
⑤ 시어머니(E): 표적체계

답 ⑤

✓ **응시생들의 선택**

① 3%	② 3%	③ 5%	④ 9%	⑤ 80%

① 결혼이민자(A): 클라이언트체계
② 변호사(B), ④ 남편(D): 행동체계
③ 사회복지사(C): 변화매개체계

핀커스와 미나한(A. Pincus & A. Minahan)의 4체계모델에 관한 설명으로 옳은 것은?

① 이웃이나 가족 등은 변화매개체계에 해당한다.
② 문제해결을 위해 사회복지사와 상호작용하는 사람들은 행동체계에 해당한다.
③ 비자발적인 클라이언트는 의뢰−응답체계에 해당한다.
④ 목표달성을 위해 변화가 필요한 사람들은 변화매개체계에 해당한다.
⑤ 전문가 육성 교육체계도 전문체계에 해당한다.

답 ②

✓ **응시생들의 선택**

① 11%	② 53%	③ 12%	④ 11%	⑤ 13%

① 변화매개체계는 사회복지사 및 사회복지사를 고용하고 있는 기관이다.
④ 목표달성을 위해 변화가 필요한 사람들은 표적체계에 해당한다.
③⑤ 의뢰−응답체계 및 전문체계는 콤튼과 갤러웨이의 6체계 모델이다.

콤튼과 갤러웨이(B. Compton & B. Galaway)의 6체계에 관한 설명으로 옳지 않은 것은?

① 표적체계: 목표달성을 위해 변화가 필요한 체계
② 클라이언트체계: 서비스나 도움을 필요로 하는 체계
③ 변화매개체계: 목표달성을 위해 사회복지사가 상호작용하는 체계
④ 전문가체계: 변화매개체계에 영향을 미치는 교육체계나 전문가단체
⑤ 의뢰−응답체계: 서비스를 요청한 체계와 그러한 요청으로 서비스기관에 오게 된 체계

답 ③

✓ **응시생들의 선택**

① 5%	② 3%	③ 68%	④ 8%	⑤ 16%

③ 변화매개체계는 사회복지사와 사회복지기관이다.

다음 <보기>의 사례에 대한 핀커스와 미나한(Pincus & Minahan)의 4체계 분류로 틀린 것은?

> 알코올중독상담센터로부터 지역사회복지관에 의뢰된 알코올중독자 A씨는 아내가 집을 나간 후 초등학교 자녀 2명과 영구임대아파트에서 생활한다. 사회복지사와의 만남에서 A씨는 알코올중독으로 건강이 좋지 않고 두 자녀가 학교에 적응하지 못하는 것이 문제라고 하였다.

① 표적체계 − 두 자녀
② 클라이언트 체계 − 알코올중독자 A씨
③ 전문가 체계 − 알코올중독상담센터, 사회복지사
④ 변화매개 체계 − 지역사회복지관 사회복지사
⑤ 행동체계 − 사회복지전담공무원, 학교사회복지사

답 ③

✓ **응시생들의 선택**

① 32%	② 12%	③ 42%	④ 5%	⑤ 8%

③ 전문가체계는 콤튼과 갤러웨이의 6체계 중 하나로, 전문가를 육성하는 교육체계 및 전문가 단체 등을 의미한다.

➕ **덧붙임**

'표적체계가 왜 두 자녀인가'라는 질문이 많았는데, A씨가 두 자녀의 학교 부적응 문제를 제기하여 두 자녀가 변화의 표적이 되기 때문이다.

다음 내용이 왜 틀렸는지를 확인해보자

03-03-15

01 핀커스와 미나한의 4체계: 변화매개체계, 클라이언트체계, 표적체계, **전문체계**

> 4체계모델: 변화매개체계, 클라이언트체계, 표적체계, 행동체계
> 6체계모델: 4체계 + 전문체계, 의뢰–응답체계

---

02 사회복지실천에서 표적체계와 클라이언트체계는 엄격하게 구분된다.

> 표적체계는 변화가 필요한 체계를 말하며, 클라이언트체계는 서비스를 요청한 체계를 말한다. 변화가 필요한 사람이 서비스를 요청한 경우에는 표적체계와 클라이언트가 동일할 수 있다.

---

03 핀커스와 미나한은 4체계모델에 전문가체계와 의뢰–응답체계를 덧붙여 6체계모델을 제시하였다.

> 핀커스와 미나한이 제시한 4체계모델에 콤튼과 갤러웨이는 전문가체계와 의뢰–응답체계를 덧붙여 6체계모델을 제시하였다.

03-03-16

04 남편에게 폭력을 받는 피해 여성과 아동이 쉼터에 입소했다. 입소 이후 그 피해 여성이 아동에게 심한 체벌을 하고 있음을 입소자 A가 알려왔다. 쉼터에서 이 피해 여성의 아동 체벌을 치료하고자 할 때 **표적체계는 아동**이다.

> 아동을 체벌하는 행동에 대한 치료를 목적으로 하기 때문에 이때 표적체계는 아동을 체벌하는 피해 여성이다.

---

05 콤튼과 갤러웨이가 제시한 6체계모델에서 전문체계는 전문성을 갖춘 **사회복지기관 및 사회복지사를 의미**한다.

> 전문체계는 전문가를 육성하는 교육체계 및 전문가 집단 등을 의미한다.

---

06 핀커스와 미나한의 4체계모델에서는 자발적 클라이언트와 의뢰로 기관을 방문한 **비자발적 클라이언트가 명확하게 구분된다.**

> 핀커스와 미나한의 4체계모델에서는 의뢰된 비자발적 클라이언트가 명확하게 구분되지 않는다. 이를 보완하여 의뢰–응답체계를 추가한 것이 콤튼과 갤러웨이가 제시한 6체계모델이다.

빈칸에 들어갈 알맞은 말을 채워보자

01 핀커스와 미나한은 일반체계이론을 사회복지실천에 응용한 (   )모델을 소개하였다.

02 변화매개인이 문제해결을 위해 서비스를 제공하고 개입하는 사람들은 (   )체계에 해당한다.

03 서비스나 도움을 필요로 하는 사람들은 (   )체계에 해당한다.

21-03-14
04 사회복지사협회는 콤튼과 갤러웨이의 사회복지실천 구성체계 중 (   )체계에 해당한다.

05 콤튼과 갤러웨이는 자발적 클라이언트와 비자발적 클라이언트를 구분하면서 (   )체계를 제시하였다.

19-03-10
06 사회복지사 A는 중학생 B가 동급생들로부터 상습적으로 집단폭력을 당하는 것을 알게 되었나. A는 이 문제를 해결하기 위하여 B가 다니는 학교의 학교사회복지사 C와 경찰서의 학교폭력담당자 D에게도 사건내용을 알려, C와 D는 가해학생에게 개입하고 있다. A는 학교사회복지사협회(E)의 학교폭력 관련 워크숍에 참가하면서, C와 D를 만나 정기적으로 사례회의를 하고 있다. 이때 A는 (①   )체계에 해당하며, D는 (②   )체계에 해당한다.

 답 **01** 4체계 **02** 표적 **03** 클라이언트 **04** 전문 **05** 의뢰－응답(문제인식) **06** ① 변화매개 ② 행동

다음 내용이 옳은지 그른지 판단해보자

01 콤튼과 갤러웨이(B. Compton & B. Galaway)는 핀커스와 미나한(A. Pincus & A. Minahan)의 4체계 모델을 기반으로 6체계 모델을 제시하였다.

`18-03-17`
02 핀커스와 미나한의 4체계모델에서 전문가 육성 교육체계는 전문체계에 해당한다.

`16-03-23`
03 음주상태에서 아내에게 폭력을 가하던 남편이 이웃주민의 신고로 경찰을 통해 중독관리통합지원센터에 의뢰되었다. 이때 핀커스와 미나한의 4체계모델에서의 변화매개체계는 중독치료 전문가이다.

`14-03-07`
04 핀커스와 미나한이 제시한 변화매개체계는 목표달성을 위해 사회복지사와 공동으로 노력하는 모든 체계를 의미한다.

05 콤튼과 갤러웨이의 6체계에서 행동체계는 클라이언트를 의뢰한 체계를 말한다.

`17-03-11`
06 콤튼과 갤러웨이의 6체계에서 변화매개체계는 사회복지사 및 사회복지사가 고용된 사회복지조직 등을 말한다.

07 콤튼과 갤러웨이의 6체계는 스스로 기관을 찾아온 클라이언트와 의뢰에 따라 기관에 온 클라이언트를 구분하여 설명한다.

`10-03-20`
08 콤튼과 갤러웨이의 6체계에는 표적체계, 전문체계, 변화매개체계, 옹호체계 등이 있다.

답 01○ 02✕ 03○ 04✕ 05✕ 06○ 07○ 08✕

해설 **02** 전문체계는 콤튼과 갤러웨이가 제시한 6체계 중 하나이다.
04 변화매개체계는 사회복지사와 사회복지사가 속한 기관을 의미한다. 목표달성을 위해 사회복지사와 공동으로 노력하는 체계는 행동체계이다.
05 행동체계는 변화매개인들이 변화노력을 달성하기 위해 상호작용하는 사람들로 이웃, 가족, 전문가 등이다. 클라이언트를 의뢰한 체계는 의뢰-응답체계 중 의뢰체계이다.
08 콤튼과 갤러웨이의 6체계는 클라이언트체계, 표적체계, 변화매개체계, 행동체계, 의뢰-응답체계, 전문체계 등이다.

073 체계이론 및 사회체계이론

강의 QR코드

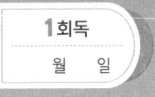 1회독   월   일
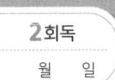 2회독   월   일
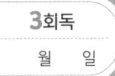 3회독   월   일

최근 10년간 **2문항** 출제

복습 **1** 이론요약

20회 기출

일반체계이론

기본개념

사회복지실천론
pp.105~

▶특징

• 유기체와 환경 간의 체계적인 상호작용, 상호관련성에 대해 전체성, 상호성, 개방성의 개념으로 설명하고 분석하려는 이론
• 인간과 환경을 상호적 관계, 순환적 관계로 파악

▶개념

• 체계: 상호작용하는 부분들로 구성된, 전체와 부분 간에 관계를 맺는 일련의 단위
  - 대상체계: 분석의 대상이 되는 체계
  - 상위체계: 대상체계 외부에 있고 그 체계에 기능적으로 영향을 미치는 체계
  - 하위체계: 큰 체계 속에 있는 작은 체계로 종속되어 있음
• 위계: 상위체계와 하위체계와의 관계
• 홀론: 특정 체계는 그 체계를 구성하는 작은 체계보다 큰 상위체계이고, 그 체계를 둘러싼 더 큰 체계에 대해서는 하위체계가 됨
• 경계: 다른 체계와 구분할 수 있는 각 체계의 테두리, 건전한 체계는 반투과성 경계를 유지함
• 폐쇄체계: 균형, 엔트로피
• 개방체계: 항상성, 안정상태, 네겐트로피
  - 균형(평형상태): 체계의 구조 변화가 거의 일어나지 않는 상태로, 주로 폐쇄체계에서 일어남
  - 항상성: 비교적 안정된 구조를 유지하려는 체계의 속성으로, 개방체계에서 나타나는 균형상태
  - 안정상태: 환경과의 상호과정에서 체계의 내부구조를 성공적으로 변화시켜감으로써 얻어지는 균형상태로, 항상성보다 더 개방적이고 역동적
  - 엔트로피: 체계가 쇠퇴 내지는 해체되는 경향성을 의미
  - 네겐트로피: 체계가 성장하고 발달하는 방향으로 진행하는 과정을 의미
• 투입 → 전환 → 산출 → 환류의 과정
• 동귀결성(동등종결): 다양한 출발에서 시작해서 동일한 결과에 이름
• 다중귀결성(다중종결): 똑같은 출발에서 다양한 결과에 이름

사회체계이론

- 일반체계이론을 토대로 인간사회의 심리적, 사회적 구조와의 관계를 설명
- 일반체계이론이 '체계'를 토대로 설명한다면, 사회체계이론에서는 이 체계를 가족, 조직, 지역사회 등 구체화하여 설명하고자 함
- 인간을 외부체계와 끊임없이 상호작용하며 상호의존적인 역동적 사회체계의 일부분으로 봄
- 핀커스와 미나한의 4체계모델, 콤튼과 갤러웨이의 6체계모델이 이에 해당

기출문장 CHECK

01 (20-03-13) 체계의 작용 과정: 투입 → 전환 → 산출 → 환류

02 (17-03-09) 체계이론이 사회복지실천에 미친 영향: 사고의 틀을 개인중심에서 전체체계로 확대하도록 유도함. 경계, 환류, 엔트로피 등 기능적인 체계를 설명하는 개념을 제시함. 사회현상을 분석함에 있어 체계를 둘러싼 변수들이 상호관련된 전체라는 시각을 갖게 함

03 (13-03-10) 체계이론에서 다중종결은 똑같은 출발에서 다양한 결과에 이른다는 개념이다.

04 (13-03-10) 항상성으로 인해 체계는 행동방식의 규칙성을 갖게 된다.

05 (12-03-02) 작은 체계들 속에서 그들을 둘러싼 큰 체계의 특성이 발견되기도 하고 작은 체계들이 큰 체계에 동화되기도 하는 현상은 홀론이다.

06 (11-03-23) 엔트로피는 외부로부터 에너지 유입 없이 소멸되어가는 상태를 말한다.

07 (09-03-12) 사회체계이론에 따르면 전체 체계는 부분의 합 이상의 의미를 갖는다.

08 (09-03-12) 사회체계이론에 따르면 체계 내 부분의 작은 변화도 전체로 파급될 수 있다.

09 (07-03-30) 체계는 지속적인 균형상태 유지와 변화하기 위한 속성을 가지고 있다.

10 (06-03-17) 사회체계이론에서 사회체계는 가족, 조직, 지역사회, 문화 등을 포함한 하나의 집합체이다.

11 (05-03-12) 개방체계에서는 환류(feedback)가 일어나기 용이하다.

대표기출 확인하기

체계이론이 사회복지실천에 미친 영향으로 옳지 않은 것은?

① 사고의 틀을 개인중심에서 전체체계로 확대하도록 유도함
② 경계, 환류, 엔트로피 등 기능적인 체계를 설명하는 개념을 제시함
③ 문제현상에 대한 분석틀과 구체적 개입방법을 제시함으로써 적응적 변화를 유도함
④ 사회현상을 분석함에 있어 체계를 둘러싼 변수들이 상호관련된 전체라는 시각을 갖게 함
⑤ 동귀결성(equifinality)과 다중귀결성(multifinality)은 실천의 다양한 영향을 설명할 수 있게 함

알짜확인

• 체계이론의 주요 개념들을 정리해두어야 한다.
• 체계이론은 <인간행동과 사회환경> 5장에서도 학습하는 내용으로 실천론보다는 인행사에서 더 자주 출제되고 있다. 이 내용은 <사회복지실천기술론> 7장에서 살펴볼 가족체계를 이해하기 위한 바탕이라는 점에서도 매우 중요하다.

답 ③

✅ **응시생들의 선택**

① 9%	② 25%	③ 41%	④ 5%	⑤ 20%

③ 체계이론은 개인과 환경의 두 체계를 상호보완적인 전체로 파악하여 인간과 환경 간의 상호작용, 개인과 체계가 효율적으로 기능할 수 있게 하는 방법에 두었기 때문에 적응적 변화를 유도한다는 것은 적절한 설명은 아니다. 인간이 상호작용하는 다양한 체계에 관심을 둠으로써 개입할 수 있는 영역이 확대되었다는 공헌도 있지만, 구체적인 개입방법이 제시되지는 않았다.

관련기출 더 보기

일반체계이론에서 체계의 작용 과정을 순서대로 옳게 나열한 것은?

ㄱ. 투입	ㄴ. 산출
ㄷ. 환류	ㄹ. 전환

① ㄱ - ㄴ - ㄷ - ㄹ
② ㄱ - ㄴ - ㄹ - ㄷ
③ ㄱ - ㄹ - ㄴ - ㄷ
④ ㄹ - ㄱ - ㄴ - ㄷ
⑤ ㄹ - ㄷ - ㄱ - ㄴ

답 ③

✅ **응시생들의 선택**

① 15%	② 17%	③ 63%	④ 2%	⑤ 3%

③ 체계의 작용 과정은 투입 → 전환 → 산출 → 환류로 진행된다.

사회체계이론의 내용으로 옳은 것을 모두 고른 것은?

ㄱ. 체계 내 부분의 작은 변화라도 전체로 파급된다.
ㄴ. 전체 체계는 부분의 합 이상의 의미를 지닌다.
ㄷ. 모든 체계는 부분인 동시에 전체로서의 속성을 지닌다.
ㄹ. 엔트로피는 체계 간 에너지교류가 극대화된 상태이다.

① ㄱ, ㄴ, ㄷ
② ㄱ, ㄷ
③ ㄴ, ㄹ
④ ㄹ
⑤ ㄱ, ㄴ, ㄷ, ㄹ

답 ①

✅ **응시생들의 선택**

① 23%	② 20%	③ 18%	④ 11%	⑤ 28%

ㄱ. 파문효과, ㄴ. 비총합성, ㄷ. 홀론을 의미한다.
ㄹ. 엔트로피는 체계가 서서히 무질서와 혼돈된 상태를 향해 가는 것을 말한다. 체계 간 교류가 없는 폐쇄체계에서 나타나는 현상이다.

다음 내용이 **왜 틀렸는지**를 확인해보자

01 개방체계에서는 <u>엔트로피</u>가, 폐쇄체계에서는 <u>네겐트로피</u>가 나타난다.

> 개방체계에서는 네겐트로피가, 폐쇄체계에서는 엔트로피가 나타난다.

`05-03-12`

02 개방체계에서는 내부에서 <u>외부로의 정보 유출이 어렵다.</u>

> 개방체계에서는 정보의 교환이 비교적 자유롭게 일어난다.

`05-03-12`

03 <u>폐쇄체계</u>에서는 환류(feedback)가 일어나기 용이하다.

> 개방체계에서는 환류가 자유롭게 일어나지만 폐쇄체계는 환류가 일어나기 어렵다.

빈칸에 들어갈 **알맞은 말을** 채워보자

`12-03-02`

01 ( )은/는 작은 체계들 속에서 그들을 둘러싼 큰 체계의 특성이 발견되기도 하고 작은 체계들이 큰 체계에 동화되기도 하는 현상을 말한다.

`11-03-23`

02 ( )은/는 외부로부터 에너지 유입 없이 소멸되어가는 상태를 말한다.

`13-03-10`

03 체계이론에서 ( )은/는 똑같은 출발에서 다양한 결과에 이른다는 개념이다.

04 (①)은/는 비교적 안정된 구조를 유지하려는 체계의 속성으로, 개방체계에서 나타나는 현상이다.
(②)은/는 체계의 구조 변화가 거의 일어나지 않는 상태로, 폐쇄체계에서 일어난다.

답 **01** 홀론 **02** 엔트로피 **03** 다중종결 **04** ① 항상성 ② 균형상태

1회독 월 일   2회독 월 일   3회독 월 일

최근 10년간 **2문항** 출제

복습  1 **이론요약**

23회 기출

생태체계관점의 주요 특징

- 유기체들의 상호적응 상태와 인간과 주변환경 간의 상호작용, 상호의존성, 역동적 교류와 적응을 설명
- 상황 속에서 인간의 다양한 변화 가능성을 제시
- 개인과 환경 간의 적합성에 초점
- 특정한 개입방법이 없으며 통합적 방법을 권장함
- 병리적 상태가 반영된 것이 '문제(problem)'라고 보지 않고, 주위 사람, 사물, 장소, 조직, 정보 등을 포함하는 생태체계의 여러 요인 간의 상호작용의 결과로 문제가 발생한다고 봄

기본개념

사회복지실천론
pp.110~

생태체계의 구성

- 미시체계
  - 개인 혹은 인간이 속한 가장 직접적인 사회적 · 물리적 환경
  - 개인이 대면하고 직접적으로 상호작용하는 부모, 친구, 학교, 회사 등
- 중간체계
  - 둘 이상의 미시체계들 간의 관계
  - 부모님과 담임 선생님의 관계, 형제간의 관계, 가족과 회사와의 관계 등
- 외부체계
  - 개인의 미시체계에 영향을 주는 체계
  - 부모의 직장, 대중매체, 지역사회의 문화시설 등
- 거시체계: 개인이 속한 사회의 이념이나 제도, 관습, 문화
- 시간체계: 개인의 전 생애에 걸쳐 일어나는 변화 및 역사적 환경

01 (23-03-06) 적합성이란 개인의 적응 욕구와 환경 또는 사회적 요구 사이의 조화와 균형의 정도를 의미하는 생태체계관점의 개념이다.

02 (18-03-05) 브론펜브레너가 제시한 생태체계 구성에서 미시체계는 개인의 일상생활에 존재하는 실제적인 환경이다.

03 (12-03-09) 생태체계모델의 적용: 개인과 환경 간의 지속적이고 순환적인 교류과정을 이해한다. 개인적 욕구와 환경적 욕구 사이의 조화와 균형 정도를 파악한다. 생태도를 활용하여 미시, 중간, 거시 체계들 사이의 자원과 에너지의 흐름을 파악한다. 문제에 대한 다중 원인 가능성, 문제 현상의 설명에 대한 불확실성을 전제한다.

04 (08-03-14) 개인과 환경이 서로 영향을 미친다는 것을 전제로 한다.

05 (07-03-06) 인간이 환경의 모든 요소와 지속적으로 상호작용하고 적응한다는 관점을 가진다.

06 (06-03-27) 생태체계모델의 특징: 역기능을 합리적인 것으로 개념화하는 강점 중심의 관점이다. 인간과 환경은 상호작용하며, 주기적으로 교류한다. 인간은 내적·외적으로 변화하여 환경에 적응한다.

07 (05-03-13) 생태체계관점에서는 인간이 가진 내적, 외적 힘이 환경을 변화시킬 수 있다고 본다.

08 (04-03-05) 생태체계관점에서는 개인과 환경 간의 적합성에 초점을 둔다.

대표기출 확인하기

23-03-06 　　　난이도 ★★☆

개인의 적응 욕구와 환경 또는 사회적 요구 사이의 조화와 균형의 정도를 의미하는 생태체계 관점의 개념은?

① 경계
② 엔트로피
③ 상호교류
④ 적합성
⑤ 대처

 알짜확인

• 생태체계관점 및 브론펜브레너의 생태체계구성은 실천론에서는 출제율이 낮은 편이지만, <인간행동과 사회환경>에서는 출제비중이 굉장히 높은 내용이다. 어디서 출제되든 반드시 출제는 된다고 생각해야 한다.

답 ④

응시생들의 선택

① 6%	② 6%	③ 21%	④ 66%	⑤ 1%

① 경계: 체계 내부와 외부, 한 체계와 다른 체계를 구분할 수 있는 테두리이다.
② 엔트로피: 폐쇄체계에서 체계가 점차 쇠퇴되고 해체되는 경향성이다.
③ 상호교류: 인간이 다른 환경의 사람과 의사소통하고 관계를 맺는 것이다.
⑤ 대처: 적응의 한 형태로 문제를 극복하기 위해 노력하는 것이다.

관련기출 더 보기

18-03-05 　　　난이도 ★★☆

브론펜브레너(V. Bronfenbrenner)가 제시한 생태체계에 관한 설명으로 옳은 것은?

① 미시체계: 개인의 일상생활에 존재하는 실제적인 환경
② 중간체계: 개인이 직접 상호작용을 하지는 않지만 간접적인 영향을 미치고 있는 환경
③ 내부체계: 개인 내면의 심리적인 상호작용
④ 외부체계: 개인이 속한 사회의 이념이나 제도의 일반적 형태
⑤ 거시체계: 개인이 적극적으로 참여하는 둘 이상의 환경 간의 상호관계

답 ①

응시생들의 선택

① 50%	② 17%	③ 13%	④ 17%	⑤ 3%

브론펜브레너의 생태체계 구성
• 미시체계: 개인 혹은 인간이 속한 가장 직접적인 사회적·물리적 환경
• 중간체계: 두 가지 이상의 미시체계들 간의 관계 및 상호작용
• 외부체계: 개인과 직접 상호작용하지는 않으나 미시체계에 영향을 주는 사회적 환경
• 거시체계: 개인이 속한 사회의 이념이나 제도의 일반적인 형태

13-03-11 　　　난이도 ★★★

생태체계관점에 대한 설명으로 옳지 않은 것은?

① 맥락적 사고를 한다.
② 다체계적 접근을 한다.
③ 인간과 환경 간의 균형을 강조한다.
④ 사회구조 개선을 위한 개입방법을 제시한다.
⑤ 문제에 대한 포괄적인 이해의 틀을 제공한다.

답 ④

응시생들의 선택

① 29%	② 21%	③ 6%	④ 39%	⑤ 5%

④ 사회구조의 개선을 위한 개입방법을 제시한 것은 아니다.

다음 내용이 **왜 틀렸는지**를 확인해보자

`08-03-14`

01 생태체계관점은 클라이언트의 병리적 상태를 문제로 규정한다.

> 생태체계관점은 병리적 상태를 문제로 보지 않고, 체계의 여러 요인 간 상호작용의 결과로 문제를 파악한다.

`06-03-27`

02 생태체계적 관점은 클라이언트의 심리 내적 변화에 초점을 둔다.

> 개인과 환경의 조화와 균형, 적응에 초점을 둔다.

03 생태체계관점은 개인과 사회의 문제를 원인과 결과의 관계로 파악한다.

> 생태체계관점은 개인과 사회의 문제를 원인과 결과의 관계로 파악하기보다는 상호연결된 전체로서 파악한다.

`18-03-05`

04 브론펜브레너의 생태체계 구성에서 **중간체계**는 개인이 직접 상호작용을 하지는 않지만 간접적인 영향을 미치고 있는 환경이다.

> 중간체계는 두 가지 이상의 미시체계들 간에 상호작용이 일어나는 환경을 말한다.

`13-03-11`

05 생태체계 관점은 사회구조 개선을 위한 개입방법을 제시한다.

> 생태체계관점은 다양한 생태체계의 상호작용의 결과로 문제가 발생한다고 보았을 뿐 문제가 사회구조에 있다고 보지도 않았고 사회구조 개선을 목적으로 삼지도 않았다. 때문에 이 관점에서는 사회구조 개선을 위한 개입 방법이 제시되지는 않는다.

06 생태체계관점에서는 클라이언트를 이해하기 위해서는 클라이언트의 환경적 요소를 고려해야 한다고 보면서도 실제 환경에 대한 개입은 부정적으로 보았다.

> 생태체계관점에서는 클라이언트를 돕기 위해 클라이언트의 환경적 요소, 생활공간에 대한 개입에 대해서도 긍정적으로 보았다.

075 다문화 사회복지실천

강의 QR코드

1회독	2회독	3회독
월 일	월 일	월 일

최근 10년간 **3문항** 출제

복습 1 이론요약

19회 기출

주요 내용

- 다양성의 인정, 사회통합의 추구
- 관련 개념: 문화적 다양성, 문화상대주의, 문화다원주의, 다문화주의
- 다문화 사회복지실천: 사람들 사이에 존재하는 다양성과 차이점을 존중하고 원조관계에서 작용하는 문화적 요소를 인식하는 실천
- 사회복지실천가는 문화적 역량을 키우기 위해 문화적 인식, 문화적 지식, 문화적 기술을 갖춰야 함

기본개념
사회복지실천론
pp.130~

※ 문화적 역량

- 다양한 문화적 배경을 지닌 사람들과 함께하게 되는 전문가들에게 요구되는 가치로, 기존의 문화적 민감성, 문화적 다양성 등의 개념에서 한발 더 나아간 보다 포괄적이고 복합적인 개념
- 각 문화에 내재되어 있는 강점과 자원을 인정하며, 소수문화 집단에 대한 부정적 개념을 근본적으로 전환함을 의미

기출문장 CHECK

01 (16-03-21) 사회복지사가 다문화 역량을 높이기 위해서는 소수인종에 대한 선입관이나 편견을 탐색하고, 문화적 특성을 이해하기 위한 노력이 필요하다.

02 (07-03-07) 국적이나 문화적 배경이 다른 클라이언트를 대할 때에는 클라이언트가 속한 문화의 기초지식을 바탕에 두고 접근할 수 있도록 한다.

03 (06-03-12) 다문화 가족의 증가에 대응하여 사회복지실천에서는 다문화 가족에 개입하기 위한 전문가를 양성할 필요성이 커졌으며, 문화적 다양성에 대한 사회인식 개선을 위한 사회교육의 필요성이 제기되었다.

대표기출 확인하기

19-03-09   난이도 ★★☆

다문화사회복지실천에서 사회복지사에게 요구되는 문화적 역량으로 옳지 않은 것은?

① 문화적 상이성에 대한 수용과 존중
② 주류문화에 대한 동화주의적 실천 지향
③ 자신의 문화적 정체성과 편견에 대한 성찰적 분석
④ 다문화 배경의 클라이언트에 관한 지식의 필요성 인식
⑤ 다문화 배경의 클라이언트에게 개입하고 의사소통할 수 있는 능력

 알짜확인

• 다문화 사회로 이행해감에 따라 다문화 클라이언트와 함께하는 사회복지사들이 갖춰야 할 자세나 태도 등을 생각해보자.

답 ②

✅ **응시생들의 선택**

① 0%	② 95%	③ 3%	④ 0%	⑤ 2%

② 동화주의는 다른 문화의 클라이언트에게 주류 문화를 가르쳐 동화되도록 함으로써 사회의 일원으로 인정하는 것으로 다양성을 인정하지 않는다는 점에서 차별의 한 형태로 볼 수 있다. 따라서 다문화 사회복지실천에서는 동화주의적 실천을 지양해야 한다.

➕ **덧붙임**

다문화 사회복지실천과 관련한 대부분의 문제는 '동화주의가 다문화 실천에 반대됨'을 알고 있는지를 확인하는 것이었다.

관련기출 더 보기

17-03-07   난이도 ★★☆

문화적 다양성과 사회복지실천에 관한 설명으로 옳은 것은?

① 다문화주의는 문화상대주의이다.
② 다문화사회복지실천에서 기술은 지식보다 중요하다.
③ 다문화주의는 사회통합을 위해 소수자의 동화를 유도한다.
④ 다문화사회복지실천은 클라이언트의 차이점을 고려하지 않는 중립적 실천이다.
⑤ 한국사회복지사 윤리강령에는 사회복지사의 문화적 다양성 이해에 관한 규정이 존재하지 않는다.

답 ①

✅ **응시생들의 선택**

① 41%	② 3%	③ 4%	④ 3%	⑤ 49%

② 다문화사회복지실천에서 지식과 기술은 모두 중요하다.
③ 다문화주의는 소수자의 문화를 있는 그대로 인정하고 존중하면서 공존할 수 있도록 하는 데에 초점을 둔다. 다문화사회복지실천에 있어 우리 문화에 동화되도록 유도한다거나 우리 문화를 강요한다거나 클라이언트의 개성을 인정하지 않는 것 등은 옳지 않다.
④ 다문화사회복지실천은 클라이언트의 차이점을 인정하는 것을 바탕으로 한다.
⑤ 한국사회복지사 윤리강령 5차 개정을 통해 인간 존엄성이라는 핵심 가치를 위한 윤리적 원칙으로 사회복지사는 문화적 다양성을 고려할 것을 명시하고 있으며, 구체적으로 직무능력 개발과 관련해 사회적 다양성에 대한 이해를 증진하기 위해 노력할 것을 명시하고 있다.

다음 내용이 왜 틀렸는지를 확인해보자

07-03-07

01 국적이 다른 클라이언트가 오더라도 <u>모든 인간은 기본적으로 동질적이므로 굳이 문화적 차이를 강조할 필요는 없다.</u>

> 국적이나 인종, 문화적 배경이 다른 클라이언트에게 개입하는 경우 사회복지사의 기준이나 판단에 따라 행동하거나 문화적 차이를 무시하여 다루지 않는 것 모두 좋은 방법이 아니다.

02 다문화 클라이언트에 개입하는 사회복지사는 반드시 그 클라이언트의 문화에 대해 완벽하게 이해해야 한다.

> 사회복지사가 클라이언트의 문화에 대해 완벽히 이해하기는 어렵다. 관련 지식을 살펴보고 모르는 것에 대해서는 오히려 클라이언트에게 질문하고 진지한 태도로 임함으로써 관계를 형성하는 것이 필요하다.

16-03-21

03 사회복지사가 다문화 역량을 높이기 위해서는 <u>동화의 중요성을 강조하는 문화상대주의</u>에 대해 학습할 필요가 있다.

> 문화상대주의는 각 문화는 그 문화의 독특한 환경과 역사적·사회적 상황과 맥락에서 이해해야 한다는 관점으로 동화를 강조하는 것이 아니라 세계 문화의 다양성을 인정하며 그 문화 그대로를 인정하는 것이다.

04 사회복지사가 클라이언트의 문화적 배경에 대해 <u>어떤 고정관념이나 편견을 갖고 있는지는 중요하지 않다.</u>

> 사회복지사는 자신이 갖고 있는 고정관념이나 편견에 대해 인식할 수 있어야 한다.

05 사회복지사는 다문화 클라이언트에게 적절하게 개입할 수 있는 문화적 기술을 갖춰야 하지만, <u>문화적 지식이 필요하지는 않다.</u>

> 다문화 클라이언트와 함께하는 사회복지사는 다양한 문화에 대한 지식, 즉 그 문화의 역사적 배경 및 현실 상황 등에 대한 지식을 갖추는 것이 필요하다. 사회복지사는 문화적 인식, 문화적 지식, 문화적 기술을 갖춤으로써 문화적 역량을 키워야 한다.

강의 QR코드

1회독 월 일
2회독 월 일
3회독 월 일

최근 10년간 **2문항** 출제

복습 1

이론요약

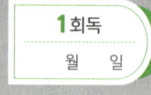

20회 기출

문제해결모델의 특징

- 문제는 일상생활에서의 다양한 경험에 따라 나타나는 것
- 문제를 해결해나가는 태도가 잘못된 것으로 봄
- 개입목적을 문제해결 능력의 회복에 둠
- 클라이언트 스스로가 문제해결자임을 강조
- 진단주의와 기능주의를 절충한 통합적 접근 모델

기본개념

사회복지실천론
pp.119~

펄만의 문제해결과정 4P

문제해결과정은 '문제(Problem)를 가지고 있는 **사람(Person)**이 어떤 **장소(Place)**에 자신의 문제를 가지고 도움을 얻기 위해 찾아오게 되며, 사회복지사는 이때 클라이언트와 문제해결 기능에 관여하게 되고, 나아가 문제해결에 필요한 자원을 보완해주는 **과정(Process)**'이다.

기출문장 CHECK

01 (20-03-16) 펄만의 4P 중 문제(Problem)는 해결하고자 하는 문제나 욕구를 말한다.

02 (20-03-16) 펄만의 4P 중 장소(Place)는 문제해결을 위한 서비스가 제공되는 물리적 공간을 말한다.

03 (15-03-14) 펄만(H. Perlman)의 문제해결모델에서는 주로 개인의 사회적 기능에 문제의 초점을 둔다.

04 (11-03-26) 펄만의 4P: 문제(Problem), 사람(Person), 장소(Place), 과정(Process)

대표기출 확인하기

20-03-16 · 난이도 ★★★

펄만(H. Perlman)이 사회복지실천을 구성하는 요소로 제시한 4P에 관한 내용으로 옳은 것을 모두 고른 것은?

> ㄱ. 문제(Problem) – 해결하고자 하는 문제나 욕구
> ㄴ. 프로그램(Program) – 문제해결을 위해 시행되는 프로그램
> ㄷ. 장소(Place) – 문제해결을 위한 서비스가 제공되는 물리적 공간
> ㄹ. 전문가(professional) – 문제해결을 위해 개입하는 전문가

① ㄱ, ㄴ ② ㄱ, ㄷ
③ ㄴ, ㄹ ④ ㄴ, ㄷ, ㄹ
⑤ ㄱ, ㄴ, ㄷ, ㄹ

알짜확인

- 문제해결모델에 관한 문제가 심도있게 출제되진 않았지만 4P 구성요소는 기억해두자.
- 펄만은 진단주의와 기능주의를 절충한 학자로 역사 문제나 통합적 모델에 관한 종합적인 문제에 대비하여 주요 특징 정도는 파악해두는 것이 좋다.

답 ②

응시생들의 선택

① 3%	② 42%	③ 2%	④ 3%	⑤ 50%

ㄴ. 프로그램, ㄹ. 전문가는 해당하지 않는다.

관련기출 더 보기

11-03-26 · 난이도 ★★★

펄만(Perlman)이 강조한 사회복지실천의 4가지 구성요소에 해당하지 않는 것은?

① 장소(place)
② 사람(person)
③ 문제(problem)
④ 실천(practice)
⑤ 과정(process)

답 ④

응시생들의 선택

① 9%	② 5%	③ 3%	④ 79%	⑤ 4%

펄만의 4P
- 문제(Problem): 해결해야 할 문제 혹은 욕구
- 사람(Person): 클라이언트
- 장소(Place): 서비스가 이루어지는 공간
- 과정(Process): 문제해결을 위한 활동

다음 내용이 왜 틀렸는지를 확인해보자

17-03-08

01 펄만의 문제해결모델은 **정신분석학적 접근**의 대표적인 예로 손꼽힌다.

> 펄만의 문제해결모델은 통합적 접근의 대표적인 예로 손꼽힌다.

02 문제해결모델에서는 **개인의 병리로 인해** 문제해결에 실패하게 된다고 보았다.

> 펄만은 클라이언트가 문제해결에 실패하는 이유를 개인의 병리나 정신적 결함에 있다고 보지 않았으며, 문제를 해결해나가는 태도에 잘못이 있다고 보았다.

11-03-26

03 펄만의 4P: 문제(Problem), 사람(Person), 장소(Place), **실천(practice)**

> 펄만의 4P: 문제(Problem), 사람(Person), 장소(Place), 과정(Process)

04 펄만의 4P에서 장소(Place)는 **집, 학교, 회사 등 문제가 발생한 공간**을 의미한다.

> 장소(Place)는 클라이언트가 문제해결에 관한 도움을 얻기 위해 찾는 사회복지관 등의 공간을 의미한다.

사례관리

사례관리는 꾸준히 출제빈도가 높아 사례관리의 등장배경, 주요 특징, 원칙, 과정을 비롯해 사례관리자의 역할까지 모두 꼼꼼히 살펴봐야 한다. 등장배경에서는 탈시설화, 지방분권화의 영향이 있음을 이해해야 하고, 사례관리는 간접개입이지만 사례관리자는 사회복지사로서 서비스를 직접 제공하기도 한다는 점도 알아두자.

10년간 출제분포도

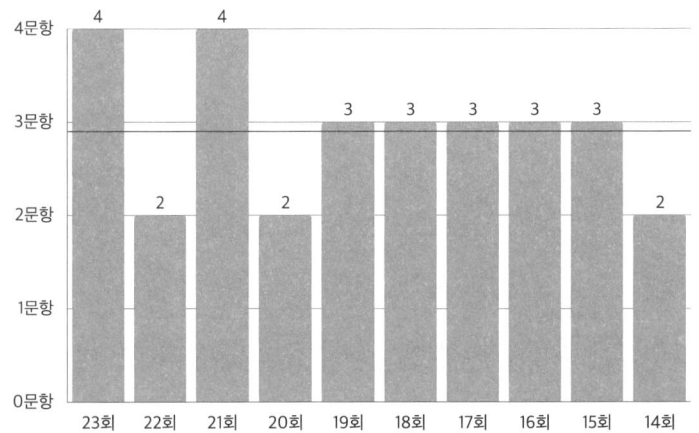

2.9
문항

평균 출제문항수

강의 QR코드

1회독 월 일 · 2회독 월 일 · 3회독 월 일

최근 10년간 **13문항** 출제

복습 1 **이론요약**

23회 기출 · 22회 기출 · 21회 기출 · 20회 기출 · 19회 기출

사례관리의 정의

- 대인서비스 실천분야에서 복합적 욕구를 지닌 클라이언트에게 포괄적, 통합적으로 개입하여 문제를 해결해나가려는 활동
- 공식적, 비공식적 지원과 활동의 네트워크를 조직·조정·유지하는 활동
- 개인의 기능 회복 및 증진을 위해 개인과 주변환경을 변화시키기 위한 개입활동

사례관리의 등장배경

- **탈시설화의 영향**
- **지방분권화, 민영화**에 따라 복잡하고 분산된 서비스의 조정기능 부재
- **만성적이고 복합적인 문제를 가진 클라이언트 증가**
- 클라이언트와 그 가족에게 부과되는 과도한 책임
- 비용효과성에 대한 인식 증가(서비스 비용 억제)
- 기존 서비스의 단편성: 통합적이고 체계적인 서비스 제공에 대한 필요성
- 사회적 지원과 사회적 지원망의 중요성에 대한 인식 증가
- 지역사회보호의 필요성 증가 및 재가복지서비스의 활성화

사례관리의 주요 특징

- **개별사회사업과 지역사회복지의 혼합**
  - 클라이언트의 욕구충족에 초점
  - 지역사회 차원의 네트워크 및 자원개발 강조
- **욕구 맞춤형 장기 서비스**
  - 욕구에 맞는 맞춤형 서비스 제공
  - 대체로 3개월 이상의 서비스가 요구되는 클라이언트 대상
- **환경 속 인간 관점**을 바탕으로 한 역량강화를 강조하며, **공식적·비공식적 자원 모두 활용**
- 사례관리팀을 통한 전문적 서비스
- **다차원적 접근**: 간접적 & 직접적, 미시적 & 거시적, 수평적 & 수직적

기본개념

사회복지실천론
pp.134~

사례관리의 이론적 기초

생태체계이론, 강점관점, 역량강화모델, 사회적 지지망 이론 등

사례관리의 목적

- 보호의 연속성
  - 횡단적 차원의 연속성: 특정 시점에서 클라이언트의 다양한 욕구를 충족시키기 위해 포괄적 서비스를 제공한다.
  - 종단적 차원의 연속성: 장기간에 걸쳐 변화하는 개인의 욕구에 대해 반응적 서비스를 지속적으로 제공한다.
- 서비스의 통합성 확보
- 서비스에 대한 접근성 제고
- 사회적 책임성 보장

사례관리의 원칙

- **개별화**: 클라이언트 개개인과 그가 갖고 있는 욕구를 적절하게 개발하여 서비스 제공
- 서비스 제공의 **포괄성**: 클라이언트의 다양한 욕구가 모든 분야에 걸쳐 충족될 수 있도록 포괄적인 서비스 제공
- **클라이언트의 자율성** 극대화: 클라이언트가 선택할 자유를 최대화하고, 지나치게 보호하지 않으며, 클라이언트의 자기결정권을 보장
- 서비스 **지속성(연속성)**: 클라이언트의 욕구를 점검하여 일회적이거나 단편적인 서비스에 그치지 않고 지속적으로 서비스가 제공되게 함
- 서비스 **연계성**: 복잡하고 분리되어 있는 서비스 전달체계를 연결
- 서비스의 **접근성**: 클라이언트가 서비스를 이용하는 데 있어 장애가 되는 심리적 조건이나 물리적 요소 혹은 사회문화적·경제적 요소들을 최소화하여 서비스에 대한 접근성을 높임
- 서비스의 **체계성**: 서비스 간 중복을 줄이고 서비스의 비용을 효율적으로 관리하기 위해 서비스와 자원들 간에 조정이 필요함

기출문장 CHECK

01 (23-03-23) 사례관리는 복지국가의 재정위기로 정책방향을 저비용·고효율로 전환하면서 등장했다.

02 (23-03-23) 사례관리는 서비스 공급주체가 중앙정부에서 지방정부로 변화하면서 등장했다.

03 (22-03-24) 사례관리의 원칙에는 서비스의 개별화, 서비스의 접근성, 서비스의 연계성, 서비스의 체계성 등이 있다.

04 (21-03-17) 서비스의 지속성: 변화하는 클라이언트 욕구에 반응하여 장기적으로 서비스를 제공해야 한다. 클라이언트에게 필요한 서비스를 중단하지 않고 제공해야 한다.

05 (21-03-22) 사례관리는 탈시설화로 인해 많은 정신장애인이 지역사회 내에서 생활하게 되면서 등장했다.

06 (21-03-22) 사례관리는 지역사회 내 서비스 간 조정의 필요성이 제기되면서 등장했다.

07 (21-03-22) 사례관리는 저비용, 고효율의 서비스 제공이 강조되면서 등장했다.

08 (21-03-22) 사례관리는 인구·사회적 변화에 따라 다양하고 복합적이며 만성적인 욕구를 가진 클라이언트가 증가하면서 등장했다.

09 (20-03-22) 사례관리는 서비스의 통합성 확보, 서비스의 접근성 강화, 보호의 연속성 보장, 사회적 책임성 제고 등을 목적으로 한다.

10 (19-03-13) 사례관리는 클라이언트의 다양한 욕구를 포괄한다.

11 (19-03-13) 사례관리는 클라이언트의 자율성 극대화를 강조한다.

12 (19-03-13) 사례관리는 개별화된 서비스 제공을 원칙으로 한다.

13 (19-03-13) 사례관리는 충분하고 연속성 있는 서비스 제공을 원칙으로 한다.

14 (19-03-20) 사례관리는 가족의 보호 부담 증가, 복합적 욕구를 가진 클라이언트의 증가, 통합적 지원의 필요성 증가, 지역사회 보호로의 전환 등에 대한 대응으로 등장하였다.

15 (18-03-14) 사례관리는 중복서비스를 제공하는 전문기관의 확대로 등장하였다.

16 (18-03-14) 사례관리는 클라이언트의 자율성 극대화 및 역량강화를 강조한다.

17 (18-03-14) 사례관리는 주로 복합적인 욕구나 문제를 가진 사람을 대상으로 다양한 욕구충족을 위해 포괄적인 서비스를 제공한다.

18 (16-03-20) 서비스 조정을 위해 사례회의를 개최한 것은 통합성의 원칙에 해당한다.

19 (16-03-20) 사각지대 발굴을 위해 아웃리치를 진행한 것은 접근성의 원칙과 관련된다.

20 (14-03-08) 사례관리는 필요한 경우 클라이언트의 권리를 옹호하기 위한 역할을 한다.

21 (14-03-21) 사례관리는 클라이언트의 기능 향상을 중요시한다.

22 (13-03-24) 사례관리는 지역사회보호의 필요성이 강조되는 흐름에 영향을 받았다.

23 (13-03-25) 사례관리는 클라이언트의 욕구에 초점을 두어 기관 내 서비스로 한정하지 않는다.

24 (12-03-15) 사례관리는 서비스의 연계성, 포괄성, 지속성, 체계성, 클라이언트의 자기결정권 존중 등을 원칙으로 한다.

25 (12-03-19) 사례관리는 공식적 또는 비공식적 자원의 연계 및 조정을 꾀한다.

26 (12-03-19) 사례관리는 복합적인 문제를 가진 개인의 자원 획득 및 활용 능력 강화에 초점을 둔다.

27 (11-03-29) 사례관리는 복합문제를 가진 클라이언트가 증가함에 따라 제기되었다.

28 (11-03-29) 유사한 서비스가 불필요하게 제공됨에 따라 서비스 제공의 효율화 측면에서 사례관리가 주목받기 시작했다.

29 (10-03-23) 사례관리는 단편화되고 파편화된 서비스를 통합적으로 관리한다.

30 (10-03-23) 사례관리는 서비스의 중복 가능성을 낮춰 자원을 효율적으로 사용할 수 있다.

31 (09-03-23) 사례관리는 클라이언트의 신체적, 정서적, 사회적 상황에 따른 욕구에 맞게 서비스를 제공하는 것을 원칙으로 한다.

32 (09-03-23) 사례관리는 다른 기관의 서비스를 포괄적으로 받도록 하는 포괄성의 원칙을 따른다.

33 (08-03-29) 사례관리는 일반주의 실천을 따른다.

34 (08-03-29) 사례관리는 직접실천과 간접실천을 포함한다.

35 (07-03-11) 사례관리는 탈시설화의 영향을 받았다.

36 (07-03-21) 사례관리자가 클라이언트에게 필요한 다양한 서비스가 누락되지 않도록 노력하는 것은 포괄성의 원칙에 해당한다.

37 (05-03-29) 사례관리는 서비스 전달의 통합성을 제고하기 위한 방안 중 하나이다.

38 (05-03-29) 사례관리는 클라이언트의 다양한 욕구에 대응하기 위해 제시되었다.

39 (05-03-30) 사례관리는 개별적인 실천기술과 지역사회실천기술을 통합하여 접근한다.

40 (04-03-23) 사례관리는 클라이언트가 가진 다양한 문제에 대해 포괄적으로 접근할 수 있다.

41 (03-03-20) 사례관리는 개별화, 포괄성, 지속성 등의 원칙을 따른다.

대표기출 확인하기

사례관리의 등장배경으로 옳지 않은 것은?

① 복합적인 서비스를 필요로 하는 대상자가 증가하였다.
② 복지국가 재정위기로 정책방향을 저비용·고효율로 전환하였다.
③ 시설 중심의 통합적 서비스 제공에 대한 요구가 증가하였다.
④ 지역사회에서 서비스 조정이 필요하게 되었다.
⑤ 서비스 공급주체가 중앙정부에서 지방정부로 변화하였다.

> **알짜확인**
>
> • 사례관리가 등장하게 된 배경을 살펴보고 이와 연결하여 주요 특징도 같이 정리해두자.
> • 사례관리의 등장배경과 관련하여 수험생들이 가장 많이 놓치는 부분이 '지방분권화'이다. 지방분권화가 이루어지면서 서비스가 분산됨에 따라 주민들이 서비스를 체계적이고 조직적으로 이용할 수 있도록 해야 한다는 문제제기가 일어났기 때문에 지방분권화 역시 사례관리가 등장하게 된 배경 중 하나로 볼 수 있다.
> • 개별화, 포괄성 및 통합성, 지속성(연속성) 등 사례관리의 원칙에 대해서 살펴보자.

답 ③

✅ **응시생들의 선택**

① 0%	② 15%	③ 74%	④ 4%	⑤ 7%

③ 사례관리의 등장배경 중 중요한 요소는 탈시설화의 영향이다. 탈시설화는 거대 수용시설의 비인간화와 폐쇄성을 지적하면서 장애인들이 가정과 지역사회에서 거주하면서 서비스를 받을 수 있어야 한다는 정상화 이념에 기초하여 전개되었다. 따라서 사례관리의 등장배경에 있어 시설 중심의 서비스 제공에 대한 요구가 증가하였다는 것은 옳지 않다.

관련기출 더 보기

사례관리의 원칙에 해당하지 않는 것은?

① 서비스의 개별화
② 서비스의 접근성
③ 서비스의 연계성
④ 서비스의 분절성
⑤ 서비스의 체계성

답 ④

✅ **응시생들의 선택**

① 1%	② 2%	③ 1%	④ 95%	⑤ 1%

④ 사례관리의 주요 개입원칙으로 개별화, 포괄성, 지속성(연속성), 연계성, 접근성, 체계성, 클라이언트의 자율성 및 자기결정권 보장 등을 꼽을 수 있다.

사례관리 등장 배경에 관한 설명으로 옳지 않은 것은?

① 탈 시설화로 인해 많은 정신 장애인이 지역사회 내에서 생활하게 되었다.
② 지역사회 내 서비스 간 조정이 필요하게 되었다.
③ 복지비용 절감에 관심이 커지면서 저비용 고효율을 지향하게 되었다.
④ 인구·사회적 변화에 따라 다양하고, 복합적이며 만성적인 욕구를 가진 클라이언트가 증가하였다.
⑤ 사회복지서비스 공급주체가 지방정부에서 중앙정부로 변화하였다.

답 ⑤

✅ **응시생들의 선택**

① 3%	② 1%	③ 6%	④ 1%	⑤ 89%

⑤ 사회복지서비스 전달체계가 중앙정부에서 지방정부로 이양되고 민영화가 진행됨에 따라 지역 내 다양한 서비스를 조정하고 연계할 수 있는 체계에 대한 필요성이 제기되었고 이러한 배경에서 사례관리가 등장하게 되었다.

사례관리의 목적에 해당하는 것을 모두 고른 것은?

> ㄱ. 서비스의 통합성 확보
> ㄴ. 서비스의 접근성 강화
> ㄷ. 보호의 연속성 보장
> ㄹ. 사회적 책임성 제고

① ㄱ, ㄴ　　　　　　　② ㄴ, ㄹ
③ ㄱ, ㄷ, ㄹ　　　　　④ ㄴ, ㄷ, ㄹ
⑤ ㄱ, ㄴ, ㄷ, ㄹ

답 ⑤

✔ 응시생들의 선택

① 6%	② 2%	③ 7%	④ 3%	⑤ 82%

모두 사례관리의 목적에 해당한다.

사례관리의 원칙과 활동의 연결로 옳지 않은 것은?

① 통합성: 서비스 조정을 위해 사례회의를 개최한다.
② 접근성: 사각지대 발굴을 위해 아웃리치를 한다.
③ 포괄성: 기관네트워크를 통해 서비스의뢰를 한다.
④ 체계성: 중도 탈락한 클라이언트를 찾아 서비스를 재개한다.
⑤ 지속성: 종단적 차원에서 개인의 욕구에 반영하여 서비스를 제공한다.

답 ④

✔ 응시생들의 선택

① 2%	② 2%	③ 10%	④ 79%	⑤ 7%

④ 체계성은 서비스 간 중복을 줄이고 서비스의 비용을 효율적으로 관리하기 위해 서비스와 자원을 조정한다는 개념이다. 이때 사례관리자는 공식적 지원체계뿐만 아니라 비공식적 지원체계도 고려하여 체계적인 지지망을 구축한다.

사례관리에 관한 설명으로 옳지 않은 것은?

① 통합적 방법을 활용한다.
② 직접 서비스와 간접 서비스를 결합한 것이다.
③ 포괄적이고 지속적인 서비스를 제공하는 것이다.
④ 전통적인 사회복지방법론과 전혀 다른 실천방법이다.
⑤ 기관의 범위를 넘은 지역사회 차원의 서비스 제공과 점검을 강조한다.

답 ④

✔ 응시생들의 선택

① 1%	② 3%	③ 2%	④ 79%	⑤ 15%

④ 사례관리는 기존의 실천방법들을 더 다양한 차원에서 효율적이고 효과적으로 활용하기 위해 제시된 것이지 전혀 다른 새로운 실천방법은 아니다.

사례관리에 관한 내용으로 옳은 것은?

① 단편적인 문제를 가진 클라이언트의 증가로 등장하였다.
② 클라이언트의 기능 향상을 중요시한다.
③ 계획－사정－개입－종결의 순으로 진행된다.
④ 공식적인 자원체계만을 중요시한다.
⑤ 서비스의 획일적 제공을 중요시한다.

답 ②

✔ 응시생들의 선택

① 1%	② 71%	③ 27%	④ 0%	⑤ 1%

① 복합적인 문제와 욕구를 가진 클라이언트의 증가로 등장하였다.
③ 사정－계획－개입－점검－평가의 순으로 진행된다.
④ 공식적·비공식적 자원체계를 모두 사용한다.
⑤ 개별화된 서비스 제공을 원칙으로 한다.

다음 내용이 왜 틀렸는지를 확인해보자

15-03-18

01 사례관리는 **공공부문의 역할을 확대**하기 위한 목적에서 시작되었다.

> 민영화로 공공 사회복지 부문이 민간으로 이양되면서 민간에서는 분산된 서비스를 조정하고 연계할 장치에 대한 필요성이 제기되었고, 이러한 배경에서 사례관리가 주목받게 되었다.

19-03-20

02 장기보호에서 **단기개입 중심으로 전환**되며 사례관리가 등장하였다.

> 사례관리가 단기개입을 중심으로 하지는 않는다. 사례관리는 복합적인 문제, 다양한 욕구에 맞춤형 서비스를 제공하는 것에 초점이 있으며 이로 인해 장기적 차원으로 이루어진다.

03 사례관리는 지역사회 내에 흩어져 있는 전문적 원조활동을 연결하여 제공한다는 점에서 **비공식적 지지체계의 역할을 인식하지 못한다**는 단점이 있다.

> 사례관리는 공식적 지지체계뿐만 아니라 비공식적 지지체계도 적극적으로 활용한다.

04 사례관리는 복지서비스 제공의 지방분권화 정책과는 **관련이 없다**.

> 복지서비스가 지방분권화되면서 흩어진 서비스를 통합적으로 관리하고 제공해야 할 필요성이 제기되었다.

06-03-28

05 사례관리에는 자원을 연계하는 간접적 접근보다 **직접적 원조를 더 강조**한다.

> 사례관리에는 직접적 원조도 포함되지만 직접적 원조보다는 자원을 연계하는 간접적 접근을 더욱 중요시한다.

05-03-30

06 사례관리는 장기적 개입으로 **정신분석적 접근에 초점**을 맞춘다.

> 사례관리는 체계이론, 생태체계이론 등을 토대로 한 통합적인 접근이다.

다음 내용이 옳은지 그른지 판단해보자

12-03-19
01 사례관리는 서비스의 접근성 향상, 개인 및 환경의 변화를 위한 노력, 공식·비공식적 자원의 연계 및 조정 등을 특징으로 한다.

11-03-29
02 지역사회보호의 필요성이 증가한 것도 사례관리가 강조된 배경 중 하나이다.

03 사회복지가 민영화되는 과정에서 사례관리는 기관 간 경쟁심을 부추기는 부정적 현상을 낳기도 했다.

13-03-25
04 사례관리는 공적 책임을 강화하기 위해 비공식적 지지망의 활용을 최소화한다.

05 사례관리는 서비스에 대한 클라이언트의 의존성 강화에 초점을 두지는 않는다.

07-03-21
06 사회복지사가 클라이언트의 욕구를 사정하고 계획하는 데 있어서 다양한 서비스 영역을 검토하여 필요한 도움이 누락되지 않도록 한 것은 지속성의 원칙에 해당한다.

07 사례관리는 서비스 제공에 있어 통합성을 높일 수 있는 전략이기는 하지만 접근성을 높이기 위한 전략은 아니다.

13-03-23
08 사례관리는 클라이언트의 다양한 욕구가 여러 분야에서 충족될 수 있도록 포괄성의 원칙을 따라야 한다.

15-03-18
09 사례관리는 클라이언트 중심 서비스로 종결이 어려운 장기적 욕구의 대상자에게 적절하다.

답 01 ○ 02 ○ 03 ✕ 04 ✕ 05 ○ 06 ✕ 07 ✕ 08 ○ 09 ○

해설 **03** 사례관리는 타 기관의 서비스를 포괄적으로 제공하기 위해 기관 간 연계 및 조정을 기반으로 한다. 기관 간 경쟁심을 부추기는 현상과 연결되지는 않는다.
04 사례관리는 공적 책임의 강화를 목적으로 하지도 않으며, 다양한 공식적·비공식적 자원을 적극적으로 활용한다.
06 포괄성의 원칙에 해당한다.
07 사례관리는 클라이언트가 여러 기관을 찾지 않고도 필요한 서비스를 받을 수 있는 방법이라는 점에서 통합성뿐만 아니라 접근성을 제고할 수 있는 방법이다.

1회독	2회독	3회독
월 일	월 일	월 일

최근 10년간 **9문항** 출제

복습 **1** 이론요약

 23회 기출 21회 기출

사례관리 과정

기본개념

사회복지실천론
pp.141~

① 사례발굴
- 모든 사람이 사례관리의 대상이 되는 것은 아님
- 인테이크 과정에서 사례관리가 필요한지를 판단

② 사정
- 클라이언트의 상황을 이해하기 위한 과정
- 욕구와 문제, 자원, 장애물 등을 파악

③ 계획
- 1단계: 사정 요약하기
- 2단계: 우선순위 정하기
- 3단계: 전략 수립하기
- 4단계: 전략 선택하기

④ 개입
사례관리자는 다른 전문가나 조직과의 연계 및 조정 등 <u>주로 간접적 활동을 수행하지만 상담, 교육 등 직접적 활동을 수행하기도 함</u>

⑤ 점검
진행 상황에서의 문제점, 욕구의 변화 등을 검토

⑥ 평가
서비스의 효과성, 효율성, 클라이언트의 만족도 등을 측정

01 (23-03-20) 서비스가 계획대로 제공되고 있는지 확인하는 것은 사례관리 과정 중 점검단계의 업무이다.

02 (21-03-24) 점검단계에서는 계획 수정 여부 논의, 클라이언트 욕구변화 검토, 서비스 계획의 목표달성 정도 파악, 서비스가 효과적으로 제공되고 있는지 확인 등의 과업이 이루어진다.

03 (18-03-16) 클라이언트와 서비스 제공자 사이에 갈등을 조정하는 것은 개입(실행)단계의 과업에 해당한다.

04 (17-03-24) 사정단계에서는 클라이언트의 욕구 및 자원을 확인한다.

05 (17-03-24) 사정단계에서는 클라이언트와 함께 문제 목록을 작성해볼 수 있다.

06 (17-03-25) 점검단계에서는 서비스의 산출결과를 검토한다.

07 (17-03-25) 점검단계에서는 서비스 계획의 목표달성 정도를 검토한다.

08 (17-03-25) 점검단계에서는 서비스 계획이 적절히 실행되고 있는지를 검토한다.

09 (17-03-25) 점검단계에서는 클라이언트의 욕구 변화를 점검하여 서비스 계획의 변경 필요성을 검토한다.

10 (16-03-25) 사례관리 과정: 사정 – 계획 – 연계 및 조정 – 점검

11 (15-03-20) 사례관리 과정: 아웃리치 → 사정 → 계획 → 점검 → 재사정

12 (11-03-22) 점검단계에서 사례관리자는 개입의 진행정도를 파악한다.

13 (11-03-22) 점검단계에서 사례관리자는 개입계획의 수정 여부를 검토한다.

14 (11-03-22) 점검단계에서는 클라이언트의 욕구 변화를 사정한다.

15 (11-03-22) 점검단계에서 사례관리자는 필요에 따라 문제해결 전략을 수정한다.

16 (07-03-15) 점검단계에서는 클라이언트에게 제공되는 서비스와 자원의 전달과정을 추적한다.

복습 2 기출확인

대표기출 확인하기

23-03-02
난이도 ★★☆

사례관리 과정에서 사정영역에 관한 내용으로 옳은 것을 모두 고른 것은?

ㄱ. 욕구에 대한 클라이언트의 능력
ㄴ. 클라이언트의 욕구 및 문제
ㄷ. 클라이언트 지원체계의 능력
ㄹ. 지원체계 활용의 장애

① ㄱ, ㄴ, ㄷ
② ㄱ, ㄴ, ㄹ
③ ㄱ, ㄷ, ㄹ
④ ㄴ, ㄷ, ㄹ
⑤ ㄱ, ㄴ, ㄷ, ㄹ

 **알짜확인**

• 사례관리의 진행 흐름을 이해해야 한다.
• 사례관리의 과정을 순서대로 나열해보는 다소 쉬운 문제도 출제되곤 하지만, 각 단계별 과업을 파악하는 문제도 출제되고 있다.

답 ⑤

응시생들의 선택

① 24%	② 4%	③ 6%	④ 5%	⑤ 61%

사례관리 과정 중 사정단계의 사정영역은 1) 욕구와 문제 사정영역, 2) 자원 사정영역, 3) 장애물 사정영역이 있다. ㄱ과 ㄴ은 욕구와 문제 사정영역, ㄷ은 자원 사정영역, ㄹ은 장애물 사정영역에 해당한다.

관련기출 더 보기

23-03-20
난이도 ★☆☆

사례관리 과정과 수행업무의 연결로 옳은 것은?

① 인테이크 – 상담, 교육, 자원 제공
② 사정 – 사례관리 대상자의 적격성 판정
③ 서비스 계획 – 클라이언트의 욕구와 자원에 관한 정보수집
④ 점검 – 서비스가 계획대로 제공되고 있는지 확인
⑤ 평가 – 서비스가 필요한 클라이언트의 욕구 확인

답 ④

응시생들의 선택

① 2%	② 3%	③ 1%	④ 92%	⑤ 2%

① 상담, 교육, 자원 제공은 개입단계의 업무이다.
② 사례관리 대상자의 적격성 판정은 접수단계(인테이크)의 업무이다.
③ 클라이언트의 욕구와 자원에 관한 정보수집은 자료수집이나 사정단계의 업무이다.
⑤ 서비스가 필요한 클라이언트 욕구 확인은 사정단계(욕구와 문제사정)의 업무이다.

21-03-24
난이도 ★★☆

다음에서 설명하고 있는 사례관리 과정은?

• 계획 수정 여부 논의
• 클라이언트 욕구변화 검토
• 서비스 계획의 목표달성 정도 파악
• 서비스가 효과적으로 제공되고 있는지 확인

① 점검
② 계획
③ 사후관리
④ 아웃리치
⑤ 사정

답 ①

응시생들의 선택

① 87%	② 2%	③ 5%	④ 1%	⑤ 5%

사례관리 과정
1. 아웃리치 등을 통한 대상자 모집 및 선정
2. 사정을 통해 욕구, 강점, 자원 등을 파악
3. 우선순위를 고려하여 계획 수립
4. 계획에 따라 개입
5. 진행상황 및 욕구변화 등을 점검
6. 만족도, 효과성, 효율성 등을 평가

사례관리 실천과정 중 개입(실행)단계의 과업에 해당하는 것은?

① 클라이언트와 서비스 제공자 간의 갈등 발생 시 조정
② 클라이언트의 욕구에 기초하여 구체적이고 명확한 목표 수립
③ 서비스 이용 대상자에 대한 적격성 여부 판별
④ 기관 내부 사례관리팀 구축 및 운영 능력 파악
⑤ 클라이언트가 달성한 변화, 성과, 영향 등을 측정하기 위한 도구 개발

답 ①

✔ 응시생들의 선택

① 80%	② 12%	③ 3%	④ 2%	⑤ 3%

② 계획단계에 해당한다.
③ 접수단계에 해당한다.
④ 사례관리팀 구축 및 운영 능력 파악은 사례관리 대상자를 모집하기 이전에 이루어져야 한다.
⑤ 평가도구 개발은 사례관리 실천과정이 아니더라도 진행될 수 있으며, 해당 클라이언트 혹은 해당 사례를 평가하기 위한 도구는 보통 평가를 어떻게 할 것인가를 계획하는 단계에서 정하기 때문에 도구 개발 및 선정은 개입단계 이전에 이루어진다.

사례관리자의 간접적 개입으로 옳지 않은 것은?

① 장애인 인식개선을 위한 지역사회 홍보활동을 한다.
② 가정폭력 피해여성을 위한 모금활동을 한다.
③ 청소년 유해환경을 줄이기 위한 프로그램을 개발한다.
④ 사각지대 발굴을 위해 이웃주민을 조직한다.
⑤ 예비부모를 대상으로 가족교육을 실시한다.

답 ⑤

✔ 응시생들의 선택

① 1%	② 4%	③ 4%	④ 7%	⑤ 84%

⑤는 직접적 개입, ①②③④는 간접적 개입에 해당한다.

사례관리의 과정을 순서대로 바르게 나열한 것은?

① 계획 – 사정 – 연계 및 조정 – 점검
② 계획 – 사정 – 점검 – 연계 및 조정
③ 사정 – 계획 – 점검 – 연계 및 조정
④ 사정 – 계획 – 연계 및 조정 – 점검
⑤ 점검 – 사정 – 계획 – 연계 및 조정

답 ④

✔ 응시생들의 선택

① 18%	② 10%	③ 20%	④ 51%	⑤ 1%

④ 사례관리의 과정은 일반적으로 '사정 – 계획 – 개입(연계 및 조정) – 점검 – 평가'의 단계로 설명할 수 있다.

사례관리 과정을 순서대로 바르게 나열한 것은?

ㄱ. 가족들에게 사례관리에 대해 어떻게 느꼈는지 설문조사 한다.
ㄴ. 자녀에게 인터넷중독 검사를 실시하고, 아버지의 폭력 정도에 대해 자녀와 면담한다.
ㄷ. 서비스를 제공하면서 자녀의 학교생활 변화 여부를 점검한다.
ㄹ. 지역사회 관련 전문가들이 모여 필요한 서비스 목록을 작성한다.

① ㄴ → ㄷ → ㄹ → ㄱ
② ㄹ → ㄴ → ㄱ → ㄷ
③ ㄴ → ㄹ → ㄷ → ㄱ
④ ㄹ → ㄱ → ㄴ → ㄷ
⑤ ㄴ → ㄹ → ㄱ → ㄷ

답 ③

✔ 응시생들의 선택

① 3%	② 6%	③ 85%	④ 1%	⑤ 5%

ㄴ. 사정 → ㄹ. 계획 → ㄷ. 개입과 점검 → ㄱ. 평가

다음 내용이 왜 틀렸는지를 확인해보자

15-03-20

01 사례관리의 과정은 **아웃리치 → 사정 → 계획 → 재사정 → 점검**의 순으로 진행된다.

> 아웃리치 → 사정 → 계획 → 점검 → 재사정의 순으로 진행된다.

07-03-15

02 클라이언트에게 제공되는 서비스와 자원의 전달과정을 추적하는 사례관리의 과정은 **평가 과정**이다.

> 점검 과정에 해당한다.
> 평가 과정에서는 클라이언트의 만족도를 비롯해 서비스의 효율성 및 효과성 등을 전반적으로 살펴본다.

03 의뢰를 통해 기관을 방문하게 된 클라이언트에 대해서는 **별도의 사정 과정 없이** 사례관리를 진행하는 것이 효율적이다.

> 의뢰된 클라이언트에 대해서도 사정을 진행하게 된다. 클라이언트가 가진 문제와 욕구에 대해 사정하고, 공식적·비공식적 자원에 대해 사정하고, 문제해결을 어렵게 하는 장애물들에 대해 사정한다.

04 개입전략의 수립 및 선택에 있어서는 클라이언트보다 **사례관리자의 결정이 우선시된다.**

> 개입전략을 수립하고 선택할 때에도 클라이언트의 자기결정권을 보장할 수 있도록 해야 하며, 문제의 당사자는 클라이언트이기 때문에 클라이언트와의 대화과정에서 개입전략에 대한 아이디어를 얻을 수 있으며, 클라이언트의 상황과 능력 등을 고려하여 합의하여 구체적인 실행 방법을 결정한다.

17-03-25

05 사례관리의 점검(monitoring) 과정에서는 **서비스의 최종 효과성을 검토**한다.

> 점검과정에서는 목표를 달성해가고 있는지를 확인하는 차원에서 효과성 검토가 이루어진다. 최종 효과성은 평가단계에서 확인한다.

06 사례관리의 **계획 단계**에서는 클라이언트의 문제 및 욕구와 함께 필요한 자원 요소를 살펴봐야 한다.

> 클라이언트의 문제 및 욕구와 자원 요소를 살펴보는 것은 사정 단계의 과업이다.

다음 내용이 옳은지 그른지 판단해보자

01 문제해결에 도움이 될 만한 자원, 문제해결에 장애가 되는 요소 등을 살펴보는 단계는 사정에 해당하지만, 실제 활동이 진행되는 단계는 개입 단계이다. ◎ ✕

02 사례관리에서 점검 과정은 실제 개입이 실시되기 이전에 다양한 제공자들에게 사례관리 계획을 점검하도록 하는 것이다. ◎ ✕

03 클라이언트에게 어떤 서비스가 적합한지를 파악하는 과정에서 사례관리 제공 여부가 판단되기 때문에 사례관리의 과정은 계획단계부터 시작된다. ◎ ✕

`14-03-21`
04 사례관리의 점검과정에서는 클라이언트가 의뢰된 이유를 알아본다. ◎ ✕

`11-03-22`
05 점검단계에서 사례관리자는 개입계획의 수정 여부를 검토한다. ◎ ✕

`17-03-25`
06 점검단계에서는 서비스 계획의 목표달성 정도를 검토한다. ◎ ✕

`18-03-14`
07 사례관리는 계획 – 사정 – 연계 · 조정 – 점검의 순으로 진행된다. ◎ ✕

답 **01** ○ **02** ✕ **03** ✕ **04** ✕ **05** ○ **06** ○ **07** ✕

해설 **02** 사례관리에서 점검 과정은 개입이 진행되는 중간에 사례관리자가 다른 제공자들의 서비스가 계획에 맞게 이루어지고 있는지, 목표를 달성해나가고 있는지 등을 살펴보는 과정이다.
03 사례관리의 과정은 학자마다 다르게 제시되긴 하지만, 보통 접수 혹은 사정 단계에서 시작한다.
04 접수단계에서의 과업이다.
07 사정 – 계획 – 연계 · 조정 – 점검의 순으로 진행된다.

사례관리자의 역할

 최근 10년간 **7문항** 출제

이론요약

사례관리자가 수행하는 주요 역할

- 사정자: 클라이언트의 욕구 분석, 강점 파악
- 계획자: 사례계획 및 기관 간 협력체계 조직
- 상담자: 클라이언트에게 필요한 지식, 기술 향상 원조
- 중개자: 자원과 클라이언트를 연결
- 조정자: 다양한 원조자들 사이에서 의견 조율
- 평가자: 전 과정에 대한 정보수집, 효율성 · 효과성 평가
- 옹호자: 클라이언트의 권리 대변

기본개념
사회복지실천론
pp.145~

기출문장 CHECK

01 (22-03-19) 중개자: 독거노인의 식사지원을 위해 지역사회 내 무료급식소 연계

02 (21-03-25) 조정자: 사례회의를 통해 독거노인지원서비스가 중복 제공되지 않도록 하였다.

03 (20-03-23) 옹호자: 클라이언트의 권리를 대변하는 활동 수행

04 (12-03-10) 사례관리자가 클라이언트의 다양한 문제를 해결하기 위해 여러 기관에 연계 및 의뢰를 추진할 경우 이는 중개자로서의 역할에 해당한다.

05 (11-03-30) 사례관리자는 조정가로서 다양한 기관에서 산발적으로 주어지는 서비스들을 조직적인 형태로 정리하여 적합한 서비스가 제공될 수 있도록 하는 역할을 수행한다.

06 (09-03-30) 사례관리자의 역할은 클라이언트의 욕구에 의해 결정된다.

07 (09-03-30) 사례관리자는 조언, 상담, 치료 등의 치료적 기능을 담당한다.

08 (09-03-30) 사례관리자는 중개자, 연결자, 조정자, 옹호자 등의 역할을 수행한다.

대표기출 확인하기

사례관리자의 역할에 관한 예로 옳은 것은?

① 중개자: 독거노인의 식사지원을 위해 지역사회 내 무료급식소 연계

② 상담가: 욕구사정을 통해 클라이언트에 대한 체계적인 개입 계획을 세움

③ 조정자: 사례회의에서 시청각장애인의 입장을 대변하여 이야기함

④ 옹호자: 지역사회 기관 담당자들이 모여 난방비 지원사업에 중복 지원되는 대상자가 없도록 사례회의를 실시함

⑤ 평가자: 청소년기 자녀와 갈등을 겪고 있는 부모와 자녀 사이에 개입하여 상호 만족스러운 합의점을 도출함

▶ **알짜확인**

• 사례관리자로서 수행하게 되는 역할에 대해 살펴보자.

• 사회복지사의 역할(4장 키워드 069)에서 공부한 내용과 중복되는데, 그 중에서 사례관리의 초점에 따라 특히 강조되는 역할은 무엇인지를 생각해보자.

답 ①

✔ **응시생들의 선택**

① 89%	② 6%	③ 1%	④ 3%	⑤ 1%

② 계획자로서의 역할에 해당한다.

③ 옹호자로서의 역할에 해당한다.

④ 조정자로서의 역할에 해당한다.

⑤ 상담자 및 중재자로서의 역할에 해당한다.

관련기출 더 보기

다음 설명에서 사례관리자가 수행한 역할은?

> 클라이언트는 경제적 지원과 건강 지원을 요구하지만, 현재 종합사회복지관, 노인복지관, 경로당, 무료 급식소에서 중복적으로 급식 지원을 제공받고 있으며, 정서 지원도 중복되고 있다. 사례관리자는 사례회의를 통해서 평일 중식은 경로당에서, 주말 중식은 무료 급식소를 이용하고, 종합사회복지관은 경제적 지원을, 노인복지관은 건강 지원을 제공하는 데 합의하였다.

① 중개자   ② 훈련가

③ 중재자   ④ 조정자

⑤ 옹호자

답 ④

✔ **응시생들의 선택**

① 5%	② 0%	③ 6%	④ 88%	⑤ 1%

④ 클라이언트에게 불필요하게 중복하여 제공되는 서비스들을 조정하는 조정자로서의 역할이 중점적으로 진행되고 있다.

사례관리자의 역할로 옳은 것을 모두 고른 것은?

ㄱ. 사례관리자는 기관 정책상 클라이언트에게 서비스를 제공해 주기 어려울 때 다른 기관에 의뢰한다.
ㄴ. 사례관리자는 기관의 정책이 클라이언트에게 불리하다고 판단될 때 기관의 정책에 도전하는 옹호 역할을 수행한다.
ㄷ. 복합적인 욕구를 갖는 클라이언트를 위해 다양한 서비스를 조정·연계한다.
ㄹ. 클라이언트의 자기결정이 중요하므로 사례관리자는 어떠한 상황에서도 클라이언트를 대신하여 행동해서는 안 된다.

① ㄱ, ㄷ
② ㄴ, ㄷ
③ ㅣ, ㄹ
④ ㄱ, ㄴ, ㄷ
⑤ ㄱ, ㄴ, ㄷ, ㄹ

답 ④

✔ 응시생들의 선택

| ① 26% | ② 5% | ③ 2% | ④ 62% | ⑤ 5% |

ㄹ. 사례관리자는 클라이언트의 일을 대신하기도 한다. 예를 들어 클라이언트의 입장을 대변하고 옹호하기 위해 직접 관련 표적체계에 대해 대책을 요구하는 등의 활동을 진행하기도 한다.

사례관리자 A는 담당사례에 대해 방문서비스가 중복해서 제공되는 문제를 발견하고, 지역 내 재가서비스기관 모임을 통해 효율적인 서비스를 제공하고자 하였다. 이때 사례관리자 A가 수행한 역할은?

① 중개자(broker)
② 계획가(planner)
③ 조력자(enabler)
④ 옹호자(advocate)
⑤ 조정가(coordinator)

답 ⑤

✔ 응시생들의 선택

| ① 9% | ② 7% | ③ 2% | ④ 1% | ⑤ 82% |

⑤ 조정가는 흩어져 있는 혹은 다양한 기관에서 산발적으로 주어지는 서비스들을 조직적인 형태로 정리하는 역할이다.

사례관리자에 관한 설명으로 옳은 것을 모두 고른 것은?

ㄱ. 사례관리자의 역할은 클라이언트의 욕구에 의해 결정된다.
ㄴ. 사례관리자는 조언, 상담, 치료 등의 치료적 기능을 담당한다.
ㄷ. 사례관리자는 중개자, 연결자, 조정자, 옹호자 등의 역할을 수행한다.
ㄹ. 사례관리자는 기관의 서비스에 맞추어 클라이언트의 문제를 사정한다.

① ㄱ, ㄴ, ㄷ
② ㄱ, ㄷ
③ ㄴ, ㄹ
④ ㄹ
⑤ ㄱ, ㄴ, ㄷ, ㄹ

답 ①

✔ 응시생들의 선택

| ① 39% | ② 27% | ③ 13% | ④ 1% | ⑤ 20% |

ㄹ. 기관에 마련된 서비스 외의 서비스가 필요한 경우 네트워크를 이용해 다른 기관과 협력하고 기관의 범위를 뛰어넘어 사례관리팀을 구성하여 서비스를 마련한다.

➕ 덧붙임

사례관리는 보통 간접적 개입으로 분류되지만, 그렇다고 해서 사례관리자가 직접적으로 개입하지 않는 것은 아니다. 사례관리자는 사례관리자이면서 동시에 사회복지사이기도 하기 때문에 직접 조언, 상담, 치료 등의 서비스를 제공하기도 한다.

다음 내용이 **왜 틀렸는지**를 확인해보자

`09-03-30`

01 사례관리자는 **기관의 서비스에 맞추어** 클라이언트의 문제를 사정한다.

> 사례관리자는 자신이 속한 기관의 서비스 외에도 연계망을 통해 클라이언트에게 필요한 서비스가 제공될 수 있도록 한다.

`20-03-23`

02 사례관리자는 **정보제공자**로서 개인이나 집단 간의 갈등을 파악하고 조정한다.

> 갈등의 파악 및 조정은 중재자로서의 역할에 해당한다.

---

03 사례관리자의 역할 중 **사정자로서의 역할**은 클라이언트와 자원 및 서비스를 연결하는 역할로서 사례관리의 기능 중 가장 핵심적인 기능이라고 말할 수 있다.

> 사정자로서의 역할은 클라이언트의 강점, 능력, 자원, 잠재력 등을 파악하고 욕구를 분석하는 역할이다. 가장 핵심적인 기능은 아니다.
> 사례관리에서 가장 핵심적인 기능은 클라이언트와 자원 및 서비스를 연결하는 중개자로서의 역할이다.

---

04 사례관리자가 클라이언트에게 **서비스를 직접 제공하지는 않는다**.

> 사례관리자 역시 사회복지사로서 클라이언트에게 서비스를 직접 제공하기도 한다.

`18-03-15`

05 사례관리자는 알코올, 가정폭력, 실직 문제가 있는 클라이언트를 면담하여 알코올중독의 영향에 대해 체계적으로 가르치고, 가정폭력상담소에 연계하여 전문상담을 받도록 하였다. 이때 사례관리자는 교육자, 중개자, **중재자**로서의 역할을 수행한 것이다.

> 보통 사회복지사의 중재자로서의 역할은 클라이언트와 갈등이 있는 다른 개인 혹은 집단 사이에 타협을 이끌어내는 역할을 말하는데, 사례는 중재가 필요한 갈등 상황은 아니다.

관계형성에 대한 이해

이 장에서는

비스텍이 제시한 관계형성의 7대 원칙(개-의-통-수-비-자-비)는 각각의 원칙을 상세히 학습해야 한다. 최근에는 전문적 관계의 특징, 전문적 관계형성의 요소도 자주 출제되고 있기 때문에 각각의 요소들이 의미하는 바를 정확히 파악해두도록 하자. 또한 관계형성에 있어 장애가 될 수 있는 요인들과 그와 관련하여 사회복지사가 어떻게 대처해야 하는지도 중요하다.

10년간 출제분포도

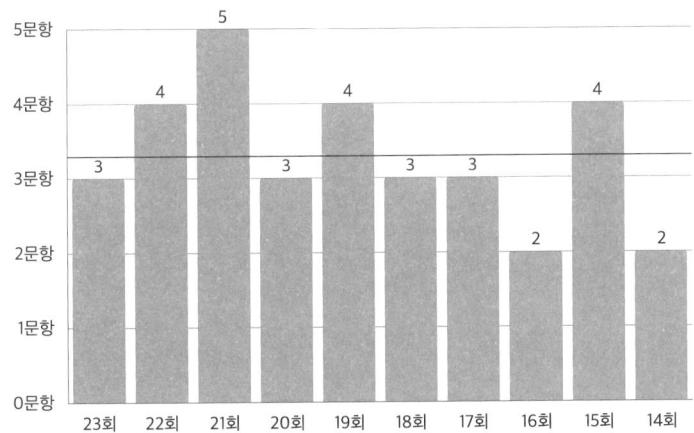

3.3
문항

평균 출제문항수

080 관계형성의 7대 원칙 (Biestek)

강의 QR코드

최근 10년간 **11문항** 출제

 **이론요약**

23회 기출 22회 기출 21회 기출 20회 기출 19회 기출

비스텍이 제시한 관계의 기본원칙

기본개념

사회복지실천론
pp.156~

① 개별화
- 모든 클라이언트는 **개별적인 욕구를 가진 존재**로 개별화해야 한다.
- 클라이언트 개개인의 독특한 자질을 알고 이해하는 것을 바탕으로 한다.

② 의도적 감정표현
- 클라이언트가 **감정을 자유롭게 표현할 수 있도록** 해야 한다.
- 특히 부정적 감정을 표현하도록 함으로써 문제의 본질을 살펴볼 수 있도록 한다.

③ 통제된 정서적 관여
- **클라이언트의 감정에 민감성과 이해로 적절히 반응**해야 한다.
- 반응함에 있어서는 과도한 호응은 역효과가 날 수 있음에 유의해야 한다.
- 원조 목적에 맞게 개별화된 반응을 보이면서 통제되고 조절되어야 한다.

④ 수용
- 클라이언트를 **있는 그대로 인정**하고 받아들여야 한다.
- 클라이언트의 일탈적 행동이나 반사회적 행동을 허용함을 의미하는 것은 아니다.

⑤ 비심판적 태도
- **클라이언트를 심판하거나 비난하지 않아야 한다.**
- 이는 문제의 원인을 클라이언트의 책임으로 돌려서는 안 됨을 의미한다.

⑥ 자기결정
- 클라이언트의 자기결정을 최대한 존중해야 한다.
- 자기결정은 **클라이언트의 능력, 법률적·도덕적 테두리에 따라 제한될 수 있다.**

⑦ 비밀보장
- 클라이언트의 비밀을 보장해야 한다.
- 비밀보장은 가장 기본원칙이자 윤리적 의무이지만 **예외적인 상황이 있음**을 인지해야 한다.

01 (23-03-11) 의도적 감정표현이란 클라이언트가 자신의 감정을 자유롭게 표현하도록 해야 하는 것이다.

02 (23-03-11) 통제된 정서적 관여란 클라이언트의 감정에 민감성과 이해로서 반응해야 하는 것이다.

03 (22-03-17) 수용은 클라이언트를 있는 그대로 이해하는 것이다.

04 (22-03-17) 수용은 클라이언트의 부정적인 감정도 받아들이는 것이다.

05 (22-03-17) 수용을 통해 클라이언트가 안도감을 갖게 하여 현실적인 방법으로 문제 대처를 할 수 있도록 돕는다.

06 (22-03-17) 사회복지사가 편견이나 선입관을 줄여나가면 수용에 도움이 된다.

07 (21-03-16) 의도적 감정표현은 클라이언트의 부정적 감정을 자유롭게 표현할 수 있도록 지지하는 것을 말한다.

08 (20-03-10) 비스텍의 원칙: 개별화, 의도적 감정표현, 통제된 정서적 관여, 수용, 비심판적 태도, 자기결정, 비밀보장

09 (19-03-21) 통제된 정서적 관여: 클라이언트는 문제에 대한 공감적 반응을 얻고자 하는 욕구가 있다. 사회복지사는 클라이언트 감정에 대해 민감성, 공감적 이해루 의도적이고 적절한 반응을 한다.

10 (18-03-20) 개별화를 위해 사회복지사는 언어적 표현에 대한 경청 능력, 비언어적 표현에 대한 관찰 능력, 편견과 선입관에 대한 자기인식 능력, 감정을 민감하게 포착할 수 있는 능력 등의 역량을 갖출 필요가 있다.

11 (18-03-22) 클라이언트의 자기결정을 돕기 위해 사회복지사는 경청하고 수용하는 태도 및 클라이언트가 활용 가능한 자원을 찾고 분석하도록 지원하는 능력, 클라이언트의 잠재력을 개발하는 데 도움이 되는 환경조성 능력 등을 갖출 필요가 있다.

12 (17-03-15) 클라이언트의 자기결정권을 위해 문제해결자는 사회복지사가 아닌 클라이언트임을 강조해야 한다.

13 (16-03-19) 개별화란 클라이언트가 속한 집단적 특성을 탐색하는 과정을 포함한다.

14 (15-03-10) 학생의 자퇴 결정에 대한 존중은 자기결정의 원칙에 따른 것이다.

15 (14-03-04) 의도적인 감정표현은 클라이언트로 하여금 자신이 비난받게 될지 모르는 감정을 자유롭게 표현하도록 돕는 것이다.

16 (13-03-15) 개별화는 편견이나 고정관념 없이 클라이언트 개인의 경험을 존중하는 것이다.

17 (12-03-16) 클라이언트의 치료를 위해 전문가 회의를 하는 경우 클라이언트의 정보가 공개될 수 있는데 이때는 비밀보장의 예외에 해당한다.

18 (11-03-16) 클라이언트가 가지고 있는 죄책감을 표현할 수 있도록 격려하는 것은 의도적 감정표현에 해당한다.

19 (11-03-16) 학대부모를 비난하는 클라이언트의 감정에 과도하게 반응하지 않는 것은 통제된 정서적 관여에 해낭안나.

20 (08-03-21) 클라이언트의 자기결정의 원칙은 법적, 사회적, 도덕적 테두리 내에서 이루어져야 한다.

21 (05-03-18) 클라이언트가 보이는 부정적 행동을 있는 그대로 받아들이는 것은 수용에 해당한다.

22 (05-03-19) 타 기관과 연계 및 의뢰, 실습생 교육, 슈퍼비전 등의 경우에는 비밀보장의 예외에 해당한다.

23 (04-03-08) 클라이언트가 객관적 진실에 대해서만 말할 경우에는 의도적 감정표현의 기술이 필요하다.

24 (04-03-19) 비심판적 태도는 문제의 원인이 클라이언트의 잘못 때문인지 아닌지, 혹은 클라이언트에게 책임이 있는지 등을 심판하지 않는 것을 말한다.

25 (03-03-19) 클라이언트의 감정적 표현을 유도하기 위해 사회복지사는 정서적으로 관여하게 되는데, 이와 관련하여 통제된 정서적 관여의 원칙이 적용되어야 한다.

26 (03-03-19) 통제된 정서적 관여를 위해서는 클라이언트가 말로 표현하지 않더라도 태도에서 드러나는 감정을 잘 파악해야 한다.

27 (02-03-25) 클라이언트는 모두 다르게 취급해야 한다는 것은 개별화의 원칙이다.

대표기출 확인하기

23-03-11 난이도 ★☆☆

비스텍(F. Biestek)의 관계원칙에 관한 내용으로 옳은 것을 모두 고른 것은?

> ㄱ. 수용: 클라이언트를 있는 그대로 인정해야 한다.
> ㄴ. 비심판적 태도: 클라이언트를 비난하지 않아야 한다.
> ㄷ. 통제된 정서적 관여: 클라이언트가 자신의 감정을 자유롭게 표현하도록 해야 한다.
> ㄹ. 개별화: 클라이언트의 감정에 민감성과 이해로서 반응해야 한다.

① ㄹ
② ㄱ, ㄴ
③ ㄴ, ㄷ
④ ㄱ, ㄷ, ㄹ
⑤ ㄱ, ㄴ, ㄷ, ㄹ

▶ 알짜확인

- 비스텍이 제시한 7가지 원칙은 필수적으로 암기해두어야 할 내용이다.
- 각각의 원칙이 어떤 내용을 담고 있는지를 잘 파악해두고 원칙과 사례를 연결할 수 있도록 해야 한다.

답 ②

✅ 응시생들의 선택

① 1%	② 75%	③ 2%	④ 3%	⑤ 19%

ㄷ. 클라이언트가 자신의 감정을 자유롭게 표현하도록 해야 하는 것은 의도적 감정표현이다.
ㄹ. 클라이언트의 감정에 민감성과 이해로서 반응해야 하는 것은 통제된 정서적 관여이다.

관련기출 더 보기

19-03-21 난이도 ★★★

다음에서 설명하는 전문적 관계의 기본 원칙은?

> - 클라이언트는 문제에 대한 공감적 반응을 얻고자 하는 욕구가 있다.
> - 사회복지사는 클라이언트 감정에 대해 민감성, 공감적 이해로 의도적이고 적절한 반응을 한다.

① 수용
② 개별화
③ 비심판적 태도
④ 의도적인 감정표현
⑤ 통제된 정서적 관여

답 ⑤

✅ 응시생들의 선택

① 9%	② 1%	③ 3%	④ 43%	⑤ 44%

① 수용: 클라이언트의 장점과 약점, 혹은 단점 등을 포함하여 클라이언트의 모습을 있는 그대로 이해하고 받아들인다는 의미이다.
② 개별화: 클라이언트 개개인이 가진 독특한 특성을 인정하고 이해함으로써 그에 맞게 원조의 내용, 방법, 과정 등도 개별적으로 고려되어야 함을 의미한다.
③ 비심판적 태도: 문제가 클라이언트에게서 비롯된 것인지, 클라이언트가 어떤 책임이 있는지 등에 대해 표현하지 않고, 클라이언트의 행동이나 가치관 등에 대해 비난하지 않음을 의미한다.
④ 의도적인 감정표현: 문제에서 '의도적'이라는 표현이 있어 답을 헷갈린 수험생들이 더러 있었는데, 의도적인 감정표현은 클라이언트가 자신의 감정을 자유롭게 표현할 수 있도록 돕는 것을 말한다.

비스텍(F. Biestek)의 관계의 원칙에 관한 설명으로 옳은 것은?

① 의도적 감정표현이란 클라이언트와의 라포 형성을 위해 사회복지사의 감정을 주의 깊게 표현하는 것이다.
② 수용이란 클라이언트의 행동변화를 위해 바람직한 가치를 받아들이도록 격려하는 것을 의미한다.
③ 개별화란 클라이언트가 속한 집단적 특성을 탐색하는 과정을 포함한다.
④ 비심판적 태도란 클라이언트의 자기결정능력이 부족한 경우에 판단을 유보하는 것이다.
⑤ 통제된 정서적 관여란 클라이언트가 자기이해를 통해 부정적 감정에 직면하도록 강화할 때 필요하다.

답 ③

✔ 응시생들의 선택

① 30%	② 16%	③ 24%	④ 6%	⑤ 24%

③ 개별화는 클라이언트마다 개별적인 독특한 특성을 가지고 있다는 것을 인정하고 이해함으로써 개별 클라이언트를 원조하는 내용, 방법, 과정이 개별적으로 고려되어야 함을 말한다.
① 의도적 감정표현: 클라이언트가 자신의 감정을 자유롭게 표현할 수 있도록 해야 한다.
② 수용: 클라이언트를 있는 그대로 인정하고 받아들여야 한다.
④ 비심판적 태도: 클라이언트를 심판하거나 비난하지 않아야 한다.
⑤ 통제된 정서적 관여: 클라이언트의 감정에 민감성과 이해로서 반응해야 한다.

➕ 덧붙임

이 문제는 ③번 개별화에 대한 설명에서 '집단적 특성'이라는 단어 때문에 답을 놓친 응시생들이 많았는데, 이 문장이 클라이언트를 집단화한다는 의미는 아니다. 클라이언트가 침여하는 친구집단이나 동호회 모임 등이 어떤 분위기인지, 어떤 활동을 하는지, 어떤 관심사를 공유하는지, 관계는 어떠한지 등을 살펴봐야 한다는 것으로, 이 역시 클라이언트의 특성을 파악하기 위한 과정으로 개별화에 대한 옳은 설명이다.

실천관계의 기본 원칙과 그 예의 연결로 옳지 않은 것은?

① 수용 – 학교폭력 가해자의 행동에 대해 그 상황과 감정을 이해함
② 자기결정 – 학생의 자퇴 결정을 존중함
③ 개별화 – 따돌림 방지를 위해 다문화가정 학생의 사고방식과 생활유형을 개별적으로 조정함
④ 통제된 정서적 관여 – 피해학생의 분노와 공포감을 민감하게 이해하고 적절하게 반응함
⑤ 비밀보장 – 학생의 뜻에 따라 부모의 이혼사실을 교사에게 알리지 않음

답 ③

✔ 응시생들의 선택

① 21%	② 16%	③ 41%	④ 10%	⑤ 12%

③ 개별화는 클라이언트의 독특한 특성을 인정하고 이해함으로써 그에 맞는 서비스를 제공한다는 것에 있다. 제시된 사례는 클라이언트의 특성을 고려하지 않은 채 클라이언트의 사고방식과 생활유형을 변화시키려고 한다는 점에서 개별화에 따른 활동이라고 볼 수 없다.

다음 사례에서 사회복지사가 고수해야 할 전문적 관계의 원칙을 모두 고른 것은?

> 반항적인 행동과 거친 말을 일삼는 비행청소년 P양은 사회복지사를 찾아와, 성폭력으로 심한 정신적 고통에 시달려 자살하고 싶다고 말했다. P양은 이 모든 일들을 누구에게도 알리지 말아 달라고 부탁하며 도움을 요청하였다.
>
> ㄱ. 수용   ㄴ. 비심판적 태도
> ㄷ. 개별화   ㄹ. 비밀보장

① ㄱ, ㄴ, ㄷ
② ㄱ, ㄷ
③ ㄴ, ㄹ
④ ㄹ
⑤ ㄱ, ㄴ, ㄷ, ㄹ

답 ①

✔ 응시생들의 선택

① 27%	② 1%	③ 17%	④ 10%	⑤ 45%

ㄹ. 비밀보장의 원칙은 전문적 관계의 원칙 중 하나이지만, 문제의 사례처럼 자살, 타인의 생명 위협과 관련된 경우 등은 제한된다. 이는 클라이언트의 비밀보장보다 인간의 생명이 우선하기 때문이다.

다음 내용이 왜 틀렸는지를 확인해보자

`11-03-16`

01 사회복지사는 클라이언트의 약물중독 행동에 대해서도 **수용의 원칙을 지켜야 한다.**

> 수용은 일탈적이고 부도덕적, 반사회적 행동을 모두 허용함을 의미하지는 않는다.

`08-03-21`

02 아동성폭행으로 법원의 수강명령에 따라 의뢰된 클라이언트가 자신의 성적 취향을 주장하며 상담을 거부할 때에도 자기결정의 원칙이 존중되어야 한다.

> 법원의 수강명령에 따라 의뢰된 클라이언트가 상담을 거부할 때에는 자기결정의 원칙이 제한된다.

`04-03-19`

03 비심판적 태도의 원칙은 **문제의 원인이 클라이언트에게 있는 것은 아닌지를 객관적으로 살펴볼** 수 있도록 해야 함을 의미한다.

> 비심판적 태도의 원칙은 문제의 원인이 클라이언트에게 있는지와 관련된 심판을 하지 않음을 의미한다.

`03-03-19`

04 **통제된 정서적 관여**는 클라이언트가 자기의 감정, 특히 부정적인 감정을 자유롭게 표현하고자 하는 욕구를 말한다.

> 의도적 감정표현에 해당하는 설명이다.

---

05 의도적 감정표현을 위해 사회복지사는 클라이언트의 감정표현에 대해 비난해서는 안 되며 **비현실적이더라도 긍정적 반응과 무조건적 공감**을 보여야 한다.

> 비현실적인 반응이나 약속, 무조건적 공감 등은 오히려 클라이언트의 불신을 가져올 수 있으므로 진실성 있는 반응을 보여야 한다.

---

06 클라이언트에게 비밀보장의 원칙에 대해 설명하는 것은 **개별화의 원칙과는 무관**하다.

> 클라이언트에게 비밀보장의 원칙에 대해 설명함으로써 신뢰감과 안도감을 주는 것도 개별화의 수단이 된다.

07 의도적 감정표현이란 클라이언트와의 라포 형성을 위해 **사회복지사의 감정을 주의 깊게 표현**하는 것이다.

16-03-19

> 의도적 감정표현은 사회복지사가 클라이언트가 자신의 감정을 자유롭게 표현할 수 있도록 이끌어야 함을 의미한다.

07-03-12

08 아내에게 분노감을 느끼는 남편에게 그 감정을 표현하도록 하는 것은 적절하지 않다.

> 사회복지사는 남편이 아내에게 느끼는 감정을 표현하도록 이끌 필요가 있으며, 이는 비스텍이 제시한 7대 원칙 중 의도적 감정표현에 해당한다.

13-03-15

09 자기결정의 원칙은 클라이언트의 상황에 관계 없이 **모든 클라이언트의 선택권을 보장**하는 것이다.

> 자기결정의 원칙은 클라이언트 자신 혹은 타인에게 해가 될 수 있거나 도덕적, 법적으로 문제가 될 수 있는 결정까지 보장하는 것은 아니다.

09-03-19

10 사회복지사는 관계형성에 있어 피어싱을 한 청소년에게 불량스럽게 보인다고 **지적해주는 것이 필요하다.**

> 사회복지사가 개인적으로 피어싱에 대한 거부감이 있다 하더라도 이에 대해 불량스럽다고 지적하는 것은 관계형성을 위해 적합한 행동은 아니다. 관계형성에 있어서는 클라이언트를 있는 그대로 인정하고 이해하는 수용이 필요하다.

11 어린 시절 성장 과정에서 갖게 된 열등감과 낮은 자존감으로 인해 연인 관계에서도 자신이 원하는 바를 제대로 표현하지 못하고 힘들어하는 클라이언트에게 사회복지사는 **현재 클라이언트의 어떤 점이 잘못되었는지를 정확히 분석하고 짚어줌으로써** 전문적 관계를 형성해나가야 한다.

> 사회복지사가 관계형성에 있어 클라이언트에게 그의 행동이나 가치관에 대한 비판적 자세를 보일 경우 클라이언트의 입장에서는 사회복지사가 자신을 비난한다고 생각할 수 있다. 따라서 클라이언트에게 어떤 문제가 있는지를 따지지 않는 비심판적 태도가 요구된다.

20-03-10

12 비스텍의 관계원칙에 따르면 클라이언트의 욕구를 **범주화**해야 한다.

> 개별화의 원칙을 따라 클라이언트의 독특한 특성을 이해하고 존중해야 한다.

빈칸에 들어갈 **알맞은 말**을 채워보자

01 (   ): 클라이언트마다 독특한 특성이 있음을 전제로 원조 내용, 방법, 과정 등을 개별적으로 고려해야 한다.

02 (   ): 클라이언트의 장점 혹은 단점을 있는 그대로 인정하고 존중해준다.

03 (   ): 문제의 원인이 클라이언트의 잘못 때문인지 아닌지, 혹은 클라이언트에게 책임이 있는지 등을 심판하지 않는 것을 말한다.

`19-03-21`

04 (   ): 사회복지사는 클라이언트의 감정에 대해 민감성, 공감적 이해로 의도적이고 적절한 반응을 한다.

답 **01** 개별화 **02** 수용 **03** 비심판적 태도 **04** 통제된 정서적 관여

다음 내용이 **옳은지 그른지** 판단해보자

`16-03-19`

01 통제된 정서적 관여란 클라이언트가 자기이해를 통해 부정적 감정에 직면하도록 강화할 때 필요하다.

`18-03-22`

02 클라이언트의 자기결정을 돕기 위해 사회복지사는 클라이언트가 활용할 수 있는 자원을 찾고 분석하도록 지원할 수 있어야 한다.

`21-03-16`

03 의도적 감정표현은 클라이언트의 부정적 감정을 표현하지 못하게 하는 것이다.

`18-03-20`

04 클라이언트를 개별화하기 위해 사회복지사는 클라이언트의 언어적 표현에 대한 공감 능력과 비언어적 표현에 대한 관찰 능력을 갖추어야 한다.

답 **01** ✕ **02** ○ **03** ✕ **04** ○

해설 **01** 통제된 정서적 관여는 클라이언트가 자신의 문제에 대해 공감적 반응을 얻고 싶어하는 욕구에 대한 사회복지사의 반응이다. 클라이언트의 감정에 대한 민감성과 공감적 이해, 적절한 반응이 핵심요소이다.
03 의도적 감정표현은 클라이언트의 부정적 감정을 자유롭게 표현할 수 있도록 지지한다.

전문적 관계형성의 요소

강의 QR코드

최근 10년간 **10문항** 출제

사회복지사와 클라이언트의 관계형성 구성요소

기본개념

사회복지실천론
pp.153~

- 타인에 대한 관심과 원조의지
- 헌신과 의무
  - 원조과정에서의 책임감을 의미하는 것으로 일관성을 포함하는 개념이다.
  - 이는 사회복지사에게만 부여되는 것은 아니며, 클라이언트 역시 시간 약속을 지키거나 자신의 문제를 정직하고 개방적으로 사회복지사에게 이야기해야 함을 포함한다.
- **권위와 권한**
  - 사회복지사는 전문성에 기반한 권위와 권한을 갖게 된다.
  - 권위와 권한을 잘못 사용하는 경우 클라이언트는 사회복지사에게 반감이나 저항을 보일 수 있으므로 이에 주의해야 한다.
- **진실성과 일치성**: 진실성은 솔직함을 의미하며 일치성은 언행일치 및 일관성을 의미하는데 이 둘은 상통하는 측면이 있다.
- 구체성: 클라이언트가 자신의 행동이나 감정 등을 자신의 방법으로 표현할 수 있도록 돕는 능력이다.
- 명확한 의사소통
- **자기노출**
  - 사회복지사가 클라이언트의 문제와 관련하여 자신의 경험을 이야기하는 것을 말한다.
  - 공감을 형성하거나 롤모델과 같은 기능을 할 수도 있지만, 사회복지사로서의 전문성을 지킬 수 있는 선에서 자기노출이 이루어져야 한다.
- **감정이입(공감)**: 클라이언트의 관점에서 그의 경험을 나누며 감정을 파악하는 것이다.
- 전문가로서 사회복지사의 자질
  - 성숙함
  - 창조성
  - 자기인식: 자신의 편견·가치관 등에 대한 인식
  - 용기
  - 민감성: 개방적 태도, 문화적 민감성

01 (23-03-10) 자기노출이란 클라이언트와의 관계형성을 위해 사회복지사가 자신의 생각이나 경험을 공유하는 면담기술이다.

02 (23-03-17) 공감이란 사회복지사가 클라이언트의 입장에서 이해하는 것이며, 반영 등의 기법을 사용하여 이해하고 있다는 것을 표현하는 것이다.

03 (22-03-14) 헌신과 의무는 일관성을 포함하는 개념이다.

04 (22-03-14) 헌신과 의무는 원조관계에서의 책임감과 관련이 있다.

05 (22-03-14) 헌신과 의무는 원조관계의 목적을 달성하기 위해 필요하다.

06 (21-03-03) 사회복지사의 자기인식이란, 사회복지사가 자신의 가치, 신념, 행동습관, 편견 등이 사회복지실천에 어떤 영향을 미치는지 정확하게 이해하는 것을 말한다.

07 (21-03-07) 민감성: 클라이언트의 감정을 잘 관찰하는 것과 경청하는 과정에서 비롯된다. 클라이언트가 언어적으로 표현한 것뿐만 아니라 표현하지 않은 비언어적 내용들도 파악한다.

08 (20-03-14) 사회복지사와 클라이언트 모두에게 요구되는 의무와 책임감이 있다.

09 (19-03-23) 관계형성의 기본요소 중 헌신과 의무는 원조 관계에서 책임감을 갖고 절차상의 조건을 따르는 것을 말한다.

10 (17-03-13) 헌신과 의무: 사회복지사와 클라이언트의 책임감을 의미하는 것으로 관계의 목적을 이루기 위해 서로를 신뢰하고 일관된 태도를 유지해야 한다. 클라이언트는 문제와 상황을 솔직하게 말해야 하고, 사회복지사는 클라이언트의 변화와 성장을 위해 노력해야 한다.

11 (16-03-13) 전문적 관계의 기본 요소 중 진실성은 자기 인식을 바탕으로 사회복지사가 자신의 감정과 반응을 있는 그대로 클라이언트에게 전달하는 능력을 말한다.

12 (15-03-15) 사회복지사는 다문화 생활경험과 가치에 맞는 개입전략을 개발함으로써 문화적 민감성을 가져야 한다.

13 (12-03-01) 사회복지사는 올바른 자기인식, 자신의 감정에 대한 정직성, 언행일치 등을 위해 노력함으로써 진실성을 증진시켜 나가야 한다.

14 (11-03-15) 사회복지사는 클라이언트의 반응에 따라 자기노출의 양과 형태를 조절해야 한다.

15 (11-03-15) 사회복지사는 자기노출의 긍정적인 면과 부정적인 면을 균형 있게 사용해야 한다.

16 (11-03-17) 공감은 클라이언트의 감정과 그 감정의 의미를 민감하게 인식하고 전달하는 사회복지사의 능력을 의미한다.

17 (10-03-09) 전문적 관계형성을 위해서는 권위와 권한, 헌신과 의무, 타인에 대한 관심, 진실성과 일치성 등을 고려해야 한다.

18 (08-03-12) 사회복지사는 클라이언트에 대해 개방적 태도를 유지해야 하며, 특정 종교의 클라이언트를 서비스 대상에서 제외해서는 안 된다.

19 (08-03-20) 클라이언트가 "갑자기 직장을 잃게 되었다고 말씀드렸지요?"라고 할 때 사회복지사가 "네. 갑자기 그런 일이 생기다니 당황스러웠겠네요."라고 답하는 것은 관계형성의 요소 중 공감에 해당한다.

20 (01-03-06) 권위와 권한, 진실성과 일치성, 타인에 대한 관심, 기본적인 인간성 등은 전문적 관계를 형성하기 위한 기본요소라고 볼 수 있다.

대표기출 확인하기

23-03-17 난이도 ★☆☆

다음에서 설명하는 전문적 관계의 기본 요소는?

- 사회복지사가 클라이언트의 입장에서 이해하는 것
- 반영 등의 기법을 사용하여 이해하고 있다는 것을 표현하는 것

① 공감
② 진실성
③ 문화적 민감성
④ 자기를 관찰하는 능력
⑤ 헌신

▶ **알짜확인**

- 클라이언트와 사회복지사는 도움을 요청하고 필요한 서비스를 제공하는 전문적 관계임을 이해하고, 이러한 전문적 관계 형성을 위해 요구되는 요소들에 대해 살펴보도록 하자.

답 ①

✅ **응시생들의 선택**

① 96%	② 2%	③ 0%	④ 1%	⑤ 1%

② 진실성: 클라이언트와의 관계 속에서 실제적이고 순수해질 수 있는 능력을 의미하는 것으로써 담보할 수 없는 약속을 하지 않으며 최대한 진실해지는 것이다.
③ 문화적 민감성: 다른 사람의 문화, 가치, 신념, 관습 등을 존중하고 이해하며, 차이를 수용하여 차별 없이 반응하는 태도와 능력을 말한다.
④ 자기를 관찰하는 능력: 자신의 생각, 감정, 행동, 가치관, 신념 등을 객관적으로 인식하고, 이러한 것들이 전문적 역할 수행에 미치는 영향을 바르게 이해하는 능력을 의미한다.
⑤ 헌신: 사회복지실천은 근본적으로 클라이언트를 위한 것으로 사회복지사는 자신의 이익이 아닌 클라이언트의 이익을 위해 일해야 한다는 것을 나타낸다.

관련기출 더 보기

23-03-10 난이도 ★☆☆

클라이언트와의 관계형성을 위해 사회복지사가 자신의 생각이나 경험을 공유하는 면담기술은?

① 직면
② 경청
③ 자기노출
④ 해석
⑤ 질문

답 ③

✅ **응시생들의 선택**

① 0%	② 2%	③ 97%	④ 1%	⑤ 0%

① 직면: 클라이언트의 말과 행위 사이의 불일치, 표현한 가치와 실행 사이의 모순을 클라이언트 자신이 인식하도록 하는 기술이다.
② 경청: 클라이언트가 무엇을 표현하는지, 감정과 사고는 어떤 것인지를 이해하고 파악하면서 듣는 기술이다.
④ 해석: 클라이언트의 표현과 행동 상황 저변의 단서를 발견하고 그 결정적 요인들을 이해하여 클라이언트가 깨닫도록 도와주는 기술이다.
⑤ 질문: 클라이언트로부터 필요한 정보를 얻기 위해 가장 많이 사용하는 면접기술로서 개방형 혹은 폐쇄형 질문을 상황에 맞게 적절히 사용하는 것이 중요하다.

22-03-14 난이도 ★★☆

사회복지실천 관계의 요소인 헌신과 의무에 관한 설명으로 옳은 것을 모두 고른 것은?

ㄱ. 일관성을 포함하는 개념이다.
ㄴ. 원조관계에서 책임감과 관련이 있다.
ㄷ. 원조관계의 목적을 달성하기 위해 필요하다.
ㄹ. 클라이언트는 헌신을 해야 하나 의무를 갖지는 않는다.

① ㄴ
② ㄱ, ㄴ, ㄷ
③ ㄱ, ㄷ, ㄹ
④ ㄴ, ㄷ, ㄹ
⑤ ㄱ, ㄴ, ㄷ, ㄹ

답 ②

✅ **응시생들의 선택**

① 6%	② 83%	③ 1%	④ 5%	⑤ 5%

ㄹ. 클라이언트 역시 실천과정에 성실히 임해야 할 의무를 갖는다.

다음에서 설명하고 있는 사회복지사의 자질은?

- 클라이언트의 감정을 잘 관찰하는 것과 경청하는 과정에서 비롯된다.
- 클라이언트가 언어적으로 표현한 것뿐만 아니라 표현하지 않은 비언어적 내용들도 파악한다.

① 민감성
② 진실성
③ 헌신
④ 수용
⑤ 일치성

답 ①

✔ **응시생들의 선택**

① 74%	② 5%	③ 3%	④ 15%	⑤ 3%

② 진실성, ⑤ 일치성: 클라이언트를 대함에 있어 솔직하고 언행이 일관적이어야 한다.
③ 헌신: 클라이언트와의 관계에 있어 책임감을 가지고 클라이언트의 이익을 위해 노력해야 한다.
④ 수용: 클라이언트를 있는 그대로 인정하고 이해해야 한다.

클라이언트와의 전문적 관계에서 사회복지사의 진실성 증진을 위한 노력으로 옳지 않은 것은?

① 올바른 자기인식
② 자신의 감정에 대한 정직성
③ 타인에 대한 관심과 수용의 내면화
④ 문제해결을 위해 클라이언트와 연합
⑤ 말과 행동의 일치

답 ④

✔ **응시생들의 선택**

① 2%	② 17%	③ 7%	④ 73%	⑤ 1%

④ 진실성은 사회복지사의 생각과 행동에 대해 솔직해야 함을 의미한다. 클라이언트와의 연합으로 문제가 해결된다 하더라도 그 문제해결이 일시적일 수 있으므로 문제해결에 대한 전문적 입장을 제시하고 클라이언트와의 대화를 통해 최선의 결과가 도출될 수 있도록 해야 한다.

전문적 원조관계의 기본 요소인 사회복지사의 문화적 민감성 관련 내용으로 옳은 것은?

① 문화적 다양성과 유사성을 인지하고 선호나 옳고 그름의 가치를 부여
② 자신의 문화를 중심에 두면서 타 문화를 이해하기 위해 의사소통
③ 출신국가, 피부색 간에 존재하는 권력적 위계관계 무시
④ 자신의 문화에 대한 인식에 기초하여 다문화 배경 클라이언트의 상황을 규정
⑤ 다문화 생활경험과 가치에 맞는 개입전략 개발

답 ⑤

✔ **응시생들의 선택**

① 12%	② 8%	③ 8%	④ 3%	⑤ 69%

⑤ 문화적 민감성은 문화적 차이에 대해 특별한 의미를 부여하거나 해석을 더하거나 가치판단을 하는 것이 아니라 문화적 다양성을 있는 그대로 인정하고 이해함을 의미한다.

사회복지사의 자기노출(self-disclosure) 시 적절하지 않은 것은?

① 자기노출의 내용과 감정이 일치해야 한다.
② 지나치게 솔직한 자기노출은 자제해야 한다.
③ 자기노출은 비윤리적이므로 피해야 한다.
④ 클라이언트의 반응에 따라 자기노출의 양과 형태를 조절해야 한다.
⑤ 자기노출의 긍정적 면과 부정적 면을 균형 있게 사용해야 한다.

답 ③

✔ **응시생들의 선택**

① 1%	② 1%	③ 98%	④ 0%	⑤ 0%

③ 사회복지사의 자기노출은 언어적 표현 또는 비언어적 행동을 통해서 사회복지사가 자기 자신에 대한 정보를 의도적이고 의식적으로 공개하는 것이다. 사회복지사의 자기노출은 사회복지사와 클라이언트 간 관계형성에 도움이 되므로 적절하게 사용하면 좋다. 비윤리적인 행동은 아니다.

다음 내용이 왜 틀렸는지를 확인해보자

01 전문적 관계형성의 한 요소인 헌신과 의무는 <u>클라이언트의 요구를 무조건적으로 수용</u>해야 함을 의미한다.

> 헌신과 의무는 원조과정에서의 책임감을 의미하는 것으로 기본적이고도 필수적인 절차상의 약속을 지켜야 한다는 것이다.

20-03-14

02 사회복지사는 전문성에 바탕을 둔 권위라도 <u>가져서는 안 된다.</u>

> 사회복지사는 전문성에 바탕을 둔 권위와 권한을 갖게 된다.

15-03-15

03 사회복지사는 문화적 민감성을 위해 <u>자신의 문화에 대한 인식에 기초하여 다문화 배경 클라이언트의 상황을 규정해야 한다.</u>

> 문화적 민감성은 문화적 차이에 대해 특별한 의미를 부여하거나 해석을 더하거나 가치판단을 하는 것이 아니라 문화적 다양성을 있는 그대로 인정하고 이해함을 의미한다.

11-03-17

04 <u>의무(obligation)</u>는 클라이언트의 감정과 그 감정의 의미를 민감하게 인식하고 전달하는 사회복지사의 능력을 말한다.

> 공감(empathy)에 관한 내용이다.

10-03-09

05 사회복지사가 십대 미혼모를 상담할 때에는 타인에 대한 관심, 진실성 등은 중요하지만 <u>권위와 권한은 중요하지 않다.</u>

> 십대 미혼모를 상담할 때에도 권위와 권한은 중요하다. 권위와 권한은 사회복지사가 갖추고 있는 전문적 지식, 기관으로부터 위임된 지위 등을 의미하는 것으로 사회복지사는 자신이 갖는 권위와 권한에 대해 클라이언트에게 설명함으로써 클라이언트가 안전과 보호의 느낌을 가질 수 있도록 해야 한다.

빈칸에 들어갈 알맞은 말을 채워보자

01 ( )은/는 클라이언트와 기관에 의해 사회복지사에게 위임된 권한(power)을 말한다.

02 ( )은/는 사회복지사가 원조과정에서 적절하다고 생각하는 자신의 경험을 클라이언트와 함께 나누는 것이다.

`22-03-14`
03 ( )은/는 원조 관계에서 책임감을 갖고 절차상의 조건을 따르는 관계형성의 기본요소이다.

`16-03-13`
04 전문적 관계의 기본 요소 중 ( )은/는 자기인식을 바탕으로 사회복지사의 감정과 반응을 있는 그대로 클라이언트에게 전달하는 능력을 말한다.

 답 01 권위(authority) **02** 자기노출 **03** 헌신과 의무 **04** 진실성

다음 내용이 옳은지 그른지 판단해보자

01 전문적 관계에 있어 헌신과 의무는 사회복지사뿐만 아니라 클라이언트에게도 요구된다.

`12-03-01`
02 사회복지사는 전문적 관계에서 진실성을 증진하기 위해 문제해결에 있어 클라이언트와 연합해야 한다.

03 사회복지사는 예측할 수 없이 벌어지는 일이나 클라이언트 및 그의 가족 등의 비난에 대해서 받아들일 수 있는 용기가 필요하다.

`08-03-12`
04 사회복지사는 클라이언트가 특정 종교를 믿는 것을 이유로 서비스 대상에서 제외할 수 있다.

답 01 ○ **02** × **03** ○ **04** ×

해설 02 클라이언트와의 연합은 파트너십을 말하는 것이 아니다. 연합은 사회복지사와 클라이언트가 서로 필요에 의해 합심하여 서비스의 내용, 실적, 성과 등을 거짓으로 꾸미는 것을 말하며, 사회복지사는 이러한 연합을 경계해야 한다.
04 클라이언트가 특정 종교를 믿는다고 해서 서비스 대상에서 제외할 수는 없으며, 다른 종교나 문화에 대한 개방적인 태도를 가져야 한다.

KEYWORD

082

전문적 관계의 특징

강의 QR코드

1회독	**2**회독	**3**회독
월 일	월 일	월 일

최근 10년간 **6문항** 출제

복습 1

이론요약

사회복지실천에서 전문적 관계의 특징

- **의도적 목적성**: 클라이언트와 사회복지사 간에 합의한 목적을 추구
- **시간제한적 관계**: 한정된 기간 동안 이루어지는 관계로 종료가 전제됨
- **헌신**: 사회복지사는 자신의 이익이 아닌 클라이언트의 이익을 위해 헌신하며 객관성과 자기인식에 기초하여 관계를 형성함
- **권위성**: 사회복지사는 특화된 지식 및 기술 그리고 전문직 윤리강령에서 비롯되는 권위를 지님
- **통제적 관계**: 사회복지사는 개입에 있어 객관성을 유지하면서 자기 자신의 감정, 반응, 충동을 자각하고 그 책임을 짐

기본개념

사회복지실천론
pp.151~

기출문장
CHECK

01 (21-03-15) 전문적 관계의 특징: 합의에 따른 목적설정, 전문성에 바탕을 둔 권위, 계약에 의한 시간제한, 기관의 특성에 영향 받음

02 (20-03-12) 사회복지사와 클라이언트 사이에 합의된 목적이 있다.

03 (19-03-25) 전문적 관계는 전문가 윤리강령에 따른다.

04 (18-03-21) 전문적 관계는 클라이언트의 욕구를 중심으로 시간제한적으로 형성된다.

05 (18-03-21) 전문적 관계에서 전문가는 자신의 정서를 통제하며, 전문성에 기반을 둔 권위를 가진다.

06 (17-03-14) 사회복지사와 클라이언트는 클라이언트에게 도움을 주기 위해 정해진 기간 동안 관계를 맺는다.

07 (12-03-22) 사회복지사는 관계의 전반적 과정에 대하여 전문적 책임을 진다.

08 (12-03-22) 사회복지사는 목적의식을 가지고 관계를 유지한다.

09 (09-03-16) 사회복지사와 클라이언트의 관계는 정서적 관여를 함에 있어 조절이 필요한 관계이다.

10 (06-03-02) 사회복지사와 클라이언트의 관계는 통제적 특징을 갖는다.

대표기출 확인하기

22-03-10 난이도 ★★★

전문적 원조관계에 관한 설명으로 옳은 것은?

① 클라이언트의 문제와 욕구가 중심이 된다.
② 시간적 제한을 두지 않는 관계이다.
③ 전문가의 권위는 부정적 작용을 한다.
④ 전문가가 자신과 원조 방법에 대해 통제해서는 안 된다.
⑤ 클라이언트는 전문가의 지시에 무조건 따라야 한다.

 알짜확인

• 사회복지사와 클라이언트의 관계는 목적을 갖고 시간제한적으로 맺는 관계이며, 사회복지사는 개입에 있어 객관성을 유지하며 자신의 감정을 통제해야 함을 이해해두자.

답 ①

✅ **응시생들의 선택**

① 89%	② 2%	③ 3%	④ 5%	⑤ 1%

② 시간적 제한을 갖고 맺는 관계이다.
③ 사회복지사는 전문성을 바탕으로 한 권위와 책임을 갖는다.
④ 전문가는 객관성을 유지하면서 자신과 원조 방법에 대해 통제해야 한다(통제적 관계).
⑤ 클라이언트는 자기결정권을 갖기 때문에 전문가의 지시에 무조건 따라야 하는 것은 아니다.

➕ **덧붙임**

간혹 전문적 관계가 '왜 통제적 관계인가?'라는 질문을 받을 때가 있는데, 이때 '통제적'이란 의미는 사회복지사가 클라이언트를 통제한다는 의미가 아니다. 이는 사회복지사가 그 관계에 있어 나타날 수 있는 자신의 주관적 관점이나 감정, 행동, 반응 등에 있어 스스로 객관성을 가져야 함을 의미하는 것으로, 헷갈리지 않도록 하자.

관련기출 더 보기

21-03-15 난이도 ★★★

사회복지실천의 전문적 관계에 관한 설명으로 옳지 않은 것은?

① 사회복지사와 클라이언트가 합의하여 목적을 설정한다.
② 사회복지사는 소속된 기관의 특성에 영향을 받는다.
③ 사회복지사의 이익과 욕구 충족을 위한 일방적 관계이다.
④ 사회복지사는 전문성에 바탕을 둔 권위를 가진다.
⑤ 계약에 의해 이루어지는 시간제한적인 특징을 갖는다.

답 ③

✅ **응시생들의 선택**

① 1%	② 1%	③ 95%	④ 1%	⑤ 2%

③ 사회복지실천은 사회복지사가 클라이언트에게 서비스를 제공하는 것이기 때문에 클라이언트의 이익과 욕구 충족을 위한 관계이다. 클라이언트 역시 자신의 문제해결을 위한 노력을 다해야 한다는 의무를 가지며 사회복지사와 클라이언트는 쌍방적인, 상호적인 파트너십을 구축하는 것이 중요하다.

사회복지실천에서 전문적 관계의 특성으로 옳은 것은?

① 사회복지사는 자신의 반응을 통제하면 안 된다.
② 클라이언트는 전문성에서 비롯된 권위를 가진다.
③ 사회복지사와 클라이언트 사이에 합의된 목적이 있다.
④ 문제가 해결되어야만 종결되는 관계이기 때문에 시간의 제한이 없다.
⑤ 사회복지사와 클라이언트는 반드시 상호 간의 이익에 헌신하는 관계이다.

답 ③

✅ **응시생들의 선택**

① 1%	② 7%	③ 85%	④ 3%	⑤ 4%

① 사회복지사는 자신의 반응을 통제해야 한다. 클라이언트에게 공감하면서도 객관성을 유지해야 하며, 적절히 반응할 수 있어야 한다.
② 전문성에서 비롯된 권위를 갖는 것은 클라이언트가 아닌 사회복지사이다.
④ 문제가 해결되어야만 종결되는 것은 아니다. 보통은 계약시 종결일을 정하고 그 기간을 지키는 것을 우선으로 하지만, 개입과정 중 클라이언트의 이사 등 상황이 바뀌거나 개입의 효용이 없다고 판단될 때에도 종결을 진행할 수 있다.
⑤ 사회복지사는 클라이언트의 이익을 위해 헌신한다. 클라이언트가 사회복지사의 이익을 위해 헌신하는 관계는 아니다.

사회복지실천에서 전문적 관계의 특성에 관한 설명으로 옳지 않은 것은?

① 클라이언트의 욕구가 중심이 된다.
② 시간적인 제한을 둔다.
③ 전문가 자신의 정서를 통제하는 관계이다.
④ 전문가가 설정한 목적 달성을 위해 형성된다.
⑤ 전문가는 전문성에 기반을 둔 권위를 가진다.

답 ④

✅ **응시생들의 선택**

① 7%	② 6%	③ 17%	④ 62%	⑤ 8%

④ 사회복지실천에서 목적 및 목표는 클라이언트와 전문가의 합의로 설정된다.

전문적 원조관계의 특성으로 옳은 것은?

① 사회복지사는 클라이언트에 비해 우월적 지위에 있다.
② 클라이언트에게 도움을 주기 위해 정해진 기간 동안 관계를 맺는다.
③ 사회복지사의 욕구에 부응하기 위해 상호 만족스러운 관계를 형성한다.
④ 관계의 전반적인 과정에 대해 사회복지사와 클라이언트가 공동으로 책임진다.
⑤ 전문적 관계를 통해 사회복지사는 클라이언트의 감정과 행동의 변화를 통제한다.

답 ②

✅ **응시생들의 선택**

① 2%	② 56%	③ 3%	④ 35%	⑤ 4%

① 사회복지사는 전문적인 권위를 지니지만 그렇다고 해서 우월적 지위에 있는 것은 아니다.
③ 관계는 클라이언트의 문제해결을 위한 것이지 사회복지사의 욕구를 위한 것은 아니다.
④ 사회복지사는 관계의 전반적인 과정에 있어 전문적인 책임을 진다.
⑤ 사회복지사는 클라이언트와의 관계에 있어 자신의 감정, 반응에 있어 객관성을 유지하며 통제한다.

사회복지실천의 전문적 관계에 관한 설명으로 옳지 않은 것은?

① 사회복지사는 관계의 전반적 과정에 대하여 전문적 책임을 진다.
② 사회복지사는 목적의식을 가지고 관계를 유지한다.
③ 관계형성을 주도하는 것은 클라이언트이다.
④ 초기 관계는 다음 단계로의 진행에 영향을 준다.
⑤ 관계는 시간적 제한을 가진다.

답 ③

✅ **응시생들의 선택**

① 2%	② 1%	③ 91%	④ 0%	⑤ 5%

③ 사회복지실천에서 관계는 '클라이언트와 사회복지사의 태도·감정의 역동적 상호작용'이므로 사회복지사와 클라이언트 간에 상호작용으로 이루어진다. 사회복지사와 클라이언트의 관계가 갖는 가장 큰 특징은 클라이언트는 도움을 요청하고 사회복지사는 전문적 도움을 제공하는 전문적 관계라는 것이다. 전문적 관계는 언제나 클라이언트의 입장에서 출발해야 하며 사회복지사는 관계의 전반적인 과정에 전문적 책임을 지게 된다. 따라서 관계형성을 주도하는 것은 사회복지사이다.

다음 내용이 **왜 틀렸는지**를 확인해보자

12-03-22

01 사회복지사와 클라이언트 간 관계형성을 주도하는 것은 클라이언트이다.

> 사회복지사와 클라이언트 간 관계형성은 양자 간의 상호작용으로 이루어지며, 전문적 서비스를 제공하는 사회복지사가 관계형성을 주도하게 된다.

02 사회복지사와 클라이언트는 **사적인 친밀함**을 바탕으로 신뢰를 쌓아가는 관계이다.

> 사회복지사와 클라이언트 사이에 사적인 친밀함은 개입에 있어 객관성을 유지하는 데에 방해가 될 수 있다. 신뢰는 사회복지사의 전문성을 바탕으로 쌓아갈 수 있도록 해야 한다.

03 사회복지사는 클라이언트에게 도움을 제공할 뿐 전반적인 과정에 대한 책임을 지지는 않는다.

> 사회복지사는 클라이언트가 필요로 하는 도움을 제공하며, 그 전반적인 과정에서 전문적 관계를 맺으며 전문성을 기반으로 한 책임을 진다.

09-03-16

04 사회복지사와 클라이언트의 관계는 **각자의 욕구가 반영**되는 쌍방적 관계이다.

> 사회복지사는 자신의 욕구가 반영되도록 하는 것이 아닌 클라이언트의 욕구를 반영하는 데에 초점을 두어야 한다.

18-03-21

05 사회복지실천에서 전문적 관계는 **전문가가 설정한 목적을 달성하기 위해** 형성된다.

> 사회복지실천에서 목적 및 목표는 클라이언트와 전문가의 합의로 설정된다.

19-03-25

06 전문적 관계는 **시간에 제한을 두지 않는다.**

> 클라이언트와 구체적으로 한정된 기간을 정하고 그 기간 동안에 관계를 맺는다.

다음 내용이 옳은지 그른지 판단해보자

01 `21-03-15`
전문적 관계에서 사회복지사는 어떠한 권위도 가져서는 안 된다. ◎ ⊗

02 `18-03-21`
사회복지사와 클라이언트 간 전문적 관계는 시간적인 제한을 두고 이루어진다. ◎ ⊗

03 `18-03-21`
사회복지실천에서 전문적 관계는 클라이언트의 욕구를 중심으로 형성된다. ◎ ⊗

04 `19-03-25`
사회복지사와 클라이언트는 전문적 관계이기 때문에 클라이언트의 동의가 필요 없다. ◎ ⊗

05 `19-03-25`
전문적 관계는 사회복지기관의 입장에서 출발한다. ◎ ⊗

06 사회복지사는 클라이언트에 대해 객관성을 유지하면서 자신의 감정과 반응을 통제할 수 있어야 한다. ◎ ⊗

답 **01** × **02** ○ **03** ○ **04** × **05** × **06** ○

해설 **01** 사회복지사는 전문가로서의 권위를 갖게 된다.
04 원조관계는 클라이언트와 사회복지사 간의 합의로 이루어져야 한다.
05 사회복지사와 클라이언트가 맺는 전문적 관계는 기관의 입장이 아닌 클라이언트의 입장에서 출발한다.

083 관계형성의 장애요인 및 사회복지사의 대처

강의 QR코드

1회독 월 일   2회독 월 일   3회독 월 일

최근 10년간 **6문항** 출제

복습 1 이론요약

 22회 기출 21회 기출 19회 기출

관계형성의 장애요인

- 장애요인은 클라이언트에게서 나타날 수도 있지만 사회복지사에게서도 나타날 수 있다.
- 비자발적 클라이언트가 아니라 **자발적 클라이언트의 경우에도 장애요인이 발생할 수 있다**.
- 장애요인
  - 사회복지사에 대한 클라이언트의 불신
  - 전이와 역전이
  - 저항: 침묵, 주제에서 벗어난 이야기를 자꾸 할 때, 무력한 태도, 문제를 축소하거나 변화에 대한 의지를 갖지 않는 것, 지각이나 불출석 등의 행동

기본개념

사회복지실천론
pp.166~

사회복지사의 대처

- 여유를 가지고 신뢰 형성을 위해 노력해야 함
- 클라이언트의 전이에 대해서는 그 반응이 비현실적임을 인식할 수 있도록 하고 사회복지사에 대한 현실적인 관점을 갖도록 도와야 함
- **사회복지사가 역전이를 느낄 때에는 상황을 클라이언트에게 설명하고 의뢰를 진행**
- 변화의 필요성을 알면서도 변화하지 않으려는 **양가감정은 모든 클라이언트가 느낄 수 있는 자연스러운 현상이지만 저항으로 이어질 위험도 있음**을 고려해야 함
- 클라이언트가 보이는 **침묵은 단순히 생각할 시간일 수도 있으므로 무조건 저항 행동으로 받아들여서는 안 됨. 침묵이 길어지거나 계속될 때에는 그 의미를 탐색**해야 하며, 침묵을 깨뜨리기 위해 다른 주제로 빨리 전환하는 것은 잘못된 대처임
- 클라이언트가 보이는 **저항 행동에 대해서는 심각하게 변화를 방해할 때에만 다루는 것이 바람직**하며, 사회복지사는 클라이언트의 저항을 변화의 자연스러운 한 과정으로 받아들이는 것이 필요함

01 (22-03-16) 전문적 원조관계에서 전문가의 권위가 관계형성의 장애요인인 것은 아니다.

02 (15-03-13) 사회복지사가 클라이언트를 감동시키는 데에만 초점을 두는 것은 바람직한 관계형성을 위해 좋지 않다.

03 (15-03-25) 양가감정은 변화를 원하는 것과 원하지 않는 마음이 공존하는 것을 의미한다.

04 (15-03-25) 클라이언트가 양가감정을 갖는 것은 자연스러운 현상이다.

05 (14-03-14) 전이는 클라이언트가 과거에 타인과의 관계에서 경험하였던 소망이나 두려움 등의 감정을 사회복지사에게 보이는 반응을 말한다.

06 (13-03-12) 비자발적 클라이언트에 개입할 때에는 양가감정을 인식하도록 하는 것도 성찰의 기회가 될 수 있다.

07 (10-03-08) 클라이언트가 침묵을 보일 때에는 기다리는 배려가 필요하다.

08 (10-03-08) 클라이언트가 침묵을 보일 때에는 이유를 파악할 필요가 있지만, 이유를 말할 때까지 계속 질문을 하는 것은 오히려 저항을 키울 수 있으므로 유의해야 한다.

09 (09-03-20) 수강명령을 받은 비자발적 클라이언트가 수강명령에 대한 저항을 보일 때에는 그 저항을 인정하고 부정적 감정을 표출하도록 하는 것도 필요하다.

10 (08-03-23) 클라이언트가 저항을 보일 때에는 저항의 원인을 이해하도록 노력해야 한다. 개입의 필요성을 설명하고, 개입에 따른 긍정적인 결과를 검토한다.

11 (07-03-19) 클라이언트가 사회복지사에 대한 불신을 보일 때에는 클라이언트가 갖는 부정적 감정을 표출할 수 있도록 할 필요가 있다.

12 (06-03-08) 사회복지사는 비자발적 클라이언트나 부정적 반응을 보이는 클라이언트에 대해 클라이언트가 기관에 오게 된 이유에 대해 사실대로 설명하고, 클라이언트가 보이는 작은 노력에도 지지와 격려를 보여줄 필요가 있다.

13 (06-03-09) 클라이언트의 저항, 전이, 양가감정 등은 관계형성을 어렵게 만드는 요소가 되기도 한다.

14 (06-03-25) 음주운전으로 수강명령을 받던 클라이언트의 출석률이 떨어질 때, 사회복지사는 불출석으로 인한 불이익을 알리고 수강명령의 의미를 되짚어주는 한편, 공감적 자세를 유지하는 것도 필요하다.

대표기출 확인하기

난이도 ★★☆

전문적 원조관계 형성의 장애요인이 아닌 것은?

① 전문가의 권위
② 변화에 대한 저항
③ 클라이언트의 전문가에 대한 부정적 전이
④ 전문가의 클라이언트에 대한 역전이
⑤ 클라이언트의 불신

 알짜확인

• 관계형성에 방해가 되는 클라이언트의 행동 및 사회복지사의 행동 등을 살펴보고 사회복지사가 그러한 상황을 어떻게 대처하며 극복해나가야 하는지를 살펴봐야 한다.

답 ①

✔ **응시생들의 선택**

① 81%	② 7%	③ 4%	④ 5%	⑤ 3%

① 사회복지사는 사회복지에 대한 전문적 지식과 기술, 경험, 윤리강령, 기관 내에서의 지위 등에서 비롯된 전문가로서의 권위를 갖게 되며, 그 자체로 관계형성에 장애요인이 되는 것은 아니다. 다만, 이러한 권위를 잘못 사용하게 될 경우에는 장애요인이 될 수 있다.

관련기출 더 보기

난이도 ★★☆

원조관계에서 사회복지사의 태도에 관한 내용으로 옳은 것은?

① 개선의 여지가 있다고 판단된 경우에 한해서 클라이언트와 전문적 관계를 형성하였다.
② 클라이언트의 감정에 이입되어 면담을 지속할 수 없었다.
③ 자신의 생각과 다른 클라이언트의 의견은 관계형성을 위해 즉시 수정하도록 지시하였다.
④ 법정으로부터 정보공개 명령을 받고 관련된 클라이언트 정보를 제공하였다.
⑤ 클라이언트 특성이나 상황이 일반적인 경우와 다르지만 획일화된 서비스를 그대로 제공하였다.

답 ④

✔ **응시생들의 선택**

① 14%	② 8%	③ 1%	④ 74%	⑤ 3%

④ 원조관계에서 클라이언트의 비밀보장은 지켜져야 할 원칙이지만, 사례회의, 관련 기관의 요청 등 전문적 치료 상황에서 필요한 경우에는 비밀보장의 원칙이 제한된다.

① 전문적 관계는 클라이언트의 문제해결을 원조하기 위한 것으로 개선의 여지가 낮아도 문제의 심각성에 따라 원조가 이루어질 수 있다.
② 클라이언트에 대한 감정이입은 필요하지만 사회복지사 스스로 역전이 문제 등을 살펴보면서 과도한 감정이입을 경계해야 한다.
③ 사회복지사의 생각을 클라이언트에게 강요해서는 안 된다.
⑤ 사회복지서비스는 개별화의 원칙을 따른다.

양가감정(ambivalence)에 관한 설명으로 옳은 것을 모두 고른 것은?

> ㄱ. 변화를 원하는 것과 원하지 않는 마음이 공존하는 것을 의미한다.
> ㄴ. 클라이언트가 양가감정을 갖는 것은 자연스러운 현상이다.
> ㄷ. 클라이언트의 양가감정을 수용하면 클라이언트의 저항감이 강화된다.
> ㄹ. 양가감정은 초기 접촉단계가 아닌 중간단계에서부터 다루어져야 한다.

① ㄱ
② ㄱ, ㄴ
③ ㄴ, ㄷ
④ ㄱ, ㄴ, ㄹ
⑤ ㄱ, ㄷ, ㄹ

답 ②

✅ **응시생들의 선택**

① 1%	② 85%	③ 1%	④ 12%	⑤ 1%

ㄷ. 클라이언트로 하여금 양가감정을 표현하도록 하고 사회복지사가 이를 수용함으로써 저항감이 감소될 수 있다.
ㄹ. 초기단계에도 양가감정을 드러낼 수 있으며, 이때에는 그대로 방관하기보다는 적절하게 다루어야 한다.

비자발적 클라이언트에 대한 개입방법으로 옳은 것을 모두 고른 것은?

> ㄱ. 클라이언트의 메시지를 이해하기 위해 비언어적인 단서들을 찾는다.
> ㄴ. 클라이언트 저항을 고려하여 대응이나 직면은 자제한다.
> ㄷ. 양가감정을 인식하도록 클라이언트에게 성찰의 기회를 준다.
> ㄹ. 사회복지사 개인의 경험을 노출할 때 역전이를 주의한다.

① ㄱ, ㄴ, ㄷ
② ㄱ, ㄷ
③ ㄴ, ㄹ
④ ㄹ
⑤ ㄱ, ㄴ, ㄷ, ㄹ

답 ⑤

✅ **응시생들의 선택**

① 40%	② 22%	③ 7%	④ 3%	⑤ 28%

비자발적 클라이언트에 대한 개입방법으로 모두 옳은 내용이다.

면접 중 침묵을 다루는 사회복지사의 태도로 적절하지 않은 것은?

① 침묵하는 이유를 파악한다.
② 침묵을 기다리는 배려가 필요하다.
③ 침묵의 이유를 알 때까지 질문한다.
④ 침묵은 저항의 유형으로 볼 수 있다.
⑤ 침묵이 계속되면 면접을 중단할 수 있다.

답 ③

✅ **응시생들의 선택**

① 1%	② 1%	③ 92%	④ 1%	⑤ 5%

③ 침묵이 길어질 경우 그 의미를 탐색하며 기다리는 것도 필요하다.

다음 내용이 **왜 틀렸는지**를 확인해보자

01 클라이언트가 과거에 타인과의 관계에서 경험하였던 감정을 사회복지사에게 보이는 반응을 <u>역전</u>이라고 한다.

> 역전이가 아니라 전이이다.

19-03-17

02 사회복지사는 초기단계에서 면접을 진행할 때 클라이언트의 <u>침묵을 허용하지 않고 그 이유에 대해 질문해야 한다.</u>

> 침묵 자체가 저항 행동은 아니다. 침묵은 클라이언트가 생각을 정리할 시간일 수도 있기 때문에 이유를 캐어묻거나 빨리 화제를 바꾸는 것보다는 침묵의 의미가 무엇인지를 파악하는 것이 먼저이다.

08-03-23

03 클라이언트가 사회복지사에게 보이는 저항은 일반적인 반응이므로 <u>계획대로 진행한다.</u>

> 저항은 사회복지실천과정에서 자연스럽게 나올 수 있는 반응이다. 그렇다고 해서 저항 행동을 무시한 채 그대로 진행해서는 안 되며, 클라이언트가 저항을 보이는 원인을 탐색하고 필요한 경우 이에 대해 다뤄야 한다.

06-03-08

04 비자발적 클라이언트가 사회복지사에게 부정적 반응을 보일 때에는 <u>묵시적으로 다른 기관을 찾아보도록 한다.</u>

> 사회복지사에게 부정적 반응을 보이는 것이 의뢰의 이유가 되지는 않으며, 의뢰를 진행할 때에는 클라이언트와 대화를 통해 합의해야 한다. 사회복지사는 의뢰를 바로 진행하기보다는 여유를 가지고 신뢰 형성을 위해 노력해야 한다.

05 클라이언트의 저항 행동은 <u>비자발적 클라이언트에게서만 나타나는 현상</u>이다.

> 자발적 클라이언트도 저항 행동을 보일 수 있다.

06 사회복지사가 클라이언트에게 역전이를 느끼게 되더라도 <u>이를 들키지 않도록 하며 자신의 역전이를 극복해나가야 한다.</u>

> 역전이로 인해 클라이언트에 대한 개입이 어려울 경우에는 극복해나가기보다 클라이언트에게 자신의 문제로 인해 관계를 지속할 수 없음을 솔직하게 알리고 의뢰를 진행하는 것이 더 적절하다.

면접의 방법과 기술

이 장에서는

다양한 면접 기술은 이후 학습할 개입방법(12장)으로도 출제되고 실천기술론(1장)을 통해서도 출제되기 때문에 꼼꼼히 살펴봐야 한다. 면접의 특징 및 조건, 면접 상황에서 사회복지사가 취해야 할 태도 등도 생각해봐야 한다. 이러한 내용들이 한 문제에 종합적으로 출제되기도 한다.

※ 알림: 기본개념 8장에서는 기록에 대해 담고 있는데 실천기술론(12장)을 통해 주로 출제되고 있어 여기에서는 생략하였다.

10년간 출제분포도

1.9
문항

평균 출제문항수

이론요약

23회 기출 22회 기출 21회 기출 20회 기출 19회 기출

관찰

• 사회복지실천의 모든 과정 동안 사용하는 기술이다.
• 클라이언트의 말과 행동에 주의를 기울여 클라이언트가 보이는 감정의 차이를 살펴봄으로써 클라이언트를 이해할 수 있다.

기본개념

사회복지실천론
pp.184~

경청

• 클라이언트가 무엇을 표현하는지, 감정과 사고는 어떤 것인지를 이해하고 파악하면서 듣는 것을 말한다.
• 클라이언트의 이야기가 길어진다고 해서 너무 자주 끼어드는 것은 좋지 않다.

질문

• 클라이언트로부터 필요한 정보를 얻기 위해 사용하는 기술로 클라이언트의 대화 속도에 맞추어 질문해야 한다.
• 질문은 클라이언트로 하여금 추궁받는다는 느낌이나 공격받는다는 느낌이 들지 않도록 해야 한다.

※ **질문 유형: 폭탄형 질문, 유도형 질문, 왜? 질문 등은 피해야 한다.**
 – **개방형 질문**: 원하는 답변을 자유롭게 할 수 있도록 하는 질문
 – **폐쇄형 질문**: 단답형 답변 혹은 '예', '아니요' 대답만 요구하는 질문으로, 사실관계의 확인이 필요할 때 주로 사용
 – **폭탄형(중첩형) 질문**: 질문에 여러 내용이 동시에 담겨 답변하기가 혼란스러울 수 있음
 – **유도형 질문**: 사회복지사가 듣고 싶은 답변을 하도록 이끌기 때문에 답변이 거짓으로 이루어질 수 있음
 – **왜? 질문**: 이유를 따지는 것 같은 느낌이 들어 방어적 태도를 갖게 될 수 있음

기타

• **명료화**: 사회복지사가 클라이언트의 이야기를 제대로 이해했는지를 확인하기 위해 사용한다. 클라이언트의 이야기가 중구난방이거나 모호할 때에 그 내용을 분명하게 정리하기 위해서 사용한다.
• **초점화**: 클라이언트가 두서없이 말을 장황하게 하거나 어떤 주제를 회피하고자 할 때, 혹은 클라이언트의 표현이 산만하고 혼란스러울 때 원래 주제에 초점을 맞춘다.
• **직면하기**: 클라이언트의 말과 행위 사이의 불일치, 표현한 가치와 실행 사이의 모순을 인식할 수 있도록 이끈다.

- 도전하기: 클라이언트가 문제를 문제로 인식하지 않을 때나 문제를 왜곡할 때 등에 회피하지 않고 직시할 수 있게 한다.
- 해석하기: 클라이언트의 이야기를 분석하여 관련된 이론, 전문가적 경험 등에 따라 상황의 가설을 세우고 접근방법을 제안하기도 하며, 클라이언트의 행동 등에 대한 문제 요인을 알려주기도 한다.
- 환언하기: 클라이언트가 한 이야기의 내용을 사회복지사가 다른 표현으로 바꾸어 진술하는 것이다.
- 환기하기: 클라이언트가 의식하지 못한 분노, 증오, 슬픔, 불안 등을 자유롭게 드러낼 수 있게 이끈다.
- 지지하기
  - 재보증(안심): 클라이언트의 능력에 대해 사회복지사가 신뢰를 표현함으로써 클라이언트가 보이는 불안을 제거하고 위안을 준다.
  - 격려: 클라이언트가 자신감이 없거나 자존감이 낮아 어떤 행동을 주저할 때 그 행동을 해낼 수 있도록 하는 것이다.

기출문장 CHECK

01 (23-03-09) 해석하기는 클라이언트가 자신에 대해 미처 알지 못한 것을 깨달을 수 있도록 설명해 주는 기술이다.

02 (23-03-09) 관찰은 클라이언트의 언어적, 비언어적 메시지의 차이를 파악할 수 있는 기술이다.

03 (23-03-09) 관찰은 클라이언트의 침묵이 언제, 어떤 이야기 도중 발생하였는지를 파악하는 기술이다.

04 (22-03-23) 경청은 클라이언트의 감정과 사고를 이해하고 파악하는 것이다.

05 (22-03-23) 경청을 통해 클라이언트의 언어적 · 비언어적 표현을 함께 파악해야 한다.

06 (22-03-23) 경청을 할 때에는 클라이언트에 대한 열린 마음과 수용적인 태도가 필요하다.

07 (21-03-04) 클라이언트가 방어적인 태도를 취할 수 있기에 '왜'라는 질문은 피한다.

08 (21-03-06) 환기: 클라이언트의 억압된 또는 부정적인 감정이 문제해결을 방해하거나 감정자체에 문제가 있는 경우 이를 표출하게 하여 감정을 해소시키려 할 때 활용한다.

09 (20-03-17) 경청은 클라이언트에 관한 중요한 정보를 얻는 방법 중 하나이다.

10 (20-03-17) 경청은 클라이언트의 표정이나 몸짓도 관찰하여 의미를 파악한다.

11 (20-03-17) 경청은 클라이언트의 사고와 감정을 이해하려는 적극적인 활동이기도 하다.

12 (20-03-17) 경청은 클라이언트와 사회복지사 사이의 신뢰 관계 형성에 도움이 된다.

13 (20-03-20) 중첩형 질문(stacking question)은 클라이언트를 혼란스럽게 만들 수 있다.

14 (19-03-15) 모호한 질문, 유도 질문, '왜?'라는 질문, 복합 질문 등은 피해야 할 질문 기술이다.

15 (18-03-24) "선생님은 어제 자녀와 대화를 나누셨나요?" – 폐쇄형 질문의 예

16 (18-03-25) 면접을 위한 의사소통기술 중 클라이언트의 혼란스럽고 갈등이 되는 느낌을 가려내어 분명히 해주는 것은 명료화이다.

17 (17-03-17) 해석 기술은 클라이언트가 보여준 언행들의 의미와 관계에 대한 가설을 제시한다. 클라이언트가 자신의 행동, 감정, 생각을 새로운 시각으로 볼 수 있게 한다.

18 (16-03-05) 클라이언트로부터 사적 질문을 받을 경우 간단히 답하고 초점을 다시 돌리는 것이 좋다.

19 (14-03-09) 클라이언트의 표현이 모호할 때는 오해를 최소화하기 위해 구체적 표현을 요청한다.

20 (14-03-09) 클라이언트의 비언어적 표현을 관찰할 때는 신중해야 한다.

21 (14-03-09) 사회복지사에 관한 사적인 질문은 가능한 한 간결하게 답하고, 초점을 다시 클라이언트에게로 돌린다.

22 (14-03-09) 클라이언트와의 신뢰관계가 충분히 형성된 후에 해석 기술을 활용한다.

23 (14-03-10) "결혼하셨습니까?" – 폐쇄형 질문의 예

24 (12-03-14) "그 친구를 따돌리고 싶은 생각이 애초부터 마음속에서 서서히 일어나고 있었던 거죠?" – 유도형 질문(피해야 할 질문)

25 (12-03-14) "다른 약속이 없었음에도 불구하고, 직업훈련에 빠진 것은 그냥 귀찮았기 때문인가요?" – 유도형 질문(피해야 할 질문)

26 (12-03-14) "아들이 집 밖으로 나가지 않겠다고 약속했는데도 불구하고, 아들을 방에 가둔 이유가 뭐죠?" – 왜? 질문(피해야 할 질문)

27 (12-03-14) "의사는 뭐라고 그러던가요? 아들을 왜 때렸으며 그때 누가 같이 있었죠?" – 중첩형 질문, 왜? 질문(피해야 할 질문)

28 (11-03-05) 직면기술은 클라이언트의 감정, 사고, 행동의 모순을 깨닫도록 하는 기술이다.

29 (11-03-05) 경청기술은 클라이언트의 감정과 사고가 어떤 것인지 이해하며 파악하고 듣는 기술이다.

30 (11-03-05) 관찰기술은 클라이언트가 말하고 행동하는 것에 주의를 기울이는 기술이다.

31 (07-03-05) 클라이언트에게 많은 정보를 얻을 수 있도록 개방적 질문을 한다.

32 (07-03-05) 객관적 정보를 얻기 위해 폐쇄적 질문을 하기도 한다.

33 (03-03-17) 명료화 기술은 클라이언트가 자신의 처지에 대해 좀 더 분명하고 객관적인 인식을 갖도록 도와준다.

대표기출 확인하기

21-03-04　난이도 ★★★

사회복지실천 면접의 질문기술에 관한 내용으로 옳은 것은?

① 클라이언트가 방어적인 태도를 취할 수 있기에 '왜'라는 질문은 피한다.
② 클라이언트가 자유롭게 대답할 수 있도록 폐쇄형 질문을 활용한다.
③ 사회복지사가 의도하는 특정방향으로 이끌기 위해 유도형 질문을 사용한다.
④ 클라이언트에게 이중 또는 삼중 질문을 한다.
⑤ 클라이언트가 개인적으로 궁금해 하는 사적인 질문은 거짓으로 답한다.

 알짜확인

- 사회복지사가 면접 과정에서 사용하게 되는 다양한 기술들에 대해 이해해야 한다.
- 질문 기술에 있어서는 다양한 질문 유형을 같이 살펴봐야 하는데, 이때 피해야 할 질문 유형을 알아두는 것이 중요하다.
- 해석을 할 때에는 잘못된 해석이 이루어질 수 있음에 유의해야 하며, 직면 기술을 사용할 때에는 오히려 클라이언트를 자극할 수도 있음에 유의해야 한다는 것도 같이 기억해두자.

답 ①

✔ **응시생들의 선택**

① 92%	② 2%	③ 3%	④ 2%	⑤ 1%

② 클라이언트가 자유롭게 대답할 수 있도록 하는 질문은 개방형 질문이다.
③ 사회복지사가 의도하는 특정방향으로 이끄는 유도형 질문은 피해야 한다.
④ 클라이언트에게 이중 또는 삼중 질문을 하는 폭탄형(중첩형) 질문은 피해야 한다.
⑤ 클라이언트가 개인적으로 궁금해 하는 사적인 질문은 진솔하게 답하되 간략히 답하여 면접의 초점이 클라이언트에게 유지될 수 있도록 해야 한다.

관련기출 더 보기

23-03-09　난이도 ★★★

관찰기술에 관한 내용으로 옳지 않은 것은?

① 클라이언트의 행동과 외모, 몸짓, 태도 등에 주의를 기울이는 기술
② 클라이언트가 자신에 대해 미처 알지 못한 것을 깨달을 수 있도록 설명해 주는 기술
③ 클라이언트의 언어적, 비언어적 메시지의 차이를 파악할 수 있는 기술
④ 사회복지사의 편견에 의해 판단하지 않도록 주의를 기울여야 하는 기술
⑤ 클라이언트의 침묵이 언제, 어떤 이야기 도중 발생하였는지를 파악하는 기술

답 ②

✔ **응시생들의 선택**

① 3%	② 79%	③ 2%	④ 9%	⑤ 7%

② 클라이언트가 자신에 대해 미처 알지 못한 것을 깨달을 수 있도록 설명해 주는 기술은 해석하기 기술이다. 해석하기는 클라이언트의 표현과 행동 저변의 단서를 근거로 클라이언트가 인식하지 못했던 생각, 감정, 행동의 동기를 깨닫도록 도와주는 기술이다. 이를 통해 무의식적 요소나 반복적 행동 패턴을 조명하여 자기이해를 확장한다.

22-03-23　난이도 ★★★

경청에 관한 내용으로 옳지 않은 것은?

① 클라이언트와 시선을 맞추어야 한다.
② 클라이언트의 이야기에 반응하지 않아야 한다.
③ 클라이언트의 언어적·비언어적 표현을 함께 파악해야 한다.
④ 클라이언트의 감정과 사고를 이해하고 파악하는 것이다.
⑤ 클라이언트에 대한 열린 마음과 수용적인 태도가 필요하다.

답 ②

✔ **응시생들의 선택**

① 0%	② 95%	③ 2%	④ 1%	⑤ 2%

② 클라이언트의 이야기에 적절히 반응함으로써 클라이언트의 이야기를 잘 듣고 잘 이해하고 있음을 보여주고, 클라이언트의 이야기에 관심을 가지고 집중하고 있음을 보여줄 수 있어야 한다.

개방형 질문의 예시로 옳지 않은 것은?

① 선생님은 어제 자녀와 대화를 나누셨나요?

② 부모님은 그 상황에서 무엇을 생각하셨을까요?

③ 그 상황에서 선생님의 기분은 어떠하셨나요?

④ 어떤 상황이 되면 문제가 해결되었다고 생각하세요?

⑤ 그러한 행동을 하게 되면 선생님의 가족들은 어떤 반응을 보이시나요?

답 ①

✓ **응시생들의 선택**

① 87%	② 2%	③ 2%	④ 6%	⑤ 3%

① '예', '아니요' 대답만 요구하거나 간단한 대답을 요구하는 질문은 폐쇄형 질문에 해당한다.

면접과정에서의 질문으로 적절한 것을 모두 고른 것은?

> ㄱ. 부인은 남편의 행동에 대해 어떻게 대응하셨나요?
>
> ㄴ. 그 민감한 상황에서 왜 그런 말을 하셨지요?
>
> ㄷ. 이번처럼 갈등이 심각한 적은 몇 번 정도 되나요?
>
> ㄹ. 그때 아내의 반응은 어땠나요? 죄책감이 들지는 않았나요?

① ㄹ　　　　　　　　　② ㄱ, ㄷ

③ ㄴ, ㄹ　　　　　　　④ ㄱ, ㄴ, ㄷ

⑤ ㄱ, ㄴ, ㄷ, ㄹ

답 ②

✓ **응시생들의 선택**

① 0%	② 81%	③ 1%	④ 6%	⑤ 12%

ㄴ. 왜? 질문으로 피해야 할 유형이다.
ㄹ. 폭탄형(중첩형) 질문으로 피해야 할 유형이다.

다음에서 설명하는 면접기술은?

> • 클라이언트가 보여준 언행들의 의미와 관계에 대한 가설을 제시함
> • 클라이언트가 자신의 행동, 감정, 생각을 새로운 시각으로 볼 수 있게 함

① 해석　　　　　　　② 요약

③ 직면　　　　　　　④ 관찰

⑤ 초점화

답 ①

✓ **응시생들의 선택**

① 61%	② 1%	③ 20%	④ 6%	⑤ 12%

② 요약: 클라이언트의 생각, 행동, 감정들을 사회복지사의 언어로 정리하는 것이다.

③ 직면: 클라이언트의 말과 행위 사이의 불일치, 표현한 가치와 실행 사이의 모순을 클라이언트 자신이 주목하도록 하는 기술이다.

④ 관찰: 클라이언트가 말하고 행동하는 것에 주의를 기울이는 것이다.

⑤ 초점화: 클라이언트가 두서없이 말을 장황하게 하거나 어떤 주제를 회피하고자 할 때 사회복지사가 간단히 질문을 하거나 언급함으로써 다시 원래 주제로 돌아오게 하는 것이다.

면담기술에 관한 설명으로 옳지 않은 것은?

① 초점제공기술 – 클라이언트의 행동 저변의 단서를 발견하고 결정적 요인을 찾도록 돕는 기술

② 표현촉진기술 – 클라이언트의 정보노출을 위하여 말을 계속하도록 하는 기술

③ 직면기술 – 클라이언트의 감정, 사고, 행동의 모순을 깨닫도록 하는 기술

④ 경청기술 – 클라이언트의 감정과 사고가 어떤 것인지 이해하며 파악하고 듣는 기술

⑤ 관찰기술 – 클라이언트가 말하고 행동하는 것에 주의를 기울이는 기술

답 ①

✓ **응시생들의 선택**

① 27%	② 64%	③ 5%	④ 3%	⑤ 2%

① 클라이언트의 행동 저변의 단서를 발견하고 결정적 요인을 찾도록 돕는 기술은 '해석기술'이다.

다음 내용이 왜 틀렸는지를 확인해보자

10-03-28

01 면접에서 사회복지사는 클라이언트가 하고 싶어 하는 이야기는 **시간에 관계없이** 경청해야 한다.

> 면접은 시간제한을 두고 주어진 시간 내에 목적을 달성할 수 있도록 초점을 맞추어 진행하는 것이 필요하다.

10-03-28

02 면접에서 클라이언트가 상반된 이야기를 하더라도 관계 형성을 위해 **그대로 진행**한다.

> 클라이언트가 상반된 이야기를 할 때에는 클라이언트가 자신의 모순을 인식할 수 있도록 돕거나 클라이언트의 진의를 파악할 수 있도록 해야 한다.

03 면접에 있어 **폐쇄형 질문**, 폭탄형 질문, 왜 질문 등의 질문 유형은 피해야 한다.

> 폐쇄형 질문은 사실 관계를 간단히 확인할 때에 사용할 수 있는 질문 유형으로 피해야 할 질문 유형은 아니다.

14-03-09

04 클라이언트가 지나치게 말을 많이 하는 경우, **폐쇄형 질문만을 사용하여 초점을 모으는 것이 필요하다.**

> 클라이언트가 두서없이 말을 장황하게 하거나 주제에서 벗어날 때는 초점화 기술을 사용한다.

20-03-20

05 **폐쇄형 질문**은 클라이언트의 상세한 설명과 느낌을 듣기 위해 사용한다.

> 클라이언트의 상세한 설명과 느낌을 듣기 위해서는 개방형 질문을 한다.

06 직면 기술은 클라이언트의 모순을 짚어주는 기술로 사회복지사와 클라이언트 간 **관계형성의 초기에 사용하면 신뢰형성에 도움이 된다.**

> 직면 기술의 경우 잘못 사용하면 클라이언트가 공격당한다는 느낌을 받게 되거나 위축될 수도 있기 때문에 관계의 초기에 무분별하게 사용하는 것은 주의해야 한다.

빈칸에 들어갈 알맞은 말을 채워보자

01 (　　　　　　　) 기법은 클라이언트의 진술에 일관성이 없거나 모호한 경우에 분명하고 구체적인 내용을 파악하기 위한 방법이다.

02 (　　　　　　　) 기법은 클라이언트가 말하는 내용이 원래 주제에서 크게 벗어나는 경우 원래 주제를 다시 인식시켜 면접을 효율적으로 진행하기 위한 방법이다.

14-03-10
03 "결혼하셨습니까?"라는 질문 유형은 (　　　　　　　)형 질문에 해당한다.

09-03-21
04 "폭력을 당하신 부위는 어디였고, 그때 옆에 누가 계셨나요?"라는 질문은 (　　　　　　　) 질문 유형에 해당한다.

09-03-21
05 "아드님과 평소에 관계가 좋지 않으셨죠?"라는 질문은 (　　　　　　　) 질문 유형에 해당한다.

04-03-29
06 (　　　　　　　) 기술은 클라이언트가 자신에 대한 솔직한 심정을 피하기 위해 왜곡된 행동을 보일 때에 실시하여 클라이언트가 보이는 모순을 인식할 수 있도록 돕는다.

07 (　　　　　　　) 기술은 클라이언트의 진술내용에 대해 사회복지사가 자신의 표현으로 바꾸어 말함으로써 진술내용의 의미를 제대로 파악하고 있는지 확인하는 것이다.

08 (　　　　　　　) 기술은 면접의 전 과정에서 기본이 되는 기술로, 클라이언트의 표정이나 몸짓 같은 비언어적 표현에 주의를 기울여야 함을 강조한다.

18-03-24
09 "그 상황에서 선생님의 기분은 어떠하셨나요?"라는 질문은 (　　　　　　　)형 질문에 해당한다.

답 **01** 명확화(명료화) **02** 초점화 **03** 폐쇄 **04** 중첩형(폭탄형, 복합) **05** 유도형 **06** 직면 **07** 환언 **08** 관찰 **09** 개방

KEYWORD

085

면접의 특징 및 유형

강의 QR코드

1회독 월 일
2회독 월 일
3회독 월 일

최근 10년간 **4문항** 출제

복습
1

이론요약

 22회 기출   20회 기출

면접의 개념

- 전문적 관계에 바탕을 두고 정보수집, 과업수행, 클라이언트의 문제나 욕구해결 등과 같은 목적을 수행하는 시간제한적인 의사소통
- 인간의 행동과 반응에 대한 전문적 지식과 인간관계의 기술을 갖춘 사회복지사가 클라이언트와 그의 문제를 이해하고 원조한다는 목적을 가지고 의도적으로 이끌어 나가는 전문적 대화

기본개념

사회복지실천론
pp.174~

면접의 주요 특징

- **목적지향적**
- **한정적**
- 계약적
- **특정한 역할관계**
- 공시저

효과적인 면접의 구성요소

- 장소: 보통 기관의 상담실을 이용한다. 다만, 상황에 따라 상담실 외의 공간에서 진행하기도 한다.
- 시간: <u>약속시간 및 진행시간을 미리 정해둠</u>으로써 해당 시간 내에 집중할 수 있도록 한다.
- 옷차림, 행동, 호칭 등의 태도

목적에 따른 면접유형 분류

다음의 구분은 임의적 구분일 뿐 동시에 중복적으로 진행되기도 한다.

- 정보수집면접: 클라이언트의 개인적·사회적 문제와 관련하여 성장과정이나 사회적 배경에 관한 정보를 얻기 위한 면접이다.
- 사정면접: 자료와 정보를 분석하여 실천방향을 결정하기 위해 진행되는 면접이다. 문제가 무엇인지, 그 문제가 어떻게 해결되어야 하는지, 문제를 해결하기 위해 무엇을 해야 하는지 등이 초점이 된다.
- 치료면접: 클라이언트의 자신감과 자기효율성을 강화하고, 필요한 기술을 훈련하거나 문제해결 능력을 키울 수 있도록 하는 데에 목적을 둔다.

구조화 정도에 따른 면접유형 분류

- 구조화된 면접: 표준화된 면접. 정해진 면접 계획과 내용에 따라 진행
- 반구조화된 면접: 지침이 있는 면접. 일부 질문이나 주요 키워드를 정해두고 진행하면서도 상황에 따라 적절하게 개방형 질문을 진행
- 비구조화된 면접: 개방형 면접. 정해진 틀이 없으므로 각각의 피면접자에 맞는 면접이 가능함

기출문장 CHECK

01 (22-03-25) 갈등을 겪고 있는 부부를 대상으로 문제에 대한 과거력, 개인력, 가족력을 파악하는 면접을 진행함 – 정보수집면접의 예

02 (22-03-25) 학교폭력 피해학생의 자존감 향상을 위해 심리적 지지를 제공하는 면접을 진행함 – 치료면접의 예

03 (20-03-15) 면접의 목적은 클라이언트의 삶의 질 향상을 위한 것이어야 한다.

04 (20-03-15) 면접에서 사회복지사와 클라이언트 사이에는 특정한 역할 관계가 있다.

05 (20-03-15) 면접은 특정 상황이나 맥락에 관련하여 이루어진다.

06 (20-03-15) 면접은 개입에 필요한 자료를 수집하기 위한 도구가 될 수 있다.

07 (18-03-23) 면접에서는 사회복지사와 클라이언트 사이에 특정한 역할 관계가 있다.

08 (18-03-23) 면접은 시간과 장소 등 구체적인 요건이 필요하다.

09 (18-03-23) 면접을 통해 클라이언트를 이해하는데 필요한 정보를 수집하기도 하며, 클라이언트의 어려움을 극복하는데 필요한 변화들을 가져오기도 한다.

10 (17-03-16) 정보수집면접의 예: 학대의심 사례를 의뢰받은 노인보호전문기관의 사회복지사는 어르신을 만나 학대의 내용과 정도를 파악하고 어르신의 정서 상태와 욕구를 확인하는 면접을 진행하였다.

11 (13-03-14) 면접에 있어 물리적인 환경이 열악한 경우 이에 대해 설명한다.

12 (13-03-14) 클라이언트의 특성이나 사정에 따라 면접 장소는 유동적으로 정한다.

13 (13-03-14) 클라이언트의 주의 집중 능력이나 의사소통 능력에 따라 면접시간을 조절한다.

14 (12-03-25) 면접은 사회복지사와 클라이언트 사이에 특정한 역할관계가 있다.

15 (11-03-04) 치료면접의 예: 가정폭력 피해여성의 자존감 향상을 목적으로 심리적 지지를 제공하였다.

16 (09-03-18) 사회복지사는 면접을 통하여 클라이언트의 자신감을 향상시키고 자기효율성을 강화하였다. 이때 사회복지사가 실시한 면접의 형태는 치료 면접이다.

17 (09-03-22) 면접을 진행할 때에는 안정적인 분위기를 조성하는 것이 필요하다.

18 (08-03-17) 장애아동의 재활서비스 이용자격을 판단하는 데 적합한 면접 형태는 욕구사정 면접이다.

19 (05-03-15) 면접에는 특정한 역할이 정해져 있다.

20 (05-03-15) 면접은 계약에 의해 이루어지며, 목적지향적으로 진행된다.

21 (03-03-18) 사회복지 면접은 계약에 따라 한정적으로 이루어지며, 맥락이나 세팅을 가지고 있으며, 특정한 역할 관계가 규정된다.

대표기출 확인하기

면접의 유형에 관한 예로 옳은 것을 모두 고른 것은?

ㄱ. 정보수집면접: 갈등을 겪고 있는 부부를 대상으로 문제에 대한 과거력, 개인력, 가족력을 파악하는 면접을 진행함

ㄴ. 사정면접: 클라이언트의 사회적응을 위해 환경변화를 목적으로 클라이언트와 관련 있는 중요한 사람과 면접을 진행함

ㄷ. 치료면접: 학교폭력 피해학생의 자존감 향상을 위해 심리적 지지를 제공하는 면접을 진행함

① ㄱ　　　　　　　　② ㄱ, ㄴ
③ ㄱ, ㄷ　　　　　　④ ㄴ, ㄷ
⑤ ㄱ, ㄴ, ㄷ

 알짜확인

- 면접은 목적을 가지고 진행되며, 시간제한적인 특징이 있음을 기억해두자.
- 면접의 초점이 어디에 있느냐, 즉 목적에 따라 면접의 유형이 달라지며, 사용하는 방식도 달라질 수 있음을 이해하며 살펴보자.

답 ③

✅ **응시생들의 선택**

① 2%	② 6%	③ 41%	④ 2%	⑤ 49%

ㄴ. 사정면접은 클라이언트가 현재 겪고 있는 문제상황을 살펴보는 과정으로, 목표설정 및 개입방법선정 등을 위한 자료를 구체화하기 위한 것이다. '클라이언트의 사회적응을 위해 환경변화를 목적으로 클라이언트와 관련 있는 중요한 사람과 면접을 진행'한 것은 치료면접으로 볼 수 있다.

관련기출 더 보기

면접에 관한 설명으로 옳지 않은 것은?

① 사회복지사와 클라이언트 사이의 특정한 역할 관계가 있다.
② 시간과 장소 등 구체적인 요건이 필요하다.
③ 목적보다는 과정 지향적 활동이므로 목적에 집착하는 것을 지양한다.
④ 클라이언트의 어려움을 극복하는데 필요한 변화들을 가져오기도 한다.
⑤ 클라이언트를 이해하는데 필요한 정보를 수집하기도 한다.

답 ③

✅ **응시생들의 선택**

① 12%	② 4%	③ 71%	④ 12%	⑤ 1%

③ 면접은 정보수집, 과업수행, 클라이언트의 문제해결 등과 같은 목적을 두고 진행되는 목적 지향적 활동이다.

다음 사례에서 사회복지사가 진행한 면접의 유형은?

학대의심 사례를 의뢰받은 노인보호전문기관의 사회복지사는 어르신을 만나 학대의 내용과 정도를 파악하고 어르신의 정서 상태와 욕구를 확인하는 면접을 진행하였다.

① 평가면접
② 치료면접
③ 정보수집면접
④ 계획수립면접
⑤ 정서지원면접

답 ③

✅ **응시생들의 선택**

① 1%	② 6%	③ 83%	④ 3%	⑤ 7%

③ 클라이언트의 개인적·사회적 문제와 관련하여 성장과정이나 사회적 배경에 관한 정보를 얻기 위해 실시하는 면접은 정보수집면접에 해당한다.

다음 내용이 **옳은지 그른지** 판단해보자

`09-03-22`

01 사회복지사는 면접을 진행함에 있어 안정된 면접을 위한 분위기를 조성해야 하고, 클라이언트의 요청에 대해 무조건적으로 수용해야 한다.

---

02 면접이 효과적으로 이루어지기 위해서는 제한된 시간 내에 이루어질 수 있도록 해야 한다.

`08-03-18`

03 면접 시간은 사회복지사와 클라이언트가 합의하여 정한다.

`05-03-15`

04 면접 장소는 기관의 상담실 등으로 제한된다.

---

05 사회복지 면접은 사회복지사와 클라이언트라는 특정한 역할을 바탕으로 진행되는 비공식적 과정이다.

---

06 비구조화된 면접은 구조화된 면접과 달리 정해진 틀이 없이 피면접자에 맞춰 진행한다.

---

07 클라이언트가 현재 처해 있는 문제상황을 분석하고 목표를 설정하고, 적절한 개입방법을 선택하기 위해 진행하는 면접은 사정면접이다.

`08-03-17`

08 장애아동의 재활서비스 이용자격을 판단하기 위한 면접의 형태는 정보수집 면담이다.

---

09 클라이언트가 필요로 하는 기술 훈련 및 문제해결 능력 향상에 목적을 둔 면접은 치료면접이다.

답 01 ✕ 02 ◯ 03 ◯ 04 ✕ 05 ✕ 06 ◯ 07 ◯ 08 ✕ 09 ◯

해설 **01** 클라이언트의 요청에 대해서는 무조건적으로 수용하는 것이 아니라 기관의 규정 등에 어긋나지 않는 범위에서 클라이언트의 요청을 선택적으로 받아들여야 한다.

04 보통 기관에 마련된 상담실에서 진행되지만 클라이언트가 이동이 어렵거나 특수한 상황에 있는 경우라면 다른 장소에서 진행될 수도 있다.

05 면접은 공식적 과정이다. 면접이 비공식적으로 이루어진다면 이는 사회복지사와 클라이언트 간에 사적 관계가 형성되는 것이므로 주의해야 한다.

08 사정 면담에 해당한다.

접수 및 자료수집 과정

이 장에서는

주로 접수단계에서의 과업을 묻는 문제가 출제되고 있다. 문제확인, 의뢰, 동기부여 및 참여유도, 초기면접지에
포함될 내용 등을 정리하도록 하자. 또한 자료수집에서 살펴봐야 할 내용도 출제되곤 한다.

10년간 출제분포도

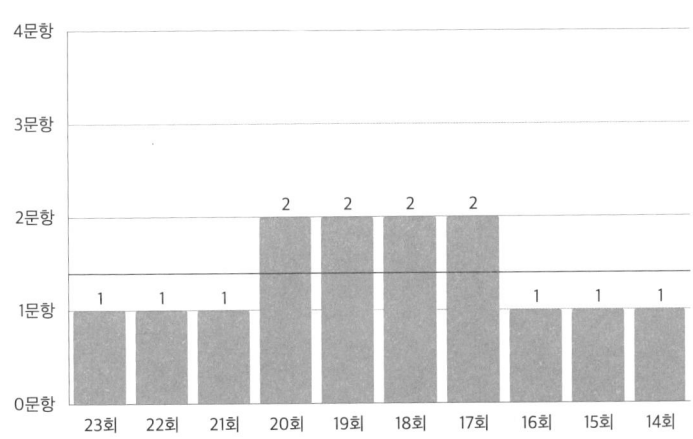

평균 출제문항수

접수단계의 주요 과업

강의 QR코드

최근 10년간 **8문항** 출제

복습
1 이론요약

 23회 기출 20회 기출 19회 기출

문제확인

• 잠재적 클라이언트(=신청자)의 문제가 무엇인지 확인함
• 잠재적 클라이언트의 실제 문제가 무엇인지 정확하게 파악하고, 기관에서 서비스를 제공할 수 있는지 판단(=**사례의 적격 여부 판단**)
※ 접수를 위해 방문한 클라이언트의 경우는 아직 서비스가 개시되지 않았으므로 잠재적 클라이언트라고 하는데 통상적으로 구분 없이 클라이언트라고 한다.

기본개념

사회복지실천론
pp.203~

의뢰

• 신청자의 욕구가 기관의 서비스 방향이나 내용과 맞지 않거나 신청자에게 더 적합한 기관이 있을 경우, 클라이언트에게 그 기관을 소개하여 서비스를 받을 수 있도록 하는 것
• 의뢰하는 기관의 서비스에 관해 정확하게 정보를 제공하고 그 기관과 접촉할 수 있게 도와야 함

참여 유도

• 관계형성: 기관을 찾는 클라이언트들이 일반적으로 보이는 두려움과 불안 등을 해소하기 위해 사회복지사와 상호 긍정적인 친화관계, 즉 **라포를 형성**하는 것
• 동기화: 클라이언트가 원조과정 동안 **적극적으로 참여할 수 있도록 동기를 부여**함
• **양가감정 수용과 저항감 해소**: 클라이언트의 양가감정을 수용하고 자유롭게 표현하여 저항을 해소해 주어야 함

초기면접지 작성

• 클라이언트의 이름, 나이, 성별 등 기본정보
• 클라이언트가 생각하는 주요 문제
• 방문 동기 혹은 의뢰 이유
• 서비스를 받은 경험 등을 기록

01 (23-03-21) 접수단계에서 수행할 수 있는 과업으로는 의뢰, 관계형성, 서비스 동의, 문제 확인 등이 있다.

02 (20-03-05) 접수단계의 주요 과업: 관계형성을 통한 클라이언트의 참여 유도, 클라이언트의 드러난 문제 확인, 클라이언트의 문제가 기관의 자원과 정책에 부합되는지 판단, 서비스에 대한 클라이언트의 동의 확인

03 (19-03-16) 접수단계에서 사회복지사는 기관에서 제공하는 서비스 적격 여부 확인 및 욕구에 적합한 기관으로 의뢰 등을 진행하게 된다.

04 (18-03-09) 접수단계에서의 과업: 기관 및 사회복지사 자신에 대해 소개, 클라이언트의 이름과 나이 등을 확인, 원하는 서비스를 확인, 클라이언트의 저항감 완화

05 (17-03-18) 접수단계는 문제와 욕구를 확인하여 기관의 정책과 서비스에 부합하는지를 판단하는 과정이다.

06 (16-03-07) 초기면접지에는 클라이언트의 개인정보를 비롯해 기관에 오게 된 동기 등이 포함된다.

07 (14-03-22) 접수단계에서는 서비스 제공 여부에 대해 결정하고 기본적인 원조과정에 대해 안내한다.

08 (12-03-03) 접수단계에서는 클라이언트가 어떤 문제를 갖고 있는지, 분세와 관련된 욕구기 무엇인지를 파악한다.

09 (12-03-03) 접수단계에서는 초기 면접지, 정보제공 동의서 등을 작성한다.

10 (12-03-03) 접수단계에서는 클라이언트에게 서비스와 관련된 자격요건, 이용 비용 및 절차 등에 대해 상세하게 설명해야 한다.

11 (11-03-18) 의뢰를 진행할 때에는 의뢰로 인해 클라이언트가 버림받았다는 느낌을 갖지 않도록 배려한다.

12 (11-03-19) 접수단계에서 사회복지사는 클라이언트의 저항감을 해소시키고 동기화할 수 있도록 한다.

13 (11-03-19) 접수단계에서 클라이언트에게 필요한 서비스가 기관에서 제공되고 있지 않은 경우 관련 서비스를 안내하고 의뢰에 대한 클라이언트의 동의를 구한다.

14 (10-03-06) 접수 시에는 기관을 찾아오게 된 배경을 비롯해 클라이언트의 기본적인 인적 사항을 파악한다.

15 (09-03-24) 클라이언트를 다른 기관으로 의뢰할 경우 클라이언트에게 해당 기관에 관한 정보 및 받을 수 있는 서비스 등 기본적인 정보를 안내한다.

16 (06-03-03) 사회복지사는 접수단계에서 클라이언트의 적격성 여부를 판단해야 한다.

17 (06-03-10) 의뢰된 클라이언트의 접수 과정에서 다른 더 중요한 문제가 발견된 경우 또 다른 기관으로의 의뢰나 연계를 검토할 수 있다.

18 (04-03-20) 접수단계에서 사회복지사는 기관을 방문한 클라이언트와 관련하여 서비스 제공의 적합성 여부를 판단해야 한다.

대표기출 확인하기

접수단계에서 수행할 수 있는 과업이 아닌 것은?

① 의뢰
② 관계형성
③ 서비스 동의
④ 목표설정
⑤ 문제 확인

 알짜확인

• 접수단계에서 사회복지사가 수행해야 할 과업들에 대해 정리해 두자.
• 접수단계에서는 클라이언트가 왜 기관을 찾게 되었는지, 즉 클라이언트가 제기하는 문제를 확인하고 기관에서 그에 적합한 서비스가 있는지를 살펴보는 정도에 그치게 된다. 따라서 구체적인 사정이 진행되는 것은 아니기 때문에 서비스가 결정되는 단계는 아니라는 점에 유의하자.

답 ④

응시생들의 선택

① 6%	② 17%	③ 1%	④ 73%	⑤ 3%

④ 목표설정은 계획단계에서 진행된다. 목표설정은 클라이언트가 현 상황에서 벗어나기 위한 바람직한 변화의 방향, 문제가 해결된 상태, 개입을 통해 일어나기를 바라는 변화를 의미하며 개입의 결과를 평가할 수 있는 근거가 되므로 접수단계가 아니라 계획단계에서 중요하다.

관련기출 더 보기

접수단계의 주요 과업에 해당하지 않는 것은?

① 관계형성을 통한 클라이언트의 참여 유도
② 클라이언트의 드러난 문제 확인
③ 서비스의 효율성과 효과성 측정
④ 서비스에 대한 클라이언트의 동의 확인
⑤ 클라이언트의 문제가 기관의 자원과 정책에 부합되는지 판단

답 ③

응시생들의 선택

① 5%	② 3%	③ 89%	④ 1%	⑤ 2%

③ 서비스의 효율성 및 효과성 측정은 서비스 제공 이후 평가 과정에서 실시한다.

접수단계에서 사회복지사가 수행해야 할 과제를 모두 고른 것은?

ㄱ. 개입 목표의 우선순위 합의
ㄴ. 클라이언트의 강점과 자원 조사
ㄷ. 욕구에 적합한 기관으로 의뢰
ㄹ. 기관에서 제공하는 서비스 적격 여부 확인

① ㄱ, ㄷ
② ㄴ, ㄹ
③ ㄷ, ㄹ
④ ㄱ, ㄴ, ㄷ
⑤ ㄱ, ㄴ, ㄷ, ㄹ

답 ③

응시생들의 선택

① 1%	② 18%	③ 66%	④ 1%	⑤ 14%

ㄱ. 개입 목표의 우선순위 합의는 계획과정의 과업이다.
ㄴ. 클라이언트의 강점과 자원 조사는 사정과정의 과업이다.

난이도 ★★☆

노인복지관의 사회복지사가 접수단계에서 수행하는 역할로 옳지 않은 것은?

① 가족 간의 상호작용 유형을 조정한다.
② 기관 및 사회복지사 자신을 소개한다.
③ 원하는 서비스가 무엇인지 질문한다.
④ 이름과 나이를 확인한다.
⑤ 클라이언트의 저항감이 파악되면 완화시킨다.

답 ①

✔ **응시생들의 선택**

① 83%	② 1%	③ 0%	④ 1%	⑤ 15%

① 접수단계에서는 가족 간의 상호작용 유형에 대해 확인된 상태가 아니기 때문에 가족 간의 상호작용 유형을 조정할 수 없다. 대체로 가족 간의 상호작용 유형은 사정단계에서 파악하고 실제 조정이 진행되는 것은 개입단계이다.

난이도 ★★☆

의뢰에 관한 설명으로 옳은 것을 모두 고른 것은?

ㄱ. 클라이언트가 거부감을 느끼지 않도록 성서직으로 지지함
ㄴ. 의뢰하는 기관과 서비스의 정보를 클라이언트에게 제공함
ㄷ. 반드시 클라이언트의 동의가 필요한 것은 아님
ㄹ. 의뢰된 기관에서 클라이언트가 서비스를 적절히 받는지 확인함

① ㄱ, ㄴ
② ㄱ, ㄷ
③ ㄱ, ㄴ, ㄹ
④ ㄴ, ㄷ, ㄹ
⑤ ㄱ, ㄴ, ㄷ, ㄹ

답 ③

✔ **응시생들의 선택**

① 11%	② 1%	③ 77%	④ 1%	⑤ 10%

ㄷ. 사회복지사는 다양한 경우에 의뢰를 고려해볼 수 있는데, 클라이언트에게 의뢰를 고려하게 된 이유를 설명하고 클라이언트가 원치 않는 경우에는 의뢰를 진행하지 않아야 한다.

난이도 ★★★

사회복지 실천과정(접수 – 자료수집 및 사정 – 개입 – 평가 및 종결) 중 접수단계의 주요 과업으로 옳지 않은 것은?

① 클라이언트에게 기관의 서비스와 원조과정에 관한 안내를 한다.
② 클라이언트가 어떤 문제를 갖고 있는지, 문제와 관련된 욕구가 무엇인지를 파악한다.
③ 클라이언트가 기관에서 제공하는 서비스를 받을 수 있는지에 대해 결정한다.
④ 초기 면접지, 정보제공 동의서, 심리검사 등의 관련 서식을 작성한다.
⑤ 자격요건, 이용절차, 비용 등에 대해 상세하게 설명한다.

답 ④

✔ **응시생들의 선택**

① 2%	② 41%	③ 10%	④ 36%	⑤ 11%

④ 초기 면접지와 정보제공 동의서는 접수단계에서 작성하지만 심리검사는 보통 사정단계나 개입단계에서 수행한다.

난이도 ★☆☆

라포(rapport)를 형성하는 기술을 모두 고른 것은?

ㄱ. 클라이언트의 감정을 충분히 이해하고 있다는 것을 언어적 · 비언어적으로 전달한다.
ㄴ. 부정적인 감정표출이 도움이 되지 않는다는 사실을 인식시킨디.
ㄷ. 진실성을 가지고 클라이언트를 대한다.
ㄹ. 클라이언트가 침묵하는 경우 즉시 이유를 묻는다.

① ㄱ, ㄴ, ㄷ
② ㄱ, ㄷ
③ ㄴ, ㄹ
④ ㄹ
⑤ ㄱ, ㄴ, ㄷ, ㄹ

답 ②

✔ **응시생들의 선택**

① 5%	② 93%	③ 0%	④ 0%	⑤ 1%

ㄴ. 부정적인 감정을 자유롭게 표현할 수 있도록 격려한다. 부정적인 감정을 표현함으로써 오히려 문제를 더 정확히 볼 수 있고 감정의 정화를 경험할 수 있다.
ㄹ. 클라이언트가 침묵하는 경우 즉시 이유를 묻기보다는 잠시 기다려주거나 짧은 침묵으로 대응하는 것이 좋다.

다음 내용이 **왜 틀렸는지**를 확인해보자

01 클라이언트가 기관을 찾은 이유가 곧 해결해야 할 문제이기 때문에 <u>접수단계에서 바로 사정을 실시해야 한다.</u>

> 접수단계에서는 클라이언트가 기관을 찾은 표면적인 문제를 파악하는 것에 그치며 이후에 자료조사와 심층적인 분석을 거치면서 사정을 진행하게 된다.

02 접수단계에서는 <u>문제를 확인하고 분석하여 제공될 서비스를 계획</u>하는 것이 핵심 과업이다.

> 접수단계에서는 방문하게 된 이유과 관련된 서비스를 안내할 수 있지만, 구체적인 문제분석은 사정단계, 제공될 서비스 계획은 계획단계에서 이루어진다.

`09-03-24`

03 클라이언트를 다른 기관으로 의뢰할 때는 <u>의뢰될 기관의 사회복지사가 사용할 상담기법에 대해 알려야 한다.</u>

> 의뢰될 기관의 사회복지사가 사용할 상담기법은 그 사회복지사가 사정 및 계획수립 단계를 거쳐 확정하기 때문에 미리 알 수는 없다.

04 접수단계는 클라이언트가 호소하는 문제를 확인하고 기관에 적합한 서비스가 있는지를 판단하는 과정으로 <u>자발적 클라이언트와 비자발적 클라이언트를 구분할 필요는 없다.</u>

> 접수단계에서는 클라이언트의 기관 방문 이유나 동기를 확인하며, 비자발적 클라이언트의 경우 자발적 클라이언트보다 참여의지가 낮을 수 있음을 염두에 두는 것이 필요하다.

`20-03-05`

05 기관을 찾은 클라이언트에게 적합한 서비스가 없는 경우 <u>무조건 의뢰를 진행</u>해야 한다.

> 기관에서 제공하는 서비스 중에 적합한 서비스가 없는 경우 다른 기관에 의뢰를 할 수 있다. 하지만 무조건 의뢰를 진행해야 하는 것은 아니며 클라이언트의 동의가 필요하다.

`06-03-03`

06 사회복지사는 <u>접수단계</u>에서 클라이언트의 적격성 및 자원을 파악하고 필요한 자원을 연계할 수 있도록 해야 한다.

> 적격성은 접수단계에서 파악하지만, 자원 파악은 사정단계에서, 자원 연계는 개입과정에서 이루어진다.

다음 내용이 옳은지 그른지 판단해보자

01 클라이언트와의 라포 형성은 접수과정에서부터 중요하게 고려해야 한다. ⊙ ⊗

`14-03-22`
02 접수과정에서 가장 중요한 과업은 개입목표를 설정하는 것이다. ⊙ ⊗

`16-03-07`
03 접수를 위한 초기면접지에는 클라이언트의 가족관계, 서비스를 받은 경험, 기관을 방문하게 된 주요 문제 및 문제해결을 위한 개입방법과 비용을 포함해야 한다. ⊙ ⊗

04 비자발적인 클라이언트의 경우 접수과정에서 동기부여가 될 수 있도록 해야 한다. ⊙ ⊗

`11-03-19`
05 접수단계에서는 클라이언트의 문제를 확인하면서 원조관계를 수립해나간다. ⊙ ⊗

`05-03-20`
06 접수단계에서 사회복지사는 감정이입적인 의사소통기술을 발휘할 수 있어야 한다. ⊙ ⊗

07 비자발적 클라이언트와의 관계형성에서는 부정적 감정표출을 제한하는 것이 효과적이다. ⊙ ⊗

08 처음 방문한 클라이언트에게 '오늘 날씨가 너무 덥죠?', '교통이 불편하진 않으셨어요?' 등과 같이 가벼운 이야기를 건네면 긴장을 푸는 데 도움이 될 수 있다. ⊙ ⊗

  답 **01**○ **02**× **03**× **04**○ **05**○ **06**○ **07**× **08**○

해설 **02** 개입목표의 설정은 계획과정에서 이루어진다.
03 개입방법은 사정을 바탕으로 정해지기 때문에 초기면접지에 포함되는 내용은 아니다. 개입방법과 비용은 계약서에 포함된다.
07 비자발적 클라이언트의 경우 접수과정에서 억울함을 호소하거나 회의적인 감정을 보이기도 하는데 이러한 부정적인 감정의 표출을 막으면 라포형성이 어려워지고 사회복지사를 불신할 수도 있다.

1회독	2회독	3회독
월 일	월 일	월 일

최근 10년간 **6문항** 출제

이론요약

22회 기출 21회 기출 20회 기출 19회 기출

개념 및 특징

- 클라이언트 문제를 이해하고 분석, 해결하는 데 필요한 자료를 모으는 과정
- 자료수집과 사정은 거의 동시에 반복적으로 진행됨

기본개념

사회복지실천론
pp.208~

자료의 영역

- 접수단계에서 파악한 클라이언트에 대한 기본적인 정보
- 문제에 대한 깊이 있는 정보
- 개인력
- 가족력
- 클라이언트의 기능
- 클라이언트의 자원
- 클라이언트의 강점·한계

자료의 출처

- 클라이언트에게서 직접 얻는 자료: 대화, 작성한 글, 비언어적 행동 등
- 클라이언트의 가족에게서 얻는 자료
- 각종 검사 등의 객관적 자료
- **클라이언트의 개인적 관계에서 얻는 자료**: 친구, 이웃, 직장동료 등
- **클라이언트에 대한 사회복지사의 개인적 경험**: 클라이언트와 상호작용하면서 느낀 사회복지사의 주관적 경험

01 (21-03-19) 클라이언트와 직접 상호작용한 사회복지사의 경험도 자료가 된다.

02 (20-03-11) 자료수집단계에서는 객관적인 자료뿐만 아니라 클라이언트의 주관적인 인식이 담긴 자료도 포함하여 수집한다.

03 (19-03-19) 자료수집은 실천의 전 과정을 통해 이루어지며, 클라이언트의 참여를 필요로 한다.

04 (19-03-19) 자료수집은 문제와 욕구, 강점과 자원을 모두 포함한다.

05 (19-03-19) 가정방문으로 자연스러운 상호작용을 관찰하면서 자료수집을 진행할 수 있다.

06 (18-03-10) 자료수집의 예: 가출청소년의 가족관계 파악을 위해 부모와 면담, 진로 고민 중인 청년의 진로탐색을 위해 적성검사, 이웃의 아동학대 신고가 사실인지 여부를 확인하기 위해 가정방문

07 (15-03-23) 자료수집은 실천의 전 과정에 걸쳐 이루어지는 지속적인 과정으로, 클라이언트 문제와 기관의 서비스 간 부합 여부를 판단하는 데 필요한 정도면 충분하다.

08 (15-03-23) 수집된 자료는 클라이언트를 둘러싼 주변 체계에 대한 정보도 포함해야 한다.

09 (12-03-08) 자료수집에는 문제에 관한 정보, 클라이언트의 기능 및 한계, 가족관계 등에 대한 내용이 포함되도록 한다.

10 (08-03-22) 자료의 출처 중 클라이언트의 자기보고는 주관성이 높다. 가정방문은 클라이언트의 환경을 파악하는 데에 용이하다. 심리검사는 전문성이 담보되어야 한다. 자기모니터링은 임파워먼트 효과가 있다.

11 (05-03-21) 클라이언트의 비언어적 행동을 관찰하는 것도 자료수집 방법의 하나이다.

12 (02-03-26) 면접, 질문지 작성, 가정방문 등을 통해 클라이언트에 관한 자료를 수집할 수 있다.

대표기출 확인하기

21-03-19 | 난이도 ★★☆

자료 수집을 위한 자료 출처에 해당하는 것을 모두 고른 것은?

> ㄱ. 문제, 사건, 기분, 생각 등에 관한 클라이언트 진술
> ㄴ. 클라이언트와 직접 상호작용한 사회복지사의 경험
> ㄷ. 심리검사, 지능검사, 적성검사 등의 검사 결과
> ㄹ. 친구, 이웃 등 클라이언트의 중요한 타인으로부터 수집한 정보

① ㄱ, ㄴ, ㄷ
② ㄱ, ㄴ, ㄹ
③ ㄱ, ㄷ, ㄹ
④ ㄴ, ㄷ, ㄹ
⑤ ㄱ, ㄴ, ㄷ, ㄹ

 알짜확인

- 자료수집에서는 어떤 것들이 자료가 될 수 있는지를 확인해야 한다. 클라이언트에 대한 사회복지사의 주관적인 경험, 느낌 등도 자료가 된다는 점은 종종 헷갈려하는 내용이기 때문에 기억해두기 바란다.

답 ⑤

✔ 응시생들의 선택

① 2%	② 3%	③ 12%	④ 2%	⑤ 81%

모두 자료 수집을 위한 자료 출처에 해당한다.

➕ 덧붙임

간혹 클라이언트와 상호작용한 사회복지사의 경험은 주관적인 것이기 때문에 자료로 볼 수 없지 않나라는 질문을 받는다. 그런데 클라이언트와 상호작용하는 과정에서 기본적인 성향, 대인관계를 맺는 방식, 숨겨진 내면의 감정 등이 드러나기 때문에 자료에서 배제될 수 없다는 점 유의해서 기억해두기 바란다.

관련기출 더 보기

22-03-22 | 난이도 ★★★

다음 사례에서 사회복지사가 자료수집과정에서 사용한 정보의 출처가 아닌 것은?

> 사회복지사는 결석이 잦은 학생 A에 대한 상담을 하기 전 담임선생님으로부터 A와 반 학생들 사이에 갈등관계가 있음을 들었다. 이후 상담을 통해 A가 반 학생들로부터 따돌림 당하고 있음을 알게 되었다. 상담 과정에서 A는 사회복지사와 눈을 맞추지 못하고 본인의 이야기를 하는 것에 주저하는 모습을 보이며 상담 내내 매우 위축된 모습이었다. 어머니와의 전화 상담을 통해 A가 집에서 가족들과 대화를 하지 않고 방안에서만 지내고 있다는 것을 알게 되었다.

① 클라이언트의 이야기
② 클라이언트의 비언어적 행동
③ 상호작용의 직접적 관찰
④ 주변인으로부터 정보 획득
⑤ 클라이언트와의 직접적 상호작용 경험

답 ③

✔ 응시생들의 선택

① 30%	② 4%	③ 44%	④ 1%	⑤ 21%

③ 상호작용의 직접적 관찰은 클라이언트가 다른 사람과 어떻게 대화하고 행동하는지 등을 사회복지사가 직접 살펴보는 것으로 문제의 사례에서는 나타나지 않는다.

① 클라이언트의 이야기 – 상담을 통해 A가 반 학생들로부터 따돌림 당하고 있음을 알게 되었다.
② 클라이언트의 비언어적 행동 – 상담 과정에서 A는 사회복지사와 눈을 맞추지 못하고 본인의 이야기를 하는 것에 주저하는 모습을 보이며…
④ 주변인으로부터 정보 획득 – 담임선생님으로부터 A와 반 학생들 사이에 갈등관계가 있음을 들었다. 어머니와의 전화 상담을 통해 A가 집에서 가족들과 대화를 하지 않고 방안에서만 지내고 있다는 것을 알게 되었다.
⑤ 클라이언트와의 직접적 상호작용 경험 – 상담 내내 매우 위축된 모습이었다.

자료 수집에 관한 설명으로 옳지 않은 것은?

① 클라이언트의 참여가 필요하다.
② 실천의 전 과정을 통해 이루어진다.
③ 상반된 정보를 제공하는 자료는 폐기한다.
④ 문제와 욕구, 강점과 자원을 모두 포함한다.
⑤ 가정방문으로 자연스러운 상호작용을 관찰할 수 있다.

답 ③

✅ **응시생들의 선택**

① 2%	② 3%	③ 93%	④ 0%	⑤ 2%

③ 상반된 정보를 제공하는 자료라고 해서 폐기할 필요는 없다. 예를 들어, 클라이언트가 자신의 성격에 대해 하는 말과 주변 사람들이 클라이언트의 성격에 대해 하는 말, 심리검사를 통해 나타난 성격 등이 다를 수 있다. 이렇게 상반된 내용은 그 자체로 유의미할 수도 있으며, 분석을 통해 어떤 내용이 맞는지를 확인하는 것도 필요하다.

사회복지실천 과정의 자료수집에 관한 예시로 옳은 것을 모두 고른 것은?

ㄱ. 가출청소년의 가족관계 파악을 위해 부모와 면담 실시
ㄴ. 진로 고민 중인 청년의 진로탐색을 위해 적성검사 실시
ㄷ. 이웃의 아동학대 신고가 사실인지 여부를 확인하기 위해 가정방문 실시

① ㄱ
② ㄷ
③ ㄱ, ㄴ
④ ㄴ, ㄷ
⑤ ㄱ, ㄴ, ㄷ

답 ⑤

✅ **응시생들의 선택**

① 5%	② 2%	③ 18%	④ 4%	⑤ 71%

클라이언트뿐만 아니라 그의 가족 혹은 친구 등 주변 인물을 통해 자료를 수집할 수 있으며, 의학적 자료나 심리검사 결과 등 객관적 자료도 이용된다.

➕ **덧붙임**

가정방문이 자료의 출처로 적합한가에 대해서 헷갈려하는 수험생들이 더러 있는데, 문제에 대한 사실관계를 확인하거나 클라이언트의 환경을 알아보기 위해 가정방문을 실시하기도 한다. 다만 가정방문에 있어서는 원치 않는 사생활 침해가 될 수 있으므로 클라이언트의 동의가 필요하다.

자료수집에 포함되는 내용을 모두 고른 것은?

ㄱ. 문제에 관한 정보
ㄴ. 원가족의 가족관계
ㄷ. 클라이언트의 기능
ㄹ. 클라이언트의 한계

① ㄱ, ㄴ, ㄷ
② ㄱ, ㄷ
③ ㄴ, ㄹ
④ ㄹ
⑤ ㄱ, ㄴ, ㄷ, ㄹ

답 ⑤

✅ **응시생들의 선택**

① 45%	② 2%	③ 1%	④ 0%	⑤ 52%

자료수집은 클라이언트 문제를 이해하고 분석하고 해결하는 데 필요한 자료를 모으는 과정으로서 '개입 가능성을 판단하고 개입에 도움이 될 수 있는 자료를 마련하는 것'이 자료수집단계의 목표이다. 따라서 사회복지사는 클라이언트의 문제에 관한 다양한 정보, 클라이언트 원가족의 가족관계, 클라이언트의 기능과 한계 등에 대해 다양한 내용을 수집해야 한다. 또한 클라이언트를 둘러싼 환경의 특성은 무엇인지, 주요 대인관계 참가자와 체계는 누구인지 등 환경에 대한 정보도 수집한다. 일반적으로 문제, 사람, 환경이라는 범주에 따라 구체적 정보를 수집한다.

다음 내용이 왜 틀렸는지를 확인해보자

02-03-26

01 자료를 수집하기 위해서 클라이언트의 가정을 방문하는 것은 적절하지 않다.

> 가족과의 관계나 생활상의 문제 등을 살펴보기 위해 가정방문을 실시할 수 있다.

08-03-22

02 클라이언트의 비언어적 행동은 신뢰도가 떨어지기 때문에 **자료로서 활용할 수 없다.**

> 클라이언트의 비언어적 행동 역시 중요한 자료가 된다. 사회복지사는 비언어적 행동이 언어적 메시지와 모순되는 경우나 특정 행동을 반복하는 경우 등을 세밀하게 관찰해야 한다.

03 사회복지사는 **사정단계가 시작되기 이전에 자료수집을 모두 끝내야 한다.**

> 자료수집과 사정은 명확한 경계가 없으며, 자료수집은 실천의 전 과정에서 진행할 수 있다. 사정단계에서 문제를 구체적으로 살펴보는 과정에서 새로운 문제가 발견되면, 그에 맞춰 자료수집을 다시 진행한다.

19-03-19

04 자료수집에 있어 상반된 정보를 제공하는 자료는 **폐기한다.**

> 상반된 정보를 제공하는 자료라고 해서 폐기해야 하는 것은 아니다. 어떤 정보가 정확한 것인지를 분석하는 것도 필요하며, 상반된 내용 그 자체로 유의미할 수도 있다.

20-03-11

05 초기면접은 **비구조화된 양식만을** 사용하여 자료를 수집한다.

> 대체로 기관에서는 구조화된 양식의 초기면접지를 구비해두고 있다.

20-03-11

06 자료수집단계에서는 **클라이언트가 직접 작성한 자료에** 의존한다.

> 자료수집은 클라이언트에게서 직접 얻은 정보뿐 아니라 다양한 심리검사 결과, 주변인의 진술, 사회복지사의 관찰 내용 등을 종합한다.

사정과정

CHAPTER
10

이 장에서는

이전에는 실천론을 통해 사정의 목적, 내용 등 주요 특징이 출제되었고 실천기술론(8장)을 통해 사정도구가 출제되곤 했는데, 최근에는 실천론에서도 사정도구가 많이 출제되고 있다. 실천론이든 기술론이든 가계도나 생태도는 꼭 출제된다고 생각하고 특징을 파악해두자.

10년간 출제분포도

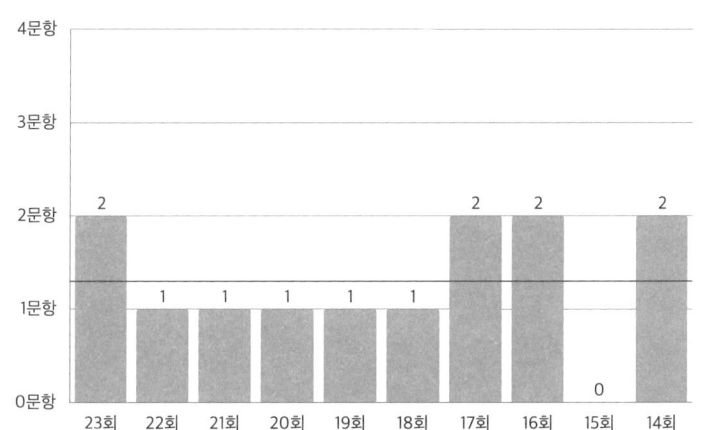

1.3
문항

평균 출제문항수

KEYWORD

빈출

088

사정도구

강의 QR코드

1회독	2회독	3회독
월 일	월 일	월 일

최근 10년간 **9문항** 출제

복습 **1** 이론요약

23회 기출 22회 기출 21회 기출 20회 기출 19회 기출

가계도

- 클라이언트를 포함한 **3세대 이상의 가족**을 그림으로 정리
- **세대 간에 걸쳐 반복적으로 나타나는 특징을 파악**하는 데 유용한 도구
- 결혼, 별거, 이혼, 질병, 사망 등의 생활사건 및 인종, 민족, 종교, 직업 등 **인구사회학적 특성**을 함께 표기
- 가족원들 사이의 **정서적 관계**를 다양한 선으로 표시
- 가족의 문제와 문제에 기여하는 중요 요인 및 가족의 패턴을 알 수 있음
- 원칙적으로는 클라이언트와 사회복지사가 함께 작성함

기본개념

사회복지실천론
pp.223~

생태도

- 클라이언트 및 클라이언트 가족과 관련된 **환경체계와의 상호작용 상태**를 그림으로 작성
- 가족을 둘러싼 환경체계에서 가족에게 유용한 체계와 그렇지 않은 체계는 무엇인지를 파악할 수 있음
- **'환경 속 인간' 관점**에 따른 사정도구
- 사정도구로도 쓰이지만 개입과정의 중간중간에 재실시함으로써 변화를 확인하는 도구로도 쓰임(연속생태지도)
- 가족원의 생애사건이나 세대 간 가족 특성을 파악할 수는 없음

사회적 관계망 격자

- **개인이나 가족의 사회적 지지체계를 사정하는 도구**
- 클라이언트의 관계망, 환경체계를 전체적으로 볼 수 있게 해줌
- **사회적 관계망의 중요한 인물, 지지를 받는 생활 영역, 지지의 특정유형, 지지 정도의 중요도, 지지의 성격(상호적·일방적), 개인적 친밀감 정도, 접촉빈도, 관계기간 등을 파악**

생활력도표

- **가족구성원의 삶에서 중요한 사건을 시계열적으로 나열**
- 클라이언트의 생애 동안 발생한 사건이나 문제의 발전과정을 사정하는 데 쓰임

생활주기표

- 클라이언트의 생활주기와 각 발달단계의 과업 및 가족구성원의 발달단계와 주요 과업을 하나의 표로 나타낸 것
- 가족 내 개별 성원의 현재 발달단계와 과업, 위기 등을 한눈에 볼 수 있음

소시오그램

- 집단사정도구
- 상징을 사용해서 집단 내 성원 간 상호작용을 표현한 그림
- 집단성원 간 선호도와 무관심, 배척하는 정도와 유형을 파악할 수 있으며 하위집단 형성 여부를 알 수 있음

기출문장 CHECK

01 (23-03-25) 생태도를 통해 '클라이언트에게 스트레스가 되는 체계, 클라이언트와 환경 간 자원교환의 정도, 클라이언트가 이용하는 서비스 기관, 클라이언트에게 유용한 자원이나 환경' 등을 파악할 수 있다.

02 (21-03-05) 생태도는 용지 중앙에 가족 또는 클라이언트체계를 나타내는 원을 그려 작성한다.

03 (21-03-05) 생태도의 중심원 내부에는 클라이언트 또는 동거가족을 그린다.

04 (21-03-05) 생태도의 중심원 외부에는 클라이언트 또는 가족과 상호작용하는 외부체계를 작은 원으로 그린다.

05 (20-03-18) 가계도는 세대 간 반복된 가족 특성을 파악하기 위한 사정도구이다.

06 (19-03-18) 생태도: 개인과 가족에 영향을 미치는 주요 환경체계 확인

07 (19-03-18) 생활력도표: 개인의 과거 주요한 생애 사건 파악

08 (19-03-18) 소시오그램: 집단성원 간 상호작용 및 하위 집단 형성 여부 파악

09 (18-03-01) 생태도를 통해 클라이언트·가족구성원 간의 자원 교환 정도, 클라이언트·가족구성원과 자원체계 간의 에너지 흐름, 가족에게 스트레스가 되는 체계 및 변화가 필요한 내용 등을 살펴볼 수 있다.

10 (17-03-21) 가계도를 통해 가족의 구조적 측면과 관계적 측면을 살펴볼 수 있다. 가족의 문제를 체계적으로 이해할 수 있다.

11 (17-03-21) 가계도를 통해 여러 세대의 정보를 파악할 수 있으며, 반복되는 관계 유형을 발견할 수 있다.

12 (16-03-15) 가계도는 자녀는 출생순서에 따라 왼쪽부터 오른쪽으로 순차적으로 그린다.

13 (16-03-15) 가계도는 일반적으로 3세대를 포함하며, 세대 간의 반복적 유형을 분석할 수 있다.

14 (16-03-22) 생태도에는 확대가족과의 관계, 이웃주민들과의 친밀도 등이 나타난다.

15 (14-03-12) 소시오그램은 집단성원들 간의 상호작용을 도식화하여 구성원의 지위, 구성원 간의 관계, 하위집단 등을 파악하는 데 유용한 사정도구이다.

16 (11-03-20) 생태도를 통해 클라이언트의 상황에서 의미 있는 환경체계들과의 역동적 관계를 살펴볼 수 있다.

17 (10-03-11) 생태도 작성 시 원으로는 자원의 양을, 선으로는 관계의 정도를 표시한다.

18 (09-03-27) 사회적 관계망표는 클라이언트의 환경 내에 영향을 미치는 중요한 사람이나 체계에 대해서 소속감과 유대감, 자원 정보, 접촉 빈도 등에 관한 정보를 제공한다.

19 (08-03-24) 생태도에서는 자원동원의 특징을 파악할 수 있다.

20 (06-03-05) 소시오그램에서는 집단 내 하위집단의 형성 여부에 대해 알 수 있다.

21 (02-03-30) 생태도에서는 환경과의 관계에 있어 관계의 정도와 함께 관계의 방향도 표시된다.

22 (02-03-30) 생태도는 사회적 맥락 속에서 클라이언트의 상황과의 관계를 나타낸다.

대표기출 확인하기

23-03-25
난이도 ★☆☆

생태도를 통하여 파악할 수 없는 것은?

① 클라이언트 가족의 세대 간 반복되는 정서적 유형
② 클라이언트에게 스트레스가 되는 체계
③ 클라이언트와 환경 간 자원교환의 정도
④ 클라이언트가 이용하는 서비스 기관
⑤ 클라이언트에게 유용한 자원이나 환경

 알짜확인

• 사정도구 중에서 가장 많이 출제된 내용은 가계도와 생태도인데, 가계도는 가족원만을 다루기 때문에 환경과의 관계를 알 수 없으며, 반대로 생태도는 환경과의 관계를 살펴보기 위한 도구이기 때문에 가족적 특성이나 가족원의 생애사건을 알 수 없다는 점이 자주 등장했다.

답 ①

✔ **응시생물의 선택**

① 80%	② 3%	③ 5%	④ 10%	⑤ 2%

① 클라이언트 가족의 세대 간 반복되는 정서적 유형은 가계도를 통하여 파악할 수 있다.

관련기출 더 보기

21-03-05
난이도 ★★☆

생태도 작성에 관한 내용으로 옳은 것을 모두 고른 것은?

ㄱ. 용지의 중앙에 가족 또는 클라이언트체계를 나타내는 원을 그린다.
ㄴ. 중심원 내부에 클라이언트 또는 동거가족을 그린다.
ㄷ. 중심원 외부에 클라이언트 또는 가족과 상호작용하는 외부체계를 작은 원으로 그린다.
ㄹ. 자원의 양은 '선'으로, 관계의 속성은 '원'으로 표시한다.

① ㄹ
② ㄱ, ㄷ
③ ㄴ, ㄹ
④ ㄱ, ㄴ, ㄷ
⑤ ㄱ, ㄴ, ㄷ, ㄹ

답 ④

✔ **응시생물의 선택**

① 1%	② 8%	③ 2%	④ 63%	⑤ 26%

ㄹ. 생태도에서 관계의 속성은 선의 모양과 굵기로 나타낸다. 교류되는 자원의 양이 많은 강한 관계, 밀접한 관계일수록 선을 두껍게 강조하여 표시한다.

사정도구와 파악할 수 있는 정보의 연결이 옳지 않은 것은?

① 생태도 – 개인과 가족에 영향을 미치는 주요 환경체계 확인
② 생활력도표 – 개인의 과거 주요한 생애 사건
③ DSM-Ⅴ 분류체계 – 클라이언트의 정신장애 증상에 대한 진단
④ 소시오그램 – 집단성원 간 상호작용 및 하위 집단 형성 여부
⑤ PIE 분류체계 – 주변인과의 접촉 빈도 및 사회적 지지의 강도와 유형

답 ⑤

✅ 응시생들의 선택

① 2%	② 17%	③ 19%	④ 8%	⑤ 54%

⑤ 주변인과의 접촉 빈도 및 사회적 지지의 강도와 유형은 사회적 관계망 격자를 통해 파악할 수 있다. PIE(Person In Environment) 분류체계는 요소 1: 사회적 기능 수행상의 문제, 요소 2: 환경상의 문제, 요소 3: 정신건강 문제, 요소 4: 신체건강 문제 등의 차원을 살펴본다(5장 키워드070 참조).

가계도에 관한 설명으로 옳지 않은 것은?

① 가족과 환경의 상호작용을 볼 수 있다.
② 가족의 구조적 및 관계적 측면을 볼 수 있다.
③ 여러 세대의 가족에 대한 정보를 얻을 수 있다.
④ 가족의 문제를 체계적으로 이해할 수 있게 한다.
⑤ 세대 간 반복되는 관계유형을 찾고 통찰력을 갖게 한다.

답 ①

✅ 응시생들의 선택

① 87%	② 1%	③ 2%	④ 6%	⑤ 4%

① 가계도는 3세대 이상에 걸쳐 가족원들의 특징과 관계를 정리하는 사정도구로, 환경과의 관계를 다루지는 않는다.

가계도에 관한 설명으로 옳지 않은 것은?

① 세대 간의 반복적 유형을 분석할 수 있다.
② 가족환경을 체계론적 관점에서 이해한다.
③ 가계도는 일반적으로 3세대를 포함한다.
④ 자녀는 출생순서에 따라 왼쪽부터 오른쪽으로 순차적으로 그린다.
⑤ 가계도에는 친밀한 관계나 갈등관계와 같은 정서적 관계를 포함한다.

답 ②

✅ 응시생들의 선택

① 8%	② 60%	③ 7%	④ 3%	⑤ 22%

② 가계도는 가족을 둘러싼 환경을 살펴보는 것은 아니다.

가계도를 통해 알 수 있는 정보
- 가족구성원의 인적 정보 및 사회적 정보
- 각 구성원과의 관계: 선의 모양으로 친밀, 밀착, 갈등, 단절 등을 표시
- 결혼, 동거 등 관계의 유형
- 가족의 역할 및 유형

클라이언트의 환경 내에 영향을 미치는 중요한 사람이나 체계를 지칭하는 것으로서 소속감과 유대감, 자원 정보, 접촉 빈도 등에 관한 정보를 제공하는 사정도구는?

① 생태도(ecomap)
② 가계도(genogram)
③ 생활력표(life history grid)
④ 생활주기표(life cycle matrix)
⑤ 사회적 관계망표(social network grid)

답 ⑤

✅ 응시생들의 선택

① 17%	② 0%	③ 3%	④ 2%	⑤ 78%

⑤ 사회적 관계망표는 개인의 사회적 지지체계의 사정, 가족의 사회적 지지체계의 사정에 사용되는 사정도구로서 클라이언트의 관계망을 전체적으로 볼 수 있게 해준다.

다음 내용이 왜 틀렸는지를 확인해보자

21-03-05

01 생태도에서 '선'은 자원의 양과 흐름을 나타낸다.

> 생태도에서 선 모양은 가족과 환경체계의 관계를 표시하며, 화살표를 통해 에너지의 흐름을 나타낸다.

04-03-02

02 생태도는 다세대 가족관점을 적용한 사정도구이다.

> 다세대 가족관점을 적용한 사정도구는 가계도이다.

05-03-02

03 생태도는 원가족 관계, 사회적 체계, 관계의 방향 및 정도 등을 연대기적으로 전개한다.

> 생태도는 원가족과 환경체계와의 현재 관계를 원, 화살표 등의 도식으로 나타내는 것으로 시간 흐름에 따라 전개되지는 않는다.

04 가계도는 가족의 구성 및 형태 등을 파악할 수 있지만 가족구성원 간 정서적 관계는 알 수 없다.

> 가계도에서는 다양한 선 모양을 통해 가족원 간의 정서적 관계를 표시한다.

02-03-29

05 가계도는 가족의 구조 및 관계, 가족을 둘러싼 환경체계 등을 한눈에 파악할 수 있도록 도식화하는 사정도구이다.

> 가계도에서는 환경체계를 다루지 않는다.

06 생활력도표는 가족원들의 현재 생활을 파악하는 도구로, 가족원의 생애 동안 발생한 사건이나 문제의 발전 과정을 파악하는 데에는 한계가 있다.

> 생활력도표는 가족구성원의 삶에서 중요한 사건들을 시계열적으로 나열하는 방식을 취한다. 이를 통해 생애 동안 발생한 사건이나 문제의 발전 과정을 파악할 수 있다.

빈칸에 들어갈 **알맞은 말**을 채워보자

14-03-12

01 ( )은/는 집단성원들 간의 상호작용을 도식화하여 구성원의 지위, 구성원 간의 관계, 하위집단 등을 파악하는 데 유용한 사정도구이다.

11-03-20

02 ( )은/는 클라이언트의 상황에서 의미 있는 환경체계들과의 역동적 관계를 그림으로 표현하는 사정도구이다.

20-03-18

03 ( )은/는 세대 간 반복된 가족 특성을 파악하기 위한 사정도구이다.

> **답** **01** 소시오그램 **02** 생태도 **03** 가계도

다음 내용이 **옳은지 그른지** 판단해보자

17-03-21

01 가계도는 세대 간 반복되는 관계유형을 찾고 통찰력을 갖게 하는 사정도구이다.

09-03-27

02 사회적 관계망표는 클라이언트의 환경 내에 영향을 미치는 중요한 사람이나 체계를 지칭하는 것으로서 소속감과 유대감, 자원 정보, 접촉 빈도 등에 관한 정보를 제공하는 사정도구이다.

03 생활주기표에는 개별 클라이언트의 생애주기 정보만 나타난다.

06-03-05

04 소시오그램을 통해 구성원 개개인의 성격, 구성원 간 관계의 방향과 정도, 하위집단 형성 여부 등을 파악한다.

05 생태도를 통해 어느 가족원이 어떤 환경체계와 활발하게 교류하고 있는지, 반대로 어떤 체계가 어느 가족원에게 스트레스 요인으로 작용하고 있는지 등을 파악할 수 있다.

> **답** **01** ○ **02** ○ **03** × **04** × **05** ○

> **해설** **03** 생활주기표는 클라이언트의 생활주기와 각 발달단계별 과업 및 가족구성원의 발달단계와 주요 과업을 하나의 표로 나타낸다.
> **04** 소시오그램에서 구성원 개개인의 성격이 나타나지는 않는다.

089 사정의 특징 및 내용

강의 QR코드

1회독	2회독	3회독
월 일	월 일	월 일

최근 10년간 **4문항** 출제

복습 1 이론요약

23회 기출

사정의 특성

기본개념

사회복지실천론
pp.214~

- 수집 정리된 자료를 분석하고 심사숙고하여 문제를 규정해내는 작업
- **지속적인 과정**
- **이중초점, 상황 속의 클라이언트**
- 클라이언트와 사회복지사의 **상호작용**
- 초기 과정에서는 수평적인 정보(현재의 인간관계, 능력, 기능 등)를 중심으로 클라이언트의 욕구를 발견하고, 시간이 경과하면서 수직적인 정보(과거력, 개인력, 문제력 등)를 수집
- 전문적 지식을 바탕으로 클라이언트를 이해해야 함
- **개별화**
- 어떤 지식을 적용할 것인지, 클라이언트와 어떻게 연결할 것인지 등을 판단하는 과정이 필요함
- **한계: 클라이언트를 완전히 이해할 수 없다는 것을 전제로 함**

사정단계의 과제

- 문제발견: 클라이언트가 제시한 문제에 초점을 두고 본질적인 문제는 무엇인지를 탐색
- 자료 및 정보의 수집
- 문제형성: 수집된 자료와 정보들을 분석하여 사회복지사가 전문적 관점에서 문제를 판단하고 규정하는 과정. 문제를 욕구로 전환시키는 과정

사정의 대상

클라이언트가 표명하는 문제와 그 문제에 대한 태도, 강점 및 장애물, 관련된 사람들 및 그들과의 상호작용, 문제행동의 현장·빈도·지속기간 등

사정의 영역

클라이언트의 정서·심리상태, 역할 수행상의 문제, 생활력, 자기방어기제, 클라이언트의 강점과 대처방안, 가족구조와 가족기능, 사회적 지지와 관계망 등

사정을 위한 자료 및 정보의 출처

- 언어적 보고, 비언어적 행동에 대한 **사회복지사의 직접 관찰**
- 클라이언트와 가족 및 집단성원 사이의 행동, 상호작용 관찰
- 클라이언트의 자기 모니터링: 클라이언트 자신이 인식한 사건을 도표나 그래프로 시각화하여 관찰
- **클라이언트와 사회복지사의 상호작용에 대한 관찰**
- 이웃이나 동료들에게서 얻은 정보
- 각종 검사결과

기출문장 CHECK

01 (23-03-22) 사정은 클라이언트와 사회복지사 양자가 참여하는 상호과정이다.

02 (23-03-22) 사정은 환경 속의 클라이언트를 이해하고 계획의 근거를 마련하는 이중초점을 지닌다.

03 (22-03-18) 사정에는 클라이언트의 강점을 포함해야 한다.

04 (22-03-18) 사정은 사회복지사와 클라이언트의 상호작용 과정이다.

05 (22-03-18) 사정을 통해 클라이언트를 완전히 이해하는 것은 한계가 있다.

06 (17-03-20) 사정단계에서 문제형성은 클라이언트가 제시한 문제를 욕구로 바꾸어 진술하는 것이다.

07 (16-03-18) 사정을 통해 문제상황에 대한 이해를 높이고 클라이언트의 강점을 파악한다.

08 (16-03-18) 사정과정에서는 문제해결에 있어 장애가 되는 요인들을 탐색한다.

09 (14-03-18) 사정은 인간과 환경에 대한 이중초점을 갖는다.

10 (14-03-18) 사정은 클라이언트와 사회복지사의 상호과정이다.

11 (14-03-18) 사정은 수집된 정보를 바탕으로 전체적인 상황을 이해하는 사고의 전개과정이다.

12 (13-03-18) 이웃이 제공한 의견도 사정자료로 활용한다.

13 (12-03-21) 사정은 지속적인 과정이다.

14 (12-03-21) 사정에서는 클라이언트의 문제와 자원을 함께 다룬다.

15 (12-03-21) 사정과정에는 클라이언트의 관여가 필요하다.

16 (11-03-21) 사정은 개입과정 내내 계속된다.

17 (11-03-21) 사정은 클라이언트의 문제와 욕구에 따라 개별화된다.

18 (11-03-21) 사정은 클라이언트와 사회복지사의 상호작용과정이다.

19 (10-03-30) 이웃의 의견, 클라이언트의 심리검사 및 지능검사의 결과, 사회복지사를 대하는 클라이언트의 태도, 사회복지사의 주관적 관찰 내용 등은 모두 사정을 위한 자료가 될 수 있다.

20 (06-03-30) 사정단계는 접수단계에서 클라이언트가 제기한 문제와 관련하여 그 원인을 살펴보고 문제를 규정하는 단계이다.

21 (04-03-09) 사정은 전 과정에서 지속되는 과정이다.

22 (03-03-23) 복합적 수준에서 개인적·환경적 강점을 사정한다.

23 (03-03-23) 사정은 개별화를 바탕으로 한다.

24 (03-03-23) 사정과정은 서비스의 최종 국면까지 계속된다.

대표기출 확인하기

23-03-22 난이도 ★★☆

사정의 특성으로 옳지 않은 것은?

① 클라이언트의 생활 속에서 욕구를 발견하고 문제를 정의한다.
② 클라이언트와 사회복지사 양자가 참여하는 상호과정이다.
③ 환경 속의 클라이언트를 이해하고 계획의 근거를 마련하는 이중초점을 지닌다.
④ 클라이언트의 독특한 상황과 관련하여 개별화되어야 한다.
⑤ 클라이언트에 대한 서비스 제공여부를 판단한다.

> ▶ **알짜확인**
>
> • 사정의 주요 특징을 파악해두고, 사정단계에서 수행하게 될 사회복지사의 과업을 함께 정리해두자.
> • 사정은 개입이 시작된 이후에라도 다시 진행될 수 있다는 점도 기억해두어야 한다.

답 ⑤

✓ **응시생들의 선택**

① 5%	② 6%	③ 18%	④ 7%	⑤ 64%

⑤ 클라이언트에 대한 서비스 제공여부를 판단하는 것은 사정단계가 아닌 접수단계의 특성에 해당한다. 접수단계는 클라이언트의 문제와 욕구를 확인하고 기관에서 서비스를 제공할 수 있는지 여부를 판단하는 과정으로서 적격성 혹은 적격 여부 판단 과정이라고도 한다.

관련기출 더 보기

22-03-18 난이도 ★★★

사정(assessment)의 특성으로 옳지 않은 것은?

① 클라이언트의 강점을 포함해야 한다.
② 사회복지사의 지식적 근거가 필요하다.
③ 사회복지사와 클라이언트의 상호작용 과정이다.
④ 클라이언트를 완전히 이해하는 것은 한계가 있다.
⑤ 사회복지실천의 초기 단계에서만 이루어진다.

답 ⑤

✓ **응시생들의 선택**

① 2%	② 1%	③ 2%	④ 2%	⑤ 93%

⑤ 사정은 주로 본격적인 계획을 세우기에 앞서 실시되지만 개입 중에도 재사정을 실시할 수 있기 때문에 초기 단계에서만 이루어지는 것은 아니다.

17-03-20 난이도 ★★☆

사정단계에서 클라이언트가 제시한 '남편의 일중독' 문제를 '자신이 남편에게 중요한 존재임을 느끼고 싶어 하는' 욕구로 바꾸어 진술하는 것은?

① 문제발견
② 문제형성
③ 정보발견
④ 자료수집
⑤ 목표설정

답 ②

✓ **응시생들의 선택**

① 18%	② 49%	③ 10%	④ 2%	⑤ 21%

② 문제발견이 클라이언트가 제시한 문제에 초점을 둔다면, 수집한 정보들을 분석하여 사회복지사가 전문적인 시각으로 문제를 판단하는 것은 문제형성이다. 문제형성에서는 '충족되지 못한 욕구가 구체적으로 무엇인가'가 중요한 문제이다. 이 질문을 통해 클라이언트가 제시한 문제를 구체적인 욕구로 바꾸어 진술되도록 한다.

다음 내용이 왜 틀렸는지를 확인해보자

01 클라이언트와의 상호작용에서 사회복지사가 느낀 <u>주관적 경험과 느낌</u>을 사정을 위한 정보로 사용해서는 안 된다.

> 사회복지사가 느낀 주관적 경험과 느낌도 사정을 위한 정보가 된다.

`12-03-21`

02 사정과정에서는 사회복지사의 <u>판단이 보류된다.</u>

> 사정과정에서는 클라이언트의 문제를 어떻게 규정할 것인지, 그 문제에 어떤 지식을 적용할 것인지 등과 관련해 사회복지사의 판단이 요구된다.

03 사정단계에서의 문제규정은 접수단계에서 파악된 <u>문제를 구체화하는 정도여야 한다.</u>

> 사정단계에서는 접수단계에서 파악된 문제를 더 구체적으로 살펴보게 되는데 이 과정을 통해 더 근본적이고 중심적인 문제가 달라질 수도 있다. 이로 인해 사정단계에서의 문제규정은 접수단계에서 파악된 문제가 구체화되는 정도로 그칠 수도 있지만 아예 다른 범주의 문제가 규정될 수도 있다.

`09-03-26`

04 사정과정을 통해 클라이언트의 강점을 확인하고 <u>서비스 제공의 적격성 여부를 확인한다.</u>

> 서비스 제공의 적격성 여부는 접수단계에서 판단한다.

`22-03-18`

05 사정과정을 통해 <u>클라이언트를 완전히 이해할 수 있다.</u>

> 사회복지사는 클라이언트를 이해하기 위해 노력하면서도 완벽하게 이해할 수 없다는 것을 인정해야 한다.

`13-03-18`

06 클라이언트의 이웃, 친구, 동료 등이 말한 내용은 <u>사정 자료로 사용하지 말아야 한다.</u>

> 클라이언트가 호소하는 문제가 현실생활에서 어떻게 나타나고 있는지를 구체적으로 파악하기 위해 이웃, 친구, 동료 등이 말한 내용을 사정 자료로 활용할 수 있다.

다음 내용이 옳은지 그른지 판단해보자

06-03-30

01 경제적 어려움을 호소하는 클라이언트와 면접 이후 문제의 원인을 실업으로 규정하는 과정은 사정 단계에 해당한다.

16-03-18

02 사정과정에서는 클라이언트의 문제상황에 대한 이해와 강점을 파악하고, 클라이언트 환경의 변화를 촉진한다.

03 사정을 진행할 때에는 클라이언트가 생각하는 문제보다 사회복지사가 전문적 견해에서 판단하는 문제가 더 중요하다.

04 이전 단계에서 수집된 자료를 바탕으로 사정을 진행하기 때문에 사정과정에서는 추가적인 자료수집을 진행하지 않는다.

14-03-18

05 사정은 상황 속의 인간이라는 이중적 관점을 가진다.

16-03-18

06 사정단계에서는 클라이언트가 가진 욕구의 우선순위를 고려해야 한다.

답 **01** ○ **02** × **03** × **04** × **05** ○ **06** ○

해설 **02** 클라이언트 환경의 변화 촉진은 개입단계에 해당하는 내용이다.
03 사정단계에서는 클라이언트가 호소하는 문제에서 탐색을 시작해 문제를 발견해나가며(문제발견), 수집된 정보들을 분석하여 사회복지사가 전문적 견해를 바탕으로 문제를 규정한다(문제형성). 문제발견 과정에서 사회복지사는 클라이언트가 호소하는 문제보다 더 본질적인 문제가 있는지를 살펴봐야 하지만 사회복지사가 판단하는 문제가 더 중요하다고 단언할 경우 클라이언트의 자기결정권이 무시될 수 있다는 점을 경계해야 한다.
04 사정과정에서 자료가 부족하거나 다른 자료가 필요할 때에는 언제든 자료수집을 추가적으로 할 수 있다. 자료수집과 사정은 명확히 어디까지가 자료수집이고 어디부터가 사정이라고 말하기 어려울 만큼 순환적으로 일어나는 과정이다.

계획수립과정

이 장에서는

표적문제 선정, 목표설정의 원칙, 계획수립과정에서의 과업 등이 출제되고 있다. 출제빈도가 높지는 않으며 대체로 어렵지 않게 출제되고 있다.

10년간 출제분포도

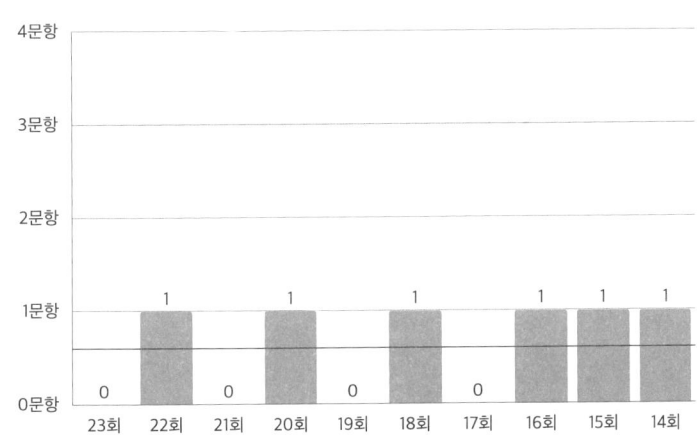

0.6
문항

평균 출제문항수

표적문제 선정 및 개입목표 설정

1회독	2회독	3회독
월 일	월 일	월 일

최근 10년간 **2문항** 출제

복습
1 **이론요약**

기본개념

사회복지실천론
pp.234~

표적문제 선정 시 고려사항

• 다음의 사항을 고려하여 **사회복지사와 클라이언트의 합의**에 따라 표적문제를 선정
  - 클라이언트가 가장 **중요하게** 생각하는 문제
  - 빨리 해결해야 할 **시급한** 문제
  - **대표성**이 있는 문제: 복잡하게 얽혀있는 다른 문제들이 같이 해결될 수 있는지
  - **해결가능성**이 비교적 명확한 문제
  - **사회복지사가 자신의 능력으로 대응할 수 있는 문제**
• 표적문제는 **2~3개**로 선정
  - 표적문제가 너무 많으면 오히려 초점이 흐려질 수 있으며, 문제는 연결되어 있기도 해서 불필요하게 중복된 서비스가 이루어지거나 시간만 많이 소요될 수 있다. 따라서 표적문제의 수를 제한하는 것이 더 효과적, 효율적으로 집중할 수 있음

목표설정에서 고려할 사항

• 표적문제에 따라 목표를 설정
• 단기간에 달성할 수 있어 성취감을 느낄 수 있는 것
• 클라이언트에게 다른 목표에 도전할 수 있는 동기를 부여하는 것
• 사회복지사의 능력과 기관의 기능상 무리 없이 달성할 수 있는 것
• **성장을 강조하는 긍정적인 표현으로 기술**할 것
• **사회복지사나 기관이 추구하는 가치에 적절한지**를 고려해야 함
• 목표는 개입 과정에서 수정될 수 있음
• 에간(G. Egan)의 SMART모델
  - S(Specific): **구체성**
  - M(Measurable): **측정가능성**
  - A(Achievable/appropriate): **성취가능성**
  - R(Realistic): **현실성**
  - T(Time frame): **시기적절성, 시간제한성**

01 (16-03-09) 표적문제를 선정할 때에는 긴급성, 변화가능성, 해결가능성 등을 고려하되 클라이언트와의 합의를 통해 선정해야 한다.

02 (15-03-22) 표적문제를 선정할 때에는 사회복지사 자신의 지식과 기술을 고려한다.

03 (15-03-22) 표적문제를 선정할 때에는 가능한 많이 선정하는 것보다 2~3가지를 선정하여 집중적으로 다루는 것이 좋다.

04 (13-03-20) SMART 기준: Specific(구체성), Measurable(측정가능성), Achievable(Appropriate, 성취가능성), Realistic(현실성), Time frame(시기적절성, 시간제한성)

05 (11-03-09) 목표가 여러 가지인 경우 시급성과 달성가능성을 따져 우선순위를 정한다.

06 (05-03-23) 목표설정을 바탕으로 개입방법을 선정한다.

07 (05-03-23) 계획수립 단계에서 사회복지사는 클라이언트가 해결하고자 하는 문제를 목표로 삼는다.

08 (04-03-10) 개입목표를 설정할 때에는 클라이언트의 욕구와 직결된 것인지를 살펴봐야 한다.

09 (01-03-16) 목표를 설정할 때에는 클라이언트의 자기결정권을 존중해야 한다.

대표기출 확인하기

15-03-22　난이도 ★★★

표적문제(target problem) 선정 시 고려할 사항으로 옳은 것은?

① 표적문제는 가능한 많이 선정하는 것이 좋다.
② 사회복지사와 클라이언트 중 어느 한 쪽에서 문제로 인식하는 것은 모두 표적문제로 선정한다.
③ 표적문제의 우선순위를 정할 때 사회복지사의 전문적 판단을 중심으로 한다.
④ 표적문제를 선정할 때 사회복지사 자신의 지식과 기술을 고려한다.
⑤ 표적문제는 전문적 용어로 기술되는 것이 바람직하다.

 알짜확인

- 클라이언트의 문제가 복잡하고 많다고 해서 표적문제를 무한정 증가시키는 게 아니라 2~3가지 표적문제를 선정하여 집중한다는 점에 주의하자.
- 목표는 현실적으로 달성할 수 있는지가 고려되어야 하고, 달성했는지를 쉽게 확인할 수 있을 만큼 구체적으로 명확하게 진술되어야 한다.

답 ④

✓ **응시생들의 선택**

① 23%	② 8%	③ 4%	④ 57%	⑤ 8%

① 2~3가지 정도의 표적문제를 선정하여 시간을 효율적으로 활용할 수 있도록 한다.
②③ 표적문제를 선정할 때에나 우선순위를 정할 때에는 클라이언트가 원하는 것과 사회복지사의 전문적 판단 사이에 합의가 있어야 한다.
⑤ 표적문제는 이해하기 쉬우면서 명확하게 서술되어야 한다.

관련기출 더 보기

16-03-09　난이도 ★★☆

표적문제의 우선순위 결정에서 고려해야 할 사항으로 옳지 않은 것은?

① 긴급성
② 변화가능성
③ 측정가능성
④ 해결가능성
⑤ 클라이언트의 선택

답 ③

✓ **응시생들의 선택**

① 4%	② 6%	③ 73%	④ 7%	⑤ 10%

③ 측정가능성은 목표수립에 있어서 고려해야 할 사항이다.

13-03-20　난이도 ★★☆

에간(G. Egan)의 목표 선정지침인 SMART에 해당하는 것을 모두 고른 것은?

> ㄱ. 적합성(adequate)
> ㄴ. 합리성(reasonable)
> ㄷ. 조절가능성(manageable)
> ㄹ. 구체성(specific)

① ㄱ, ㄴ, ㄷ　　　　② ㄱ, ㄷ
③ ㄴ, ㄹ　　　　　　④ ㄹ
⑤ ㄱ, ㄴ, ㄷ, ㄹ

답 ④

✓ **응시생들의 선택**

① 24%	② 5%	③ 10%	④ 21%	⑤ 40%

SMART 기준
- Specific: 구체성
- Measurable: 측정가능성
- Achievable(Appropriate): 성취가능성
- Realistic: 현실성
- Time frame: 시기적절성, 시간제한성

다음 내용이 왜 틀렸는지를 확인해보자

16-03-22

01 표적문제는 **가능한 많이** 선정하는 것이 좋다.

> 표적문제는 클라이언트가 가진 여러 문제 중에서 가장 중요하고 시급하게 해결해야 할 문제를 위주로 2~3가지 선정한다.

05-03-23

02 표적문제는 사회복지사가 전문적 관점에 따라 중요하다고 판단되는 것을 **우선 선정**한다.

> 사회복지사의 판단도 중요하지만 클라이언트의 의견도 중요하기 때문에 합의하여 선정한다.

16-03-09

03 표적문제의 우선순위를 결정할 때에는 변화가능성, 해결가능성, **측정가능성** 등을 고려해야 한다.

> 측정가능성은 목표설정 시 고려할 사항이다.

11-03-09

04 **기관의 가치나 기능과 맞지 않더라도** 클라이언트가 원하면 목표로 설정한다.

> 설정된 목표는 기관에서 제공하는 서비스로 달성할 수 있어야 하기 때문에 기관의 가치나 기능도 고려해야 한다.

---

05 목표를 기술할 때에는 **잘못된 부분이나 고쳐야 할 점** 등을 명확하게 서술하여야 한다.

> 목표를 기술할 때에는 현재의 문제를 서술하는 것이 아니라 앞으로 달성해야 할 내용을 분명히 하여 성장을 강조하는 긍정적인 표현으로 기술해야 한다.

---

06 목표선정을 위한 SMART 지침: 구체성, 측정가능성, **조절가능성**, 현실성, 시간제한성

> SMART 지침: 구체성(Specific), 측정가능성(Measurable), 성취가능성(Achievable), 현실성(Realistic), 시기적절성/시간제한성(Time frame)

091 계획수립의 과정 및 과업

강의 QR코드

| 1회독 | 2회독 | 3회독 |
| 월 일 | 월 일 | 월 일 |

최근 10년간 **4문항** 출제

복습
1 이론요약

22회 기출 20회 기출

계획수립의 과정

- 1단계: 클라이언트와 함께하기
- 2단계: 문제의 우선순위 정하기(=표적문제 선정)
- 3단계: 목적 설정하기
- 4단계: 목적을 목표로 구체화하기
- 5단계: 계약의 공식화

기본개념
사회복지실천론
pp.232~

기출문장 CHECK

01 (22-03-24) 계획수립단계에서는 개입의 목표를 설정한다.

02 (20-03-25) 목표는 기관의 기능과 일치해야 하며, 클라이언트와 사회복지사가 함께 합의하여 결정한다.

03 (20-03-25) 목표는 클라이언트가 원하는 결과를 포함하여 클라이언트의 적극적인 참여를 유도한다.

04 (18-03-11) 사정의 결과를 바탕으로 클라이언트와 함께 다루고자 하는 문제의 우선순위를 정한다.

05 (14-03-11) 계획수립단계에서는 목표의 우선순위를 결정하고 사회복지사와 클라이언트의 합의 하에 목표를 수립한다.

06 (13-03-22) 계획수립의 과정: 표적문제 찾기 → 우선순위 선정 → 목표설정 → 과업의 구체화

07 (12-03-23) 목적은 사회복지실천을 통해 변화되기 원하는 방향의 형태로 진술되어야 한다.

08 (12-03-23) 목표는 클라이언트가 바라는 바와 연결되어야 한다.

09 (04-03-21) 계약에는 사회복지사의 역할뿐만 아니라 클라이언트의 역할도 포함된다.

10 (02-03-33) 계획수립 단계에서는 문제의 우선순위를 선정하고, 문제를 욕구로 전환하여 적합한 개입 전략을 선택한다.

대표기출 확인하기

난이도 ★★★

사회복지실천과정 중 계획수립단계에서 수행해야 하는 사회복지사의 과업은?

① 서비스 효과 점검
② 실천활동에 대한 동료 검토
③ 개입효과의 유지와 강화
④ 개입 목표 설정
⑤ 평가 후 개입 계획 수정

 알짜확인

• 문제의 우선순위를 정함으로써 표적문제를 선정하고, 표적문제에 따라 목적 및 목표를 설정하고, 이를 바탕으로 계약하는 것까지가 계획수립 단계의 과업임을 기억해두자.

답 ④

✔ **응시생들의 선택**

① 1%	② 2%	③ 2%	④ 94%	⑤ 1%

① 서비스 효과 점검은 개입단계에 해당한다.
② 실천활동에 대한 동료 검토는 평가단계에 해당한다.
③ 개입효과의 유지와 강화는 종결단계에 해당한다.
⑤ 평가 후 개입 계획을 수정하기 위해 실시되는 평가는 형성평가로 개입 중에 진행된다.

관련기출 더 보기

난이도 ★★★

사회복지서비스 계획수립단계에 관한 설명으로 옳지 않은 것은?

① 계획의 목표는 기관의 기능과 일치해야 한다.
② 목표설정은 미시적 수준과 거시적 수준에서 클라이언트의 변화를 고려한다.
③ 계약서는 클라이언트만 작성하여 과업과 의무를 공식화한다.
④ 목표는 클라이언트가 원하는 결과를 포함하여 클라이언트의 적극적인 참여를 유도한다.
⑤ 계획단계의 목표는 클라이언트와 사회복지사가 함께 합의하여 결정한다.

답 ③

✔ **응시생들의 선택**

① 3%	② 2%	③ 93%	④ 1%	⑤ 1%

③ 계약서는 사회복지사와 클라이언트가 합의에 따라 함께 작성한다.

난이도 ★★☆

실천과정에서 사회복지사가 수행해야 할 과제에 관한 내용으로 옳지 않은 것은?

① 사정단계: 클라이언트의 자원과 능력 평가
② 계획단계: 개입의 장단기 목표 합의
③ 접수단계: 목표의 우선순위 결정
④ 자료수집단계: 문제를 이해하기 위한 정보수집
⑤ 종결단계: 변화된 결과 확인

답 ③

✔ **응시생들의 선택**

① 9%	② 4%	③ 84%	④ 2%	⑤ 1%

③ 목표의 우선순위를 결정하는 것은 계획수립단계에 이루어진다.

다음 내용이 왜 틀렸는지를 확인해보자

13-03-22

01 개입계획을 수립할 때에는 <u>개입목표를 설정한 뒤 그에 적합한 표적문제를 선정</u>한다.

> 클라이언트가 가진 여러 문제들 중 우선순위를 결정하여 표적문제를 선정한 후 그에 맞게 개입목표를 설정한다.

02 <u>계약을 진행한 후</u> 본격적으로 개입계획을 수립한다.

> 개입에 관한 계획수립이 진행된 이후에 계약을 공식화한다.

03 계획을 수립하는 과정은 사회복지사의 전문적 판단이 중요하므로 <u>클라이언트의 자기결정권을 고려할 필요는 없다.</u>

> 계획수립 과정에서 사회복지사의 전문적 판단이 요구되기는 하지만 그렇다고 해서 클라이언트의 자기결정보다 우선하는 것은 아니다. 계획수립 과정에서도 클라이언트의 자기결정권은 존중되어야 한다.

02-03-23

04 여러 문제 중 우선순위를 정하여 적절한 개입전략을 수립하는 것은 <u>사정과정</u>에 해당한다.

> 계획단계에 해당한다.

개입과정

8장에서 학습했던 다양한 면접기술이 여기에서 다시 등장한다. 다양한 개입기법들을 살펴보는 문제가 출제되는데, 직접적 개입과 간접적 개입으로 구분하거나 의사소통기술과 행동기술을 구분하는 단순한 문제들도 출제되곤 한다.

10년간 출제분포도

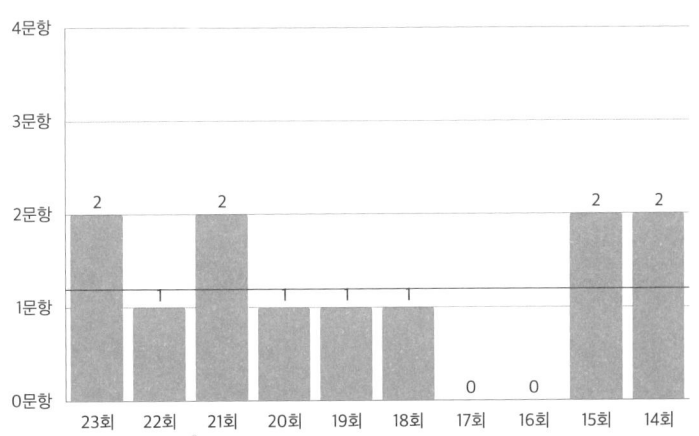

1.2
문항

평균 출제문항수

다양한 개입기법

강의 QR코드

최근 10년간 **11문항** 출제

이론요약

 23회 기출 22회 기출 21회 기출 20회 기출 19회 기출

직접적 개입기법

기본개념

사회복지실천론
pp.246~

의사소통기술 (정서, 인지에 개입하는 기술)	**<정서적 안정을 돕는 방법>** ① 격려: 클라이언트의 문제해결 능력을 향상시키려는 기법, 클라이언트의 행동이나 태도를 인정하고 칭찬해주는 것 ② 재보증(안심): 클라이언트의 능력이나 자질에 대해 사회복지사가 신뢰를 표현함으로써 클라이언트의 불안과 불확실성을 제거하고 위안을 주는 것 ③ 일반화: 클라이언트의 생각, 느낌, 행동 등이 그와 비슷한 상황에 있는 다른 사람과 같다고 말해줌으로써 이질감이나 소외감, 일탈감을 해소하고 자신에 대한 신뢰감과 자신감을 회복시키는 기법 ④ 환기법: 클라이언트의 문제 또는 상황과 관련된 감정(분노, 증오, 슬픔, 죄의식, 불안)을 표출하도록 하여 감정의 강도를 약화시키거나 해소시키려는 기법 **<인지구조를 변화시키는 방법>** ① 재구조화(재명명): 어떤 문제에 대해 클라이언트가 부여하는 의미를 수정함으로써 클라이언트의 시각을 긍정적으로 변화시키는 방법 ② 초점화: 클라이언트가 자기 문제를 언어로 표현할 때 산만한 것을 점검해주고 말속에 숨겨진 선입견, 가정, 혼란을 드러내어 자신의 사고과정을 명확히 볼 수 있도록 함 ③ 직면: 클라이언트의 말과 행위 사이의 불일치, 표현한 가치와 실행 사이의 모순을 클라이언트 자신이 주목할 수 있게 해주는 기술 **<상황인식 능력을 향상시키는 방법>** ① 정보 제공: 클라이언트에게 의사결정이나 과업 수행에 필요한 정보를 제공 ② 조언: 클라이언트가 해야 할 것을 추천하거나 제안하는 것
행동에 개입하는 기술	• 모델링: 다른 사람의 행동을 모방함으로써 새로운 행동을 학습하게 하는 방법 • 시연: 문제 상황에서 어떻게 행동할지를 사회복지사 앞에서 시험 삼아 반복적으로 연습하는 방법 • 기타 타임아웃, 행동조성, 역할교환 등
문제해결기술	문제의 자세한 언급, 현재에 초점 두기, 한 번에 한 가지 문제에만 초점 두기, 경청, 긍정적이고 건설적인 방식으로 문제 공유하기

사회기술훈련	예방과 교정을 위한 폭넓고 다양한 기술을 가르치는 것으로서 클라이언트에게 현재 환경과 삶의 주기 또는 역할관계에서 효과적으로 기능하는 데 필요한 기술을 습득할 기회를 제공
스트레스 관리	긴장완화훈련은 다양한 스트레스로 인한 신체적 증상이 있는 클라이언트를 돕는 데 유용

간접적 개입기법

- 클라이언트를 둘러싼 환경을 변화시킴으로써 클라이언트의 문제를 해결
- 사회적 지지체계 개발
- 프로그램 계획과 개발, 서비스 조정에 관련된 활동
- 환경조정(조작), 옹호, 자원개발, 의뢰 등

기출문장 CHECK

01 (23-03-18) 일반화는 클라이언트 혼자만이 겪는 문제가 아니라는 것을 인식하게 하는 기법이다.

02 (23-03-19) 간접개입기법 중 환경조정이 필요한 상황은 '아동이 가정에서 성적 학대를 받을 때, 화재로 장애청소년의 부모가 사망했을 때, 자연재해로 집을 잃었을 때, 고령의 노인이 가정에서 학대를 받을 때'와 같은 경우이다.

03 (22-03-20) 모델링은 클라이언트가 타인이 하는 바람직한 행동을 보고 모방함으로써 행동의 변화를 가져오는 개입 기술이다.

04 (21-03-21) 일반화란 클라이언트 혼자만이 겪는 문제가 아니라는 것을 인식하게 하는 기법이다.

05 (21-03-23) 사회복지실천에서 프로그램 개발은 간접적 개입에 해당한다.

06 (20-03-24) 간접적인 개입 활동의 예: 아동학대 예방 캠페인 진행, 다른 기관과 협력체계 구축, 지역사회 전달체계 재정립, 가출청소년 보호 네트워크 형성

07 (16-03-08) 홍보활동, 모금활동, 프로그램 개빌, 주민조직 활동 등은 간접적 개입에 해당한다.

08 (15-03-19) 직면 기법은 클라이언트의 말과 행동 간에 모순이 있으나 클라이언트가 이를 부인하고 인정하기를 거부하는 경우에 사용될 수 있다.

09 (15-03-19) 직면 기법은 클라이언트에게 방어적 반응을 불러일으킬 수 있다. 클라이언트가 극심한 정서적 긴장 상태에 있을 때는 사용하지 않는 것이 좋다.

10 (15-03-21) 직면, 재명명, 일반화, 재보증 등은 문제에 대한 관점이나 인식을 변화시켜 새로운 이해를 촉진하는 개입 기법이다.

11 (14-03-20) 재보증(reassurance)은 사회복지사가 신뢰를 표현함으로써 클라이언트의 자신감을 향상시키는 기법이다.

12 (13-03-13) 재명명은 문제 상황에 대해 클라이언트가 부여한 의미를 수정하여 의사소통 관점을 변화시키는 기법이다.

13 (12-03-05) 자원 개발, 서비스 조정, 프로그램 개발, 옹호 등은 모두 간접적 개입에 해당한다.

14 (12-03-07) 재보증은 합리적인 생각과 결정에 대해 클라이언트가 의구심을 갖거나 자신 없어 할 때 사용하는 기법이다.

15 (11-03-10) 아들의 과잉행동이 심각하다고 얘기하는 클라이언트에게 "아들이 활동적이네요"라고 얘기하여 부정적 문제에 긍정적 의미를 부여하는 면담기법은 재명명 기법이다.

16 (09-03-25) 클라이언트의 인지능력을 향상시키기 위한 개입기술로 직면, 초점화, 재명명, 정보제공 등을 사용할 수 있다.

17 (08-03-25) 클라이언트가 호소하는 문제에 대해 상담을 진행하는 것은 직접적 개입에 해당한다.

18 (08-03-25) 클라이언트에게 필요한 정보를 제공해주는 것은 직접적 개입에 해당한다.

19 (08-03-25) 가족치료 프로그램, 지지집단 운영 등은 직접적 개입에 해당한다.

20 (08-03-25) 종결하기 전에 클라이언트를 다른 기관으로 의뢰하는 것은 간접적 개입에 해당한다.

21 (04-03-22) 모델링 기법을 주로 사용하는 단계는 개입단계이다.

22 (03-03-11) 환기법을 통해 클라이언트는 마음속에 있는 것을 자유롭게 이야기함으로써 치료 효과를 얻을 수 있다.

대표기출 확인하기

23-03-18   난이도 ★★☆

다음에서 설명하는 의사소통기술은?

- 클라이언트 혼자만이 겪는 문제가 아니라는 것을 인식하게 하는 기법
- 클라이언트의 생각과 느낌이 다른 사람과 비슷하다고 말해줌으로써 클라이언트의 소외감을 감소시켜주는 기술

① 재명명
② 초점화
③ 직면
④ 일반화
⑤ 조언

▶ 알짜확인

- 개입과정에서 사용하게 되는 다양한 개입기법에 대해 정리해두도록 하자. 앞서 8장에서 학습한 면접 기술과 중복되며, 기술론을 통해서도 출제되는 내용이다.
- 최근에는 다양한 기술들이 두루두루 출제되기 때문에 더욱 꼼꼼히 살펴봐야 한다. 직접적 개입과 간접적 개입 기술을 구분하는 문제, 의사소통기술과 행동기술을 구분하는 문제 등도 출제된 바 있다.

답 ④

✓ 응시생들의 선택

① 4%	② 2%	③ 2%	④ 90%	⑤ 2%

① 재명명: 어떤 문제에 대해 클라이언트가 부여하는 의미를 수정해줌으로써 클라이언트의 시각을 긍정적으로 변화시키는 기술이다.
② 초점화: 제한된 시간 내에 최대의 효과를 추구해야 하는 전문적 관계에서 클라이언트가 두서없이 말할 때 사회복지사가 관련 있는 주제로 면담의 초점과 방향을 이끄는 기술이다.
③ 직면: 클라이언트의 말과 행위 사이의 불일치, 표현한 가치와 실행 사이의 모순을 클라이언트 자신이 인식하도록 하는 기술이다.
⑤ 조언: 사회복지사가 정확한 정보와 그에 따른 결과를 설명하고, 해야 할 것을 추천하면서 클라이언트가 스스로 결정을 내리도록 돕는 기술이다.

관련기출 더 보기

23-03-19   난이도 ★★★

사회복지실천과정의 간접개입기법 중 환경조정이 필요한 상황에 해당하지 않는 것은?

① 아동이 가정에서 성적 학대를 받을 때
② 화재로 장애청소년의 부모가 사망했을 때
③ 직장에서 성폭력 예방을 위한 교육프로그램을 제공할 때
④ 자연재해로 집을 잃었을 때
⑤ 고령의 노인이 가정에서 학대를 받을 때

답 ③

✓ 응시생들의 선택

① 1%	② 1%	③ 92%	④ 5%	⑤ 1%

③ 간접개입기법 중 환경조정이란 클라이언트의 사회적 기능을 강화하기 위해 환경에 변화를 가져오는 것이다. ③의 내용을 보면 직장에서 성폭력 예방을 위한 교육프로그램을 제공하는 것은 교육대상 집단을 직접 대면접촉하면서 교육을 진행하는 것이므로 직접개입기법에 속한다.

22-03-20   난이도 ★☆☆

클라이언트가 타인이 하는 바람직한 행동을 보고 모방함으로써 행동의 변화를 가져오는 개입 기술은?

① 초점화   ② 모델링
③ 환기   ④ 직면
⑤ 격려

답 ②

✓ 응시생들의 선택

① 2%	② 94%	③ 2%	④ 1%	⑤ 1%

① 초점화: 클라이언트가 두서없이 말을 장황하게 하거나 어떤 주제를 회피하고자 할 때 원래 주제로 돌아올 수 있도록 이끄는 기술
③ 환기: 클라이언트가 억압하고 있는 분노, 슬픔, 불안 등의 감정을 인식하고 드러낼 수 있도록 이끄는 기술
④ 직면: 클라이언트가 자신의 말과 행위 사이의 불일치, 표현한 가치와 실행 사이의 모순 등을 인식할 수 있도록 이끄는 기술
⑤ 격려: 클라이언트가 자존감이 낮거나 경험이 부족해 자신감이 없을 때 행동을 취할 수 있도록 도움을 주는 기술

사회복지실천 개입기술에 관한 설명으로 옳은 것을 모두 고른 것은?

ㄱ. 재보증은 어떤 문제에 대해 클라이언트가 부여하는 의미를 수정해 줌으로써 클라이언트의 시각을 긍정적인 방향으로 변화시키려는 전략이다.
ㄴ. 모델링은 실제 다른 사람의 행동을 직접 관찰함으로써만 시행 가능하다.
ㄷ. 격려기법은 주로 클라이언트 행동이 변화에 장애가 되거나 타인에게 위협이 될 때, 이를 인식하도록 하기 위한 목적으로 사용한다.
ㄹ. 일반화란 클라이언트 혼자만이 겪는 문제가 아니라는 것을 인식하게 하는 기법이다.

① ㄱ
② ㄹ
③ ㄱ, ㄹ
④ ㄱ, ㄴ, ㄷ
⑤ ㄴ, ㄷ, ㄹ

답 ②

✔ 응시생들의 선택

① 4%	② 54%	③ 36%	④ 2%	⑤ 4%

ㄱ. 재보증은 사회복지사가 자신감이 없는 클라이언트에게 그의 능력, 강점 등에 대해 인정과 신뢰를 줌으로써 클라이언트의 불안을 제거할 수 있도록 하는 것이다.
ㄴ. 모델링은 영화나 영상매체 등을 활용하여 진행할 수도 있기 때문에 꼭 실제 다른 사람의 행동을 직접 관찰해야 하는 것은 아니다.
ㄷ. 격려기법은 자존감이 낮은 클라이언트에게 그의 행동이나 태도를 인정하고 칭찬함으로써 문제해결 능력을 향상시키기 위한 것이다.

사회복지실천의 간접적 개입에 해당하는 것은?

① 의사소통 교육
② 프로그램 개발
③ 부모교육
④ 가족상담
⑤ 사회기술훈련

답 ②

✔ 응시생들의 선택

① 2%	② 85%	③ 5%	④ 2%	⑤ 6%

• 직접적 개입: 클라이언트와 직접 관계하면서 변화를 추구한다. 의사소통기술, 행동변화기술, 문제해결기술, 사회기술훈련 등
• 간접적 개입: 환경변화를 통해 클라이언트의 문제를 해결한다. 옹호, 의뢰, 연계, 사례관리, 프로그램 계획 및 개발 등

사회복지사의 직접적인 개입 활동으로 옳은 것은?

① 아동학대 예방 캠페인 진행
② 다른 기관과 협력체계 구축
③ 지역사회 전달체계 재정립
④ 가출청소년 보호 네트워크 형성
⑤ 역기능적 가족 규칙 재구성

답 ⑤

✔ 응시생들의 선택

① 13%	② 4%	③ 2%	④ 5%	⑤ 76%

사회복지사가 정보를 제공하거나 교육이나 상담을 제공함으로써 직접적으로 변화를 이끌어내고 문제해결을 원조하는 것은 직접적 개입에 해당한다.
⑤를 제외한 선택지들처럼 클라이언트를 둘러싼 환경을 변화시키거나 지지체계를 개발하거나 프로그램 개발 같은 행정적 업무를 수행하거나 클라이언트의 문제와 관련된 사회행동을 하는 것 등은 모두 간접적 개입에 해당한다.

사회복지사의 옹호 활동으로 옳지 않은 것은?

① 자신의 권리를 주장할 수 없는 영유아를 대변한다.
② 무국적 아동의 교육 평등권을 위한 법안을 제안한다.
③ 사회복지사가 클라이언트 집단의 대표로 나서서 협상을 주도한다.
④ 이주 노동자에게 최저 임금을 받을 권리를 교육한다.
⑤ 철거민들의 자체 회의를 위해 종합사회복지관의 공간을 제공한다.

답 ③

☑ 응시생들의 선택

① 7%	② 3%	③ 18%	④ 38%	⑤ 34%

③ 옹호 활동은 사회복지사가 클라이언트의 입장을 표적체계에 내해 직접 대변하는 것이다. 다만, 협상을 언제 할 것인지, 어느 선에서 협상을 할 것인지에 대한 결정은 클라이언트에게 있다는 점에서 사회복지사가 클라이언트 집단의 대표로 나서서 협상을 주도한다는 것은 옳지 않다.

직면(confrontation) 기법에 관한 설명으로 옳지 않은 것은?

① 클라이언트의 말과 행동 간에 모순이 있으나 클라이언트가 이를 부인하고 인정하기를 거부하는 경우에 사용될 수 있다.
② 클라이언트가 극심한 정서적 긴장 상태에 있을 때는 사용하지 않는 것이 좋다.
③ 클라이언트에게 방어적 반응을 불러일으킬 수 있다.
④ 클라이언트가 자신의 결정이나 행동이 실제로 합리적임에도 이에 대한 확신을 갖지 못하고 주저할 때 사용된다.
⑤ 클라이언트와의 신뢰관계가 충분히 형성된 뒤에 사용하는 것이 유용하다.

답 ④

☑ 응시생들의 선택

① 4%	② 8%	③ 2%	④ 45%	⑤ 41%

직면 기법은 클라이언트의 말과 행위가 일치하지 않을 때 그 모순을 클라이언트가 인지할 수 있도록 하는 방법이다.
④는 클라이언트의 능력에 대해 사회복지사가 신뢰를 표현함으로써 클라이언트가 갖고 있는 불안과 불확실성을 제고하고 위안을 주는 기법으로 재보증(안심)에 해당한다.

개입의 기법과 그에 관한 설명으로 옳은 것은?

① 타임아웃(time-out): 남에게 말하지 못한 문제를 클라이언트가 표현할 수 있도록 도와주는 기법이다.
② 환기(ventilation): 클라이언트가 자신의 문제를 보증하거나 합리화하여 변화를 거부할 때 사용하는 기법이다.
③ 재보증(reassurance): 사회복지사가 신뢰를 표현함으로써 클라이언트의 자신감을 향상시키는 기법이다.
④ 격려(encouragement): 클라이언트의 사고, 감정, 행동을 현재의 사건과 연결하여 명료화하는 기법이다.
⑤ 초점화(focusing): 클라이언트가 겪는 일이 자신만이 가지고 있는 문제가 아니라는 것을 인식하게 하는 기법이다.

답 ③

☑ 응시생들의 선택

① 3%	② 14%	③ 80%	④ 1%	⑤ 2%

① 타임아웃: 바람직하지 않은 행동을 했을 때 강화물이 없거나 적은 상태로 옮겨놓음으로써 바람직하지 못한 행동의 빈도를 줄이는 방법
② 환기: 클라이언트의 문제 또는 상황과 관련된 감정(분노, 증오, 슬픔, 죄의식, 불안 등)을 표출하도록 하여 감정의 강도를 약화 또는 해소시키는 기법
④ 격려: 클라이언트의 문제해결 능력을 향상시키려는 기법으로서 클라이언트의 행동이나 태도를 인정하고 칭찬해주는 기법
⑤ 초점화: 클라이언트가 두서없이 말을 장황하게 하거나 어떤 주제를 회피하고자 할 때 사회복지사가 간단히 질문을 하거나 언급함으로써 본래 주제로 되돌아오게 하는 기법

클라이언트의 인지능력을 향상시키기 위해 사용하는 개입기술로 적절하시 않은 것은?

① 직면   ② 격려
③ 초점화   ④ 재명명
⑤ 정보 제공

답 ②

☑ 응시생들의 선택

① 19%	② 31%	③ 15%	④ 11%	⑤ 24%

초점화, 직면, 재명명은 인지구조의 변화에, 정보 제공은 상황인식 능력 향상에 초점을 두어 클라이언트의 인지능력을 향상시키기 위한 개입기술이다. 클라이언트의 왜곡되거나 부정적인 사고구조를 변화시켜 자신과 상황을 좀 더 현실적으로 인식하도록 돕는다.
반면, 격려는 클라이언트의 행동이나 태도를 칭찬해주는 것으로서 정서적 안정을 돕는 방법이다. 정서적 안정을 돕는 방법에는 격려 외에도 재보증, 일반화, 환기법 등이 있다.

다음 내용이 **왜 틀렸는지**를 확인해보자

09-03-25

01 격려, 직면, 재명명 등은 클라이언트의 인지능력을 향상시키기 위한 기술로 적합하다.

> 직면, 재명명 등은 인지변화를 위한 방법에 해당하지만, 격려는 정서적 안정을 돕기 위한 방법에 해당한다.

03-03-11

02 환기법은 클라이언트가 마음속에 있는 것을 자유롭게 **이야기하는 것만으로는** 치료효과가 **없다**고 전제한다.

> 환기법은 클라이언트가 문제 상황과 관련된 자신의 감정을 표출하는 것만으로도 치료효과가 생긴다고 본다. 이는 감정의 표출을 통해 감정의 강도가 약화될 수 있기 때문이다.

15-03-21

03 모델링은 문제에 대한 관점이나 인식을 변화시켜 새로운 이해를 촉진하는 개입 기법이다.

> 모델링은 행동적 차원에 개입하는 행동변화기술에 해당한다.

04 가족치료, 사례관리 등은 **간접 개입에 해당**한다.

> 가족치료는 직접 개입이다. 사례관리는 보통 간접 개입으로 분류된다.

08-03-25

05 개입을 종결하며 클라이언트를 다른 기관으로 의뢰를 진행하는 것은 **직접 개입에 해당**한다.

> 의뢰는 간접 개입에 해당한다.

13-03-13

06 재보증 기법은 문제 상황에 대한 클라이언트의 관점을 변화시키기 위해 클라이언트가 부여하는 의미를 수정하는 의사소통기법이다.

> 제시된 내용은 재명명 기법에 해당한다.
> 재보증 기법은 클라이언트의 능력에 대해 신뢰를 표현함으로써 클라이언트를 안심시키는 방법이다.

빈칸에 들어갈 알맞은 말을 채워보자

21-03-21

01 (　　　　　　　) 기법은 클라이언트의 능력이나 자질에 대해 사회복지사가 신뢰를 표현함으로써 안심시키는 것을 말한다.

02 (　　　　　　　) 기법은 클라이언트가 겪는 일이 자신만이 가지고 있는 문제가 아니라는 것을 인식하게 하는 기법이다.

12-03-05

03 자원 개발, 서비스 조정, 프로그램 개발, 옹호 등은 (　　　　　　　)적 개입에 해당한다.

14-03-25

04 술을 그만 마시겠다고 말하면서 술을 자제하지 못하는 불일치를 보이는 클라이언트에 대해 사회복지사는 그 모순을 클라이언트로 하여금 깨닫고 수정할 수 있도록 하는 (　　　　　　　) 기법을 사용할 수 있다.

답 **01** 재보증(안심)　**02** 일반화　**03** 간접　**04** 직면

다음 내용이 옳은지 그른지 판단해보자

01 재보증, 환기, 일반화 등의 기법은 클라이언트의 정서적 안정을 돕는 방법이다.

02 모델링, 시연, 정보 제공 등은 클라이언트의 행동적 차원에 개입하여 행동변화를 이끌어내기 위한 개입기술이다.

16-03-08

03 사회복지사가 사례관리자로서 클라이언트에게 필요한 다양한 서비스를 연결히여 제공하는 것은 간접적 개입에 해당한다.

04 클라이언트에 대한 격려, 조언, 옹호 등은 직접적 개입에 해당한다.

답 **01** ○　**02** ×　**03** ○　**04** ×

해설 **02** 정보 제공은 상황인식 능력을 향상시키기 위한 것으로 행동적 차원에서의 개입은 아니다.
04 격려, 조언은 직접적 개입에 해당하며, 옹호는 간접적 개입에 해당한다.

093 개입단계에서 사회복지사의 과업

강의 QR코드

1회독 월 일 **2회독** 월 일 **3회독** 월 일

최근 10년간 **1문항** 출제

 **이론요약**

복습 1

사회복지사의 과제
- 문제해결을 위한 구체적 변화전략 수립
- 교육, 동기유발, 자원연결, 행동변화 등을 통해 클라이언트의 변화 창출
- 지속적인 점검을 통해 변화를 유지하고 평가

사회복지사의 역할
중개자, 조력자, 교사, 중재자, 옹호자 등 개입의 초점에 따라 다양한 역할 수행

기본개념
사회복지실천론
pp.242~

기출문장
CHECK

01 (18-03-13) 사회복지사는 개입단계에서 계획된 방법에 따라 서비스를 제공하며, 점검을 통해 계획의 수정이 필요할 때에는 재사정을 실시한다.

02 (13-03-16) 강제 입소된 장애인이 거주시설에서 퇴소한 후 공동생활가정으로 입주할 수 있도록 연계했다면, 이는 사회복지사의 중개자로서의 역할에 해당한다.

03 (07-03-03) 개입단계에서는 클라이언트의 문제를 해결하기 위해 개별치료, 옹호, 임파워먼트를 위한 집단 활동 등의 서비스를 제공할 수 있다.

04 (04-03-17) 개입단계에서는 클라이언트의 문제해결 능력을 높이는 데에 초점을 둔다.

대표기출 확인하기

사회복지실천과정의 개입단계에서 사회복지사가 수행하는 과업으로 옳은 것을 모두 고른 것은?

> ㄱ. 계획된 방법으로 서비스를 제공
> ㄴ. 서비스 제공 전략 및 우선순위 결정
> ㄷ. 계획 수정 필요 시 재사정 실시
> ㄹ. 제공된 서비스에 대한 과정 및 총괄평가

① ㄱ
② ㄱ, ㄷ
③ ㄴ, ㄹ
④ ㄱ, ㄴ, ㄷ
⑤ ㄴ, ㄷ, ㄹ

▶ 알짜확인

- 개입단계에서 사회복지사가 해야 할 과업을 살펴보면서 어떤 역할을 수행하게 되는지도 함께 정리해두자.

답 ②

✓ 응시생들의 선택

① 14%	② 59%	③ 1%	④ 25%	⑤ 1%

ㄴ. 서비스 제공 전략 및 우선순위를 결정하는 것은 계획단계에서의 과업이다.
ㄹ. 제공된 서비스에 대한 과정평가 및 총괄평가를 진행하는 것은 평가단계에서의 과업이다.

관련기출 더 보기

다음 사례에서 사회복지사가 수행한 개입역할로 모두 옳은 것은?

> 가족에 의해 강제 입소되었던 장애인이 거주시설에서 퇴소하기를 요청함에 따라 ㄱ. 퇴소상담을 실시하였다. 이후 가족들을 설득하여 ㄴ. 지역사회 내 다양한 주거 관련 정보를 안내하고, ㄷ. 공동생활가정에 입주할 수 있도록 연계하였다.

① ㄱ: 조력자, ㄴ: 중재자, ㄷ: 교사
② ㄱ: 중개자, ㄴ: 중재자, ㄷ: 계획가
③ ㄱ: 조력자, ㄴ: 교사, ㄷ: 중개자
④ ㄱ: 중개자, ㄴ: 옹호자, ㄷ: 계획가
⑤ ㄱ: 교사, ㄴ: 옹호자, ㄷ: 조력자

답 ③

✓ 응시생들의 선택

① 38%	② 7%	③ 49%	④ 2%	⑤ 4%

③ 사례에서 사회복지사는 클라이언트와 퇴소상담을 실시함으로써 클라이언트의 욕구를 확인하고 문제를 규정하였으며(조력자), 이후 가족들을 설득하여 클라이언트가 장애인거주시설에서 퇴소할 수 있도록 관련된 정보를 제공하여(교사), 공동생활가정에 입주할 수 있도록 연계하였다(중개자).

➕ 덧붙임

개입단계에서 수행하게 되는 사회복지사의 다양한 역할은 앞서 4장(키워드069)에서 공부한 사회복지사의 역할과 중복되는 내용이다. 개입활동에서 수행해야 할 사회복지사의 과제를 토대로 실제 어떤 역할을 수행하며 개입하게 되는지를 생각하면서 답을 찾아보자.

다음 내용이 왜 틀렸는지를 확인해보자

01 사회복지사는 클라이언트가 필요로 하는 서비스를 받을 수 있도록 기관 밖의 자원에 대해서도 연계하는 **계획가로서의 역할**을 수행한다.

> 클라이언트에게 필요한 자원이나 서비스를 연결하는 것은 중개자로서의 역할에 해당한다.

04-03-17

02 개입단계에서 사회복지사는 **클라이언트에 대한 정보수집에 1차적 목적**으로 두고 진행해야 한다.

> 개입단계에서 사회복지사는 클라이언트의 문제를 해결하고 변화를 끌어내는 것에 주요 초점을 두어야 한다. 정보수집은 전 과정에 걸쳐 진행될 수 있으나 주로 접수단계 및 사정단계에서 진행된다.

03 개입단계에서 사회복지사는 클라이언트의 변화를 이끌어낼 수 있어야 하며, 그 **성과를 평가하기 위한 계획을 세워야 한다.**

> 성과를 평가하기 위한 계획은 대체로 계획수립과정에서 이루어진다.

04 사회복지사는 개입과정에서 개입방법이 적절하지 않다고 판단되더라도 **개입방법을 바꿔서는 안 된다.**

> 개입방법이 적절하지 않다고 판단될 경우 더 효과적인 개입을 위해 방법을 변경할 수 있으며, 이에 대해 클라이언트와 합의가 필요하다.

종결 및 평가

CHAPTER 13

── 이 장에서는 ──

종결과정에서의 사회복지사의 과업을 묻는 문제가 주로 출제된다. 종결단계는 종결시점이 확정되는 순간부터라는 점에 주의해야 하며, 개입의 성공 여부와 관계 없이 클라이언트의 감정을 다루는 시간이 필요하다는 점도 기억해두어야 한다. 또한 사후관리의 특징도 놓치지 말고 학습해두자.

── 10년간 출제분포도 ──

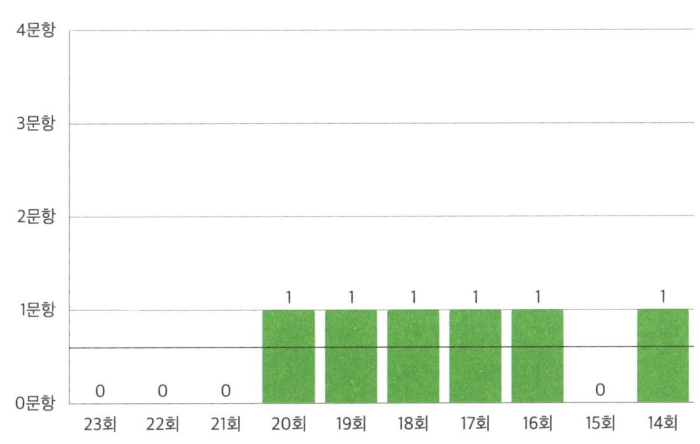

0.6
문항

평균 출제문항수

094 종결단계에서 사회복지사의 과업

강의 QR코드

1회독 월 일 2회독 월 일 3회독 월 일

최근 10년간 **6문항** 출제

이론요약

종결단계의 과업

기본개념

사회복지실천론
pp.258~

▶ 종결시기 결정

- 개입목표의 달성 정도
- 서비스 시간 내 제공완료 여부
- 클라이언트의 문제상황의 해결 정도
- 사회복지사와 기관의 투자노력
- 이득체감(더 이상의 만남이 큰 도움이 되지 않으리라는 것)에 대한 합의
- 클라이언트의 의존성
- 클라이언트에 대한 새로운 서비스의 필요성 및 적합성

▶ 클라이언트의 정서적 반응 다루기

- 목적이 달성되지 않은 경우 실망, 분노, 버림받는다는 느낌 등 부정적 감정을 가질 수 있으며, 성과가 좋더라도 아쉬움이나 이후에 대한 불안감 등을 느낄 수 있다. 이러한 감정들을 나누는 시간을 갖는 것이 필요하다.

▶ 효과의 유지와 강화

- 종결 이후에도 변화내용을 클라이언트가 유지하고 발전시켜나갈 수 있도록 계획한다.
- 사후관리에 대해 이야기한다.

▶ 의뢰

- 새로운 서비스가 필요하거나 해결되지 않은 문제가 있는 경우 의뢰를 고려한다.

▶ 평가

- 개입과정, 목표달성 등에 있어 효율성 및 효과성 등에 대해 평가를 진행한다.

사후관리

- 사후관리에 대해서 클라이언트에게 미리 알려야 함
- 종결에 대한 두려움이 많은 클라이언트에게는 종결의 충격을 완화할 수 있는 효과도 있음
- 변화의 지속성을 확인할 수 있음
- 종결 이후 발견된 새로운 문제나 잔여문제를 다룰 수 있는 기회가 됨

01 (20-03-21) 종결단계의 과업: 사후관리 계획 수립, 클라이언트 변화결과에 대한 최종 확인, 다른 기관 또는 외부 자원 연결, 종결에 대한 클라이언트 반응 처리

02 (19-03-22) 클라이언트의 혼합된 정서적 반응을 정리하고 사후관리를 계획하는 단계는 종결단계이다.

03 (18-03-12) 종결단계에서 사회복지사의 과업: 사후관리 계획 수립, 성과유지 전략 확인, 필요시 타 기관에 의뢰, 종결에 대한 정서다루기

04 (17-03-22) 종결단계에서 사회복지사는 클라이언트의 성과를 확인한다.

05 (17-03-22) 종결단계에서 사회복지사는 종결에 따른 클라이언트의 상실감에 공감하고, 클라이언트의 감정을 이해하고 있음을 전달하며, 클라이언트가 보이는 비언어적 메시지에 민감하게 반응한다.

06 (16-03-16) 평가 및 종결단계에서 사회복지사는 클라이언트의 정서적 반응을 다루고 사후관리를 계획한다.

07 (14-03-03) 종결단계에서 사회복지사는 종결유형에 따라 종결시기를 조정하고, 개입목표의 달성 여부를 확인한다.

08 (13-03-17) 사후관리를 통해 클라이언트의 적응 상태를 확인한다.

09 (13-03-17) 사후관리 중 클라이언트의 문제가 발견된 경우 재개입할 수 있다.

10 (13-03-17) 사후관리는 종결로 인한 클라이언트의 충격을 완화시켜준다.

11 (13-03-17) 사후관리는 클라이언트의 변화 유지에 도움이 된다.

12 (13-03-19) 종결단계에서 사회복지사는 클라이언트와의 접촉빈도를 줄여간다.

13 (11-03-07) 클라이언트가 일방적으로 종결을 원할 경우 사회복지사는 전문적 판단에 따라 신중히 결정할 것을 권할 수 있지만 클라이언트의 자기결정권을 존중해야 한다.

14 (11-03-07) 클라이언트가 종결에 대한 부정적 감정을 보일 경우 그 감정을 다루는 시간을 갖는다.

15 (07-03-10) 종결 후 클라이언트에게서 새로운 문제가 제기되었으나 기관에서 이를 다룰 서비스가 존재하지 않는다면 의뢰를 고려해야 한다.

16 (07-03-27) 클라이언트가 종결에 대해 아쉬운 감정을 토로한다면 이에 대해 이야기를 나누는 시간을 갖는다.

17 (05-03-28) 종결단계에서 사회복지사는 성과에 대해 확인해야 한다.

18 (04-03-11) 사회복지사는 종결단계에서 종결시기를 결정한다.

19 (04-03-13) 사회복지사는 종결단계에서 클라이언트의 변화가 유지될 수 있도록 계획늘 수립한다.

20 (03-03-26) 사회복지사는 종결단계에서 목표달성 정도를 확인하며, 이후에도 획득된 성과가 유지될 수 있도록 계획을 세운다.

21 (02-03-13) 종결단계에서 문제가 해결되지 않았다고 하더라도 종결이 이루어질 수 있도록 하며 이에 대해서 클라이언트에게 설명한다.

22 (02-03-36) 사후관리는 사회복지 프로그램 종결 후 클라이언트의 기능을 점검하기 위한 활동이다.

23 (01-03-17) 사후관리는 클라이언트에게 변화를 지속할 수 있는 동기부여가 된다.

24 (01-03-18) 종결 시 클라이언트가 다른 문제를 드러내며 종결을 거부하는 경우 사회복지사는 우선 종결을 진행한 후 그 문제를 다룰 수 있도록 한다.

25 (01-03-19) 사회복지사는 종결단계에서 클라이언트의 감정을 공유하고 이야기를 나눈다.

26 (01-03-19) 사회복지사는 종결단계에서 클라이언트와 함께 개입과정에 대해 검토하면서 목표달성에 대한 이야기를 나눈다.

대표기출 확인하기

20-03-21
난이도 ★☆☆

종결단계에서 사회복지사의 과업으로 옳지 않은 것은?

① 사후관리 계획 수립
② 목표달성을 위한 서비스 제공
③ 클라이언트 변화결과에 대한 최종 확인
④ 다른 기관 또는 외부 자원 연결
⑤ 종결에 대한 클라이언트 반응 처리

 알짜확인

• 종결단계가 시작되는 시점, 사회복지사의 과업, 클라이언트의 감정 다루기 등이 다뤄진다.
• 사후관리는 언제부터 계획되고 어떤 목적으로 진행되는지도 살펴보자.

답 ②

✅ **응시생들의 선택**

① 3%	② 89%	③ 1%	④ 3%	⑤ 4%

② 서비스 제공은 개입단계에서의 과업이다.

➕ **덧붙임**

계획단계에서 종결시기가 정해진다고 생각하는 수험생들이 꽤 많은데, 계약 시 정해진 회기가 정해져 있어도 클라이언트의 개인사유, 사회복지사의 개인사유, 프로그램이 적합하지 않다고 판단될 때 등 회기를 다 채우지 못하고 종결될 수도 있다. 따라서 클라이언트와 사회복지사의 합의로 종결시기가 확정되는 때부터 종결단계로 본다.
다만 종결에 대한 판단 기준을 설정하는 것은 계획단계의 과업이다. 이는 종결에 대한 판단 기준은 결국 목표설정을 의미하기 때문이다.

관련기출 더 보기

18-03-12
난이도 ★★☆

종결단계에서 사회복지사의 과업이 아닌 것은?

① 사후관리 계획 수립
② 성과유지 전략 확인
③ 필요시 타 기관에 의뢰
④ 종결 기준 및 목표 수립
⑤ 종결에 대한 정서다루기

답 ④

✅ **응시생들의 선택**

① 2%	② 15%	③ 5%	④ 76%	⑤ 2%

④ 계획단계에서의 과업이다.

13-03-17
난이도 ★★☆

사후관리(follow-up service)에 관한 설명으로 옳지 않은 것은?

① 개입과정 중에 수시로 실시한다.
② 클라이언트의 적응 상태를 확인한다.
③ 문제가 있는 경우 재개입할 수 있다.
④ 클라이언트의 변화 유지에 도움이 된다.
⑤ 종결로 인한 클라이언트의 충격을 완화시켜준다.

답 ①

✅ **응시생들의 선택**

① 51%	② 1%	③ 9%	④ 17%	⑤ 22%

① 사후관리는 종결 후 클라이언트의 변화를 평가하고 유지하기 위한 것이므로 개입과정 중에 실시되는 것은 아니다.

다음 내용이 왜 틀렸는지를 확인해보자

01 클라이언트가 종결에 대해 아쉬움을 드러낼 경우 사회복지사는 일단 종결을 늦추는 것이 가장 좋다.

> 종결을 늦출 필요는 없다.

02-03-13

02 종결단계는 종결시기 결정, **개입 계획 실행하기**, 정서적 반응 다루기, 효과의 유지 및 강화 등의 과업을 수행한다.

> 개입 계획을 실행하는 것은 개입과정에 해당한다.

03 계획된 회기를 모두 마쳤음에도 종결을 거부하는 클라이언트에 대해서는 이후 개인적으로 따로 만나 이야기 나눌 수 있다고 달래준다.

> 사회복지사와 클라이언트는 공식적이고 전문적인 관계로 사적인 관계를 허용하지 않으며, 이는 종결 이후에도 마찬가지이다. 이후 사후관리를 통해 관계가 지속될 수 있음을 설명해주면 된다.

04 사후관리는 클라이언트의 **사생활 침해가 될 수도 있기 때문에** 진행하지 않는 것이 좋다.

> 사후관리는 개입활동이 종결된 이후에 진행되기 때문에 자칫 클라이언트로 하여금 사생활 침해나 감시당한다는 기분이 들게 할 수도 있다. 이 때문에 사후관리의 성격 및 방식 등에 대한 설명과 동의가 필수이다.

11-03-22

05 사회복지사는 클라이언트가 이룬 성과를 확인하되, 종결에 대한 **클라이언트의 부정적 감정은 다루지 않는다.**

> 클라이언트가 느끼는 부정적 감정들을 다루는 시간을 갖는 것이 필요하다.

14-03-03

06 사회복지사는 **종결 유형과 상관없이 의뢰를** 실시하는 것이 바람직하다.

> 클라이언트가 이사를 가게 된 경우나 사회복지사가 이직을 하게 된 경우 등을 비롯해 미해결 문제에 대해 또 다른 서비스가 필요하다고 판단되는 경우 등 종결 유형은 의뢰를 고려하는 데에 영향을 미친다.

다음 내용이 옳은지 그른지 판단해보자

02-03-13
01 종결시기가 이미 정해져 있는 경우라도 클라이언트의 문제가 해결되지 않았다면 종결하지 않는다.

01-03-17
02 사후관리를 통해 개입종료 후 클라이언트에게 변화를 지속할 수 있는 동기를 부여할 수 있다.

03 종결단계에서는 애초에 세웠던 목표를 얼마나 달성했는지에 대해 평가한다.

16-03-16
04 종결단계에서 사회복지사는 변화를 위한 전략을 설정해야 한다.

05 성과의 정도와 상관없이 종결에 대한 클라이언트의 심리적 반응을 다루는 것이 필요하다.

13-03-17
06 사후관리는 개입 종결 후 새로이 발견된 문제를 다루지 못한다는 한계가 있다.

07 종결과정에서 클라이언트가 새로운 문제를 호소할 때에는 문제에 대한 기본적인 정보를 파악하되, 우선 종결을 진행한다.

03-03-26
08 종결단계에서는 변화를 가로막는 장애물을 제거하는 데에 초점을 두어야 한다.

답 01× 02○ 03○ 04× 05○ 06× 07○ 08×

해설 **01** 클라이언트의 문제가 해결되지 않았다고 해서 개입을 지속해야 하는 것은 아니다. 개입의 효과는 종결 이후에도 나타날 수 있으며, 개입활동이 효과가 없다면 개입을 계속하는 것보다는 다른 서비스로 의뢰하는 것도 방법일 수 있다.

04 사회복지사가 변화전략을 수립하는 것은 개입활동이 시작되기 전에 이루어지는 과업이다. 종결단계에서는 변화를 유지할 수 있는 방법을 이야기 나누는 것이 필요하다.

06 사후관리는 종결 후에 새롭게 발견된 문제에 대해 개입할 수 있는 기회가 된다.

08 개입단계에서의 주요 과업이다.